조선 직장인 열전

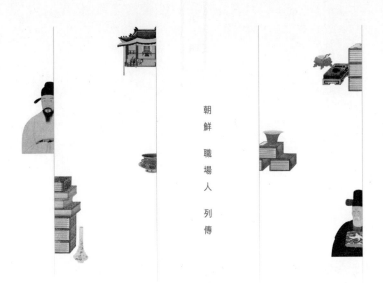

朝
鮮
職
場
人
列
傳

조선 직장인 열전

조선의 위인들이 들려주는 직장 생존기

신동욱 지음

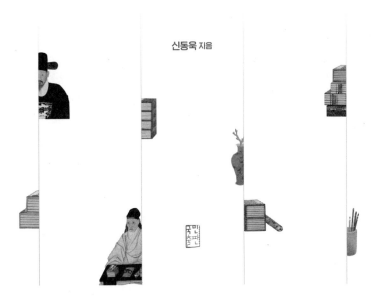

나는 직장인이다

지금으로부터 정확히 10년 전, 곧 대학교 졸업을 앞두고 있던 나는 호주에서 워킹홀리데이를 하며 마트 청소 일을 하고 있었다. 취업의 문을 두드렸다가 쓰디쓴 실패를 겪고서 일단 뭐라도 해야겠다는 생각에 무작정 호주로 가는 비행기에 몸을 실었던 것이다. 그렇게 심기일전을 하고서 한국에 돌아와 마침내 취업에 성공했을 때 그 기뻤던 감정은 지금도 생생하다. 합격자 통보 안내를 받고서 너무 좋아 집에서 방방 뛰어다녔으니 말이다. 이제 세상은 나를 중심으로 돌아갈 것만 같았다. 그렇게 부푼 기대로 내 생애 첫 직장 생활을 시작했다.

하지만 직장이란 내 생각만큼 그렇게 만만한 곳이 아니었다. 난생 처음 해보는 회계 업무는 어렵기만 했고 엄격한 위계질서가 있는 조직 생활도 쉬운 일은 아니었다. 그토록 힘들게 들어온 직장이건만 다 팽개치고 나가고 싶다는 욕구가 종종 치밀어 올랐다. 그때마다 조금만 더 버텨보자며 스스로를 위로하고 위로했다. 그렇게 시간이 흘렀다. 이제는 조직에서 중간 허리쯤 되는 연차가 되었다. 지난 9년 동안 계속 해왔던 회사 일이건만 여전히 직장은 내게 쉽고 만만한 곳이 아니다.

나는 역사를 좋아한다. 역사에는 우리 선조들이 겪었던 수많은 성공과 실패의 이야기가 그대로 담겨 있다. 오늘이라는 현재를 만들어오기까지 그들이 겪었던 수많은 시행착오들이 역사 속에 차곡차곡 담겨 있다. 그렇기에 흔히 역사를 통해 우리가 나가야 할 길을 배운다고 말한다. 역사학자 카E.H.Carr의 유명한 말처럼 '역사는 과거와 현재의 끊임없는 대화'인 것이다.

문득 그런 생각이 들었다. 과거를 통해 현재를 들여다보고 교훈을 얻을 수 있다면 나와 같은 직장인들이 역사를 통해 배울 점도 있지 않을까? 그런 기대감을 안고 역사 인물들의 일대기를 다시 한 명씩 찬찬히 읽어나가기 시작했다. 그러자 그저 국사 교과서에 나오는 위대한 위인으로만 생각했던 그들의 삶 속에 감추어져 있던 직장인 스토리가 하나 둘 보이기 시작했다.

그들도 직장인이었다

조선시대에 오늘날과 같은 현대적 의미의 회사는 없었겠지만, 많은 직장인들이 모여 조직 생활을 하던 곳이 있다. CEO인 임금 밑으로 정1품부터 종9품까지 단단한 위계질서를 갖추고 있었던 조선 정부이다. 그곳을 거쳐 갔던 무수히 많은 역사 인물들은 직장인으로서의 삶을 살았다. 그들은 고된 취업 준비를 거쳐 과거라는 시험을 통해 입사했고, 성실하게 일한 보상으로 승진의 기쁨을 누렸으며, 때가 되면 은퇴를 하였다. 물론 직장 생활 중간에 스스로 사표를 내거나 원치 않게 사임을 해야 했던 직장인도 있었지만 말이다. 뛰어난 실력에 눈치백단까지 갖춘 직장인이 있던가 하면, 자신을 끌어주는 좋은 상사를 만난 행운의 직장인도 있었다. 평판 관리를 잘하지 못해 결국 잘려 나간 직장인도 있었고, 말 한마디 잘못했다가 설화舌禍에 휘말린 이도 있다. 오늘날 우리 직장 생활에서 접하게 되는 희로애락이 그들에게도 고스란히 담겨 있었다.

오늘을 살아가는 직장인과, 과거를 살았던 직장인 간의 대화를 시도해 보고 싶었다. 지금 우리는 이런 고민들과 걱정으로 살아가고 있는데, 조선 시대를 살았던 당신들도 그런 고민이 있었느냐고, 그렇다면 그 고민들을 어떻게 해결하고 이겨냈느냐고 물어보고 싶었다. 그들의 지혜를 구해보고 싶었다. 조선왕조의 개국공신 정도전이나 임진왜란을 승리로 이끈 영웅 유성룡으로서가 아니라, 내 직장 선배로서 그들의 이야기를 들어보고 싶었다. 그런 기대를 안고 조선의 직장인들과 대화를 시작한 것이다.

이 책은 조선 역사 속 인물들을 철저히 직장인의 관점에서 바라본다. 위인이기 이전에 그들 또한 조직에 몸담고 사회생활을 해야 했던, 어쩌면 우리와 비슷한 처지에 있던 직장인이라는 시각에서 이야기를 풀어나간다. 이 다소 독특한 역사책은 고등학교 졸업 이후 손 놓고 살았던 역사가 사실 정말 재미있는 이야기라는 것을 상기시킴과 동시에, 역사 속 직장 선배들의 다양한 처세술을 만나보게 해 줄 것이다. 흥미진진한 역사 이야기 속에서 직장 내 상사, 동료, 선후배라는 대인관계에 대해 성찰할 수 있게 되고, 평판 관리나 사내정치처럼 현실적인 고민에 대해서도 생각해 보는 시간을 갖게 될 것이다.

무엇보다 오늘 하루를 또 살아내야 하는 직장 생활은 여전히 만만치 않지만, 존경하는 위인들도 힘든 직장 생활을 이겨냈던 우리 선배라는 사실이 큰 위로를 준다. 이제 그 위인들의 삶에 한 발자국 더 들어가 보자. 그리고 그들의 직장 생활 스토리를 들어보자. 위대한 위인들도 나처럼 아등바등하며 하루하루 최선을 다해 살았던 직장인이었다는 사실을 발견하고서 위로를 얻게 될 것이다.

글을 쓸 수 있는 건강과 지혜를 주신 하나님께 감사를 드린다. 또한 평범한 직장인도 책을 쓸 수 있다는 용기를 갖게 해준 이상민 작가님께도 감사를 드린다. 주말마다 글을 쓴다는 핑계로 서재에 틀어박힌 무심한 남편을 묵묵히 격려해 준 아내, 그런 아빠를 보며 환하게 웃어준 아들에게 나의 고마움과 미안한 마음을 전한다.

그리고 오늘 하루도 당장 회사를 때려치우고 싶던 마음을 다시 부여잡고, 나의 가정을 그리고 나의 미래를 위해 묵묵히 직장 생활을 견디는 이 땅의 모든 작은 영웅들, 직장인에게 이 책을 바친다.

신 동 욱

차
례

들어가며 • 004

01 상사를 제대로 이용하다, 정도전 • 012

고난 가운데 새 세상을 꿈꾸다_ 015 정도전과 이성계의 운명적인 만남_ 017 좋은 팔로워가 훌륭한 리더를 만든다_ 018 막내 왕자를 세자로 지지하다_ 022 두 번째 리더 만들기에는 실패하다_ 025 상사와의 관계만이 전부가 아니다_ 026 정도전처럼 상사를 이용하라_ 030 실천 TIP **직장인 정도전에게 배운다!**_ 032

02 눈치를 잘 보는 것도 실력이다, 하륜 • 034

처세의 대가, 하륜_ 037 사사건건 견제하는 선배, 정도전_ 038 하륜의 못된 선배 대처법_ 040 타이밍은 준비하는 자에게 온다_ 042 하륜과 이방원, 프레너미Frenemy가 되다_ 044 태종의 목숨을 구하다_ 046 선위 파동을 대하는 올바른 자세_ 048 상사의 언어를 이해하라_ 051 하륜처럼 눈치 보라_ 052 실천 TIP **직장인 하륜에게 배운다!**_ 055

비운의 직장인 **① 홍국영 넘지 말아야 할 선을 넘다** • 056

왕을 만든 남자_ 056 끝없는 욕심에 발목 잡히다_ 059 누구에게나 지켜야 할 선이 있다_ 060

03 소통을 잘하면 일도 잘한다, 황희 • 064

정승의 대명사, 황희_ 067 태종과의 소통에 실패하다_ 068 두 번의 실수는 없다_ 071 소통으로 중재하는 중간관리자_ 073 언언시시言言是是, 언언시비言言非非_ 076 진짜 소통에는 애정이 담겨 있다_ 079 황희처럼 소통하라!_ 082 실천 TIP **직장인 황희에게 배운다!**_ 084

04 겸손으로 약점을 메우다, 맹사성 • 086

고려의 신하였던 맹사성_ 089 약점을 안고 조선의 신하가 되다_ 090 계속된 시련을 극복하다_ 092 겸손으로 쌓은 네트워크가 그를 지키다_ 095 청백리라는 브랜드로 평판을 얻다_ 097 맹사성처럼 겸손하라!_ 101 실천 TIP 직장인 맹사성에게 배운다!_ 104

비운의 직장인 **02** 허균 평판 관리가 중요한 이유 • 106

스스로 몰락을 자초하다_ 106 이이첨과의 잘못된 만남_ 108 평판 관리에 주의하라_ 111

05 사내정치의 모범을 보이다, 신숙주 • 114

변절의 대명사가 되었지만…_ 117 그에게도 나름의 명분은 있었다_ 119 수양대군의 라인에 서다_ 121 사내 정치의 첫 단계, 줄서기_ 122 그에게도 인간미는 있었다_ 125 사내정치에 앞서 동료의 신뢰를 얻어라_ 127 '좋은' 사내정치를 하라_ 130 신숙주처럼 사내정치하라!_ 133 실천 TIP 직장인 신숙주에게 배운다!_ 135

비운의 직장인 **03** 정인홍 묻지 마 충성의 결말 • 136

행동하는 지식인의 표본, 정인홍_ 136 명분을 좇다가 명분에 의해 쫓겨나다_ 138 맹목적 충성과 조직 이기주의를 경계하라_ 140

06 상사를 감동시키다, 조광조 • 144

불꽃 남자, 조광조_ 147 중종을 흑역사에서 건져내다_ 148 상사도 생각하지 못한 것을 생각하라_ 150 사랑이 어떻게 변하니?_ 152 상사를 존중하라. 당신 눈엔 그가 무능해 보일지라도_ 155 남들만큼 빠르게 못 가더라도, 괜찮다_ 158 조광조처럼 상사를 감동시켜라!_ 160 실천 TIP 직장인 조광조에게 배운다!_ 163

비운의
직장인 ④ 남곤 너무 잘난 후배를 둔 선배의 비애 · 164
그는 원래 정의의 수호자였다_ 164 잘난 후배와의 어긋난 인연_ 165 조광조를 몰아내
는 데 앞장서다_ 166 후배는 나의 업무 파트너일 뿐이다_ 168

07 멘토와 함께 하다, 이준경 · 170
시련과 함께 성장한 어린 시절_ 173 멘토와 함께 시련을 극복하다_ 175 선조를 군주로
추대하다_ 178 가십거리가 될 만한 일은 만들지 마라_ 180 조선의 영원한 멘토가 되다_
183 이준경처럼 멘토를 만들어라!_ 187 실천 TIP 직장인 이준경에게 배운다!_ 189

08 오늘도 은퇴를 꿈꾼다, 이황 · 190
착한 범생이, 이황_ 193 관직 임명과 사임을 반복하다_ 195 꾸준한 자기계발이 이황을 만
들었다_ 196 이황이 비난받았던 이유, 잦은 퇴사_ 199 스스로를 객관적으로 평가하라_
202 이황처럼 은퇴를 준비하라!_ 205 실천 TIP 직장인 이황에게 배운다!_ 207

09 위기 속에서 기회를 찾다, 유성룡 · 208
임진왜란을 극복한 명재상_ 211 전쟁에 대비하다_ 213 명나라 망명을 결사반대하다_ 216
위기 상황에서 기회를 찾아라_ 218 나만의 아이디어로 승부하라_ 221 징비록, 실패에서
배우는 지혜_ 224 유성룡처럼 위기를 극복하라!_ 228 실천 TIP 직장인 유성룡에게 배운
다!_ 231

10 좋은 화법에는 힘이 있다, 이항복 · 232
자유분방하고 마음이 따뜻했던 아이_ 235 실력과 말솜씨를 겸비하다_ 236 동료들을 즐
겁게 해주는 사람_ 239 유머 있는 사람이 되라_ 241 말 한마디로 영의정의 손주 사위
가 되다_ 243 센스 있게 말하라_ 244 좋은 동료를 곁에 두라_ 248 이항복처럼 말하라!_
251 실천 TIP 직장인 이항복에게 배운다!_ 253

비운의 직장인 **05** 남이 말 한마디로 인생을 망치다 • 254

벼락출세를 하다_ 254 말 한마디로 역모자가 되다_ 255 직장인에게 말은 생명이다_ 257

11 될 때까지 한다, 김육 • 260

집념의 사나이, 김육_ 263 아웃사이더, 김육_ 265 좋은 아이디어는 현장에서 나온다_ 268 대동법을 주장하다_ 270 '끊임없이' 대동법을 주장하다_ 272 될 때까지 제안하라_ 275 팀워크로 일하라_ 276 김육처럼 제안하라!_ 279 실천 TIP 직장인 김육에게 배운다!_ 281

비운의 직장인 **06** 강홍립 진정한 비운의 직장인 • 282

중국어를 잘했을 뿐인데…_ 282 후금에 항복하다_ 284 세상이 그대를 속일지라도_ 286

부록 조선의 선배 직장인들에게 배우는 7가지 자세 • 290

1. 상사와 함께 성장하라_ 290 2. 직장동료를 내 편으로 만들어라_ 293 3. 선후배 간의 관계에도 노력하라_ 295 4. 기본 실력에 충실하라_ 298 5. 평판 관리를 통해 나만의 브랜드를 만들어라_ 300 6. 말을 잘하는 것은 직장인의 무기다_ 302 7. 조금 느리게 가더라도 괜찮다_ 304

참고문헌 • 308

01

상사를 제대로 이용하다,

정도전

성명 : 정도전鄭道傳

출생 : 1342년, 충청도 단양

주요 경력 : 문하시랑찬성사, 동판도평의사사사, 개국공신 1등 책봉

주요 프로젝트 : 조선 건국 참여, 한양 수도 설계, 《경국전》 편찬,

　　　　　　　　 과전법 실시

추천인(직업) : 태조조선 1대 임금

한 줄 자기소개

– 태조 임금님을 도와 주식회사 조선을 창립한 자타공인 개국공신

입니다. 한나라의 시조 고조가 황제가 되는데 협력한 장량장자방은

이렇게 말했다지요. "한 고조가 장자방을 쓴 것이 아니라, 장자방

이 한 고조를 이용한 것이다." 저는 제가 바로 조선의 장량이라고

감히 생각합니다.

고난 가운데 새 세상을 꿈꾸다

정도전은 이성계를 도와 조선의 창업創業을 도운 최고의 일등공신으로 꼽힌다. 그가 존재하지 않았다면 쇠락한 고려는 생명을 좀 더 이어나갔을 수도 있고, 새로운 왕조의 주인공은 이성계가 아닐 수도 있었다. 새로 창업한 '주식회사 조선'의 1대 왕 태조 이성계 다음으로 많은 지분을 가졌던 인물이 바로 정도전이다.

정도전은 1342년충혜왕 복위 3년에 문신文臣 정운경鄭云敬의 아들로 태어났다. 어려서부터 자질이 총명하여 당대 최고의 유학자인 이색李穡[1]의 문하에서 공부하였는데 정몽주鄭夢周도 그와 함께 수학한 동문이었다.

성리학을 공부한 전도유망한 신진사대부 출신이었던 정도전은 과거 급제 후 비교적 순탄하게 고려 관리로서 길을 걸었으나 갑작스런 시련에 직면한다. 원나라의 속국 상태에서 벗어나고자 반원친명反元親明 정책을 펼치던 공민왕恭愍王이 갑자기 시해를 당한 것이다. 공민왕의 아들이었던 강녕대군이 이인임李仁任[2]의 주도로 왕위에 올라 우왕禑王이 되고, 이를 계기로 권문세족으로 기득권을 대변하던 이인임이 정권을 잡아 친親원나라 정책으로 돌아선다. 성리학을 공부한 신진사대부 출신이었던 정도전은 성리학적 질서에 어긋나고 당시의 국제정세를 전혀 이해하지 못하는 정책에 격렬히 반

---

1   이색1328~1396은 고려 말의 문신이자 성리학자다. 호가 목은牧隱으로 포은圃隱 정몽주鄭夢周, 야은冶隱 길재吉再와 함께 삼은三隱의 한 사람이다. 이성계 일파가 세력을 잡자 유배되었다가, 석방된 이후 여강驪江으로 가던 도중에 죽었다.

2   이인임?~1388은 고려 말의 문신이다. 1374년 공민왕이 살해되자 우왕을 추대하고 정권을 잡았으며, 친원정책을 취하여 신진사대부의 반발을 일으켰다. 1386년 노환으로 정계에서 은퇴하였으나 1388년 최영과 이성계에 의해 유배를 당하고 사망한다.

발하였다.

"원나라는 우리 고려를 오랫동안 못살게 괴롭혔습니다. 더구나 오랑캐의 나라 아닙니까! 그 수치스러운 역사를 극복하기 위해 공민왕께서도 그토록 노력하셨는데, 그 유지를 저버리고 다시 원나라 편에 선다는 게 말이 됩니까?"

"시끄럽고, 고려는 다시 원나라와 손을 잡을 것이니 그리 아시오. 그리고 이번에 원나라에서 사신이 오는데, 그대가 나가서 사신을 맞도록 하시오."

"그러면 저는 사신을 맞으러 나간 자리에서 당장 그의 목을 단칼에 베어 버리든지, 아니면 그를 묶어서 그대로 명나라로 보내버리든지 하겠소이다."

원나라 사신을 맞으라는 이인임의 지시에 정도전은 사신의 목을 베어버리겠다는 화끈한 항명으로 그의 분노를 산다. 이 사건으로 인해 정도전은 유배 길에 오르고 마는데, 사실 조금만 타협했다면 가지 않아도 됐을 유배였다. 자신의 신념과 어긋나는 일에는 결코 타협하지 않는 정도전의 성격을 잘 보여주는 사례다.

결국 정도전의 유배 생활이 시작되었고 그것은 9년이라는 긴 세월 동안 이어졌다. 중앙정치에서 완전히 소외되었지만 정도전은 백성들과 함께 지내며 그들의 곤궁한 삶을 그대로 체험할 수 있었다. 더 이상 고려 왕조로는 희망을 찾을 수 없다는 것을 절실히 깨닫게 된 정도전은 새로운 세상을 꿈꾸게 되고 그것을 현실로 만들어줄 사람으로 당시 명성을 떨치던 이성계를 선택한다.

정도전과 이성계의 운명적인 만남

이성계는 공민왕 시기에 급부상한 신흥무인 세력이었다.[3] 당시 이성계는 홍건적을 몰아내고 원나라 잔존 세력을 축출하는 한편, 백성을 괴롭히던 왜구 세력을 무찔러 불패의 명장이라는 칭송을 받고 있었다. 그때까지 이성계는 고려 왕조를 멸망시키고 새로운 왕조를 세워야겠다는 야망을 보인 적은 없었다. 하지만 혁명을 꿈꾸는 정도전에게 이성계는 반드시 필요한 인물이었다.

유배를 끝냈으나 여전히 관직에 복귀하지 못한 채 유랑 생활을 하던 정도전은 함주로 가서 이성계를 만난다. 그를 자신의 정치적 파트너로 삼아도 될지 '리더 면접'을 보러 간 것이다. 이 만남으로 인해 정도전과 이성계의 인생, 더 나아가 역사의 물줄기까지 바꾸게 될 줄은 그들도 아직은 몰랐을 것이다.

"저는 정몽주의 절친인 정도전이라고 합니다."

"아, 포은 선생의 친구분이셨군요. 예전에 여진족과 전쟁을 했을 때 뵌 적이 있지요. 인품이 정말 훌륭한 분이셔서 제가 무척 존경했는데, 친구분이시라면 누구신지 더 이상 여쭤볼 것도 없겠습니다. 사실 저는 평생 전쟁터에만 있던 무인이라 그런 학자분들을 마음속으로 참 존경합니다."

정도전은 막사에 오면서 본 군대가 무척 인상 깊었다.

---

3 이성계의 조상은 원래 고려인이었으나 그의 고조부 이안사李安社가 원나라에 귀화한 이후, 그의 집안은 대대로 원나라의 벼슬을 지냈다. 그러나 이성계의 부친 이자춘李子春은 공민왕이 원나라에 빼앗겼던 쌍성총관부를 다시 되찾을 때 큰 도움을 주었고, 그 공으로 벼슬을 하사받으며 다시 고려에 귀화했다. 부친의 지위를 이어받은 이성계는 홍건적 등 여러 외적과의 전쟁에서 연이어 승리를 거두며 신흥무인 세력으로서 큰 명성을 떨친다.

"이 정도 군대면 무슨 일이든 못할 게 있겠습니까?"

불쑥 치고 들어온 말의 뜻을 이성계도 알아챘으나 그는 딴청을 부렸다.

"무슨 일을 말씀하시는 겁니까?"

눈치 빠른 정도전도 마음과는 다른 소리를 했다.

"저 몹쓸 왜구를 물리치는 일 말입니다."

"아, 난 또 무슨 말씀인지 했습니다. 당연하지요. 하하, 우리 술이나 한 잔 드실까요?"

서로 딴소리를 하는 듯했지만, 이미 어떤 마음인지 서로 이해하고 있었다. 이성계의 가슴에 이전엔 한 번도 가져본 적 없던 야망이 꿈틀거리기 시작했다. 마침내 신흥무인과 신진사대부 세력이 결합하여 새로운 역사의 시작을 알리게 되었다.

좋은 팔로워가 훌륭한 리더를 만든다

정도전과 뜻을 모은 이성계는 조선의 왕위에 올랐다. 하지만 거저 얻은 자리는 아니었다. 수많은 고비가 있었고 그때마다 정도전의 전략이 빛을 발했다. 이성계를 실권자로 만든 위화도회군 또한 역성혁명을 향해 달려가는 정도전의 큰 그림 속에 있었다.

권력 전횡을 일삼던 이인임이 정계에서 물러나자 그 빈자리를 채운 것은 당대 영웅 최영崔瑩[4]이었다. 최영은 자신처럼 왜구를 토벌하며 큰 명성을 떨

---

4   최영(1316~1388)은 고려시대 명장으로 수차례 홍건적과 왜구를 격퇴하여 큰 명성을 떨쳤다. 이인임이 물러난 후 정권을 집고 요동정벌을 추진하였으나, 위화도회군을 감행한 이성계에 의해 유배되었다가 참형에 처해졌다.

친 이성계를 정치적 파트너로 택했다. 그러나 권력은 심지어 혈육 사이라도 나눌 수 없는 법이다. 둘의 입장이 결정적으로 갈라진 계기는 명나라가 쌍성총관부가 있는 철령 이북의 땅을 반환하라는 요구를 하면서부터였다. 원나라에 빼앗겼으나 공민왕 때 수복하였던 땅인데, 원래 원나라의 영토였으므로 다시 내놓으라는 명나라의 억지 주장이었다. 최영은 명나라의 부당한 요구에 맞서 선제공격을 선언하였고 요동정벌을 위한 선봉으로 이성계를 내세운다. 대국 명나라에 맞서 싸우는 것은 독이 든 성배를 드는 것과 같았다. 그런 위험한 일을 이성계에게 맡긴 배경에는 자연스럽게 정계에서 밀어내려는 의도도 깔려 있었을 것이다.

이성계는 4대 불가론[5]을 내세워 반대하지만, 왕명을 내세운 최영의 뜻을 꺾지 못하고 결국 출병한다. 하지만 이성계는 함께 출정에 나섰던 조민수와 위화도에서 말머리를 돌리며 오히려 그 칼끝을 우왕과 최영에게 겨눈다. 국가적 차원에서 위화도회군이 과연 옳았는지 여부는 일단 떠나서, 적어도 이성계가 명실상부한 실권자로 부상하게 된 계기가 바로 위화도회군이었다.

이성계의 위화도회군 후 우왕이 폐위되지만 이성계를 견제한 조민수와 이색의 결탁으로 그 아들인 창왕昌王이 왕위에 오른다. 하지만 정도전을 중심으로 한 이성계 일파는 새로 옹립된 창왕은 공민왕이 아닌 요승 신돈의 후손이기 때문에 폐위시켜야 한다는 폐가입진론廢假立眞論[6]을 내세웠다. 이

---

5   작은 나라가 큰 나라를 거스르는 것은 옳지 않고以小逆大, 여름에 군사를 출병하는 것은 옳지 않으며夏月發兵, 모든 병사가 원정을 가면 왜적이 빈틈을 노릴 염려가 있고擧國遠征, 倭乘其虛, 장마철이므로 활에 문제가 생기고 병사들은 전염병에 시달릴 것이므로時方暑雨, 弓弩膠解, 大軍疾疫, 요동정벌에 반대한다는 논리였다.

6   가짜 왕假王을 몰아내고 진짜 왕眞王을 세워야 한다는 주장으로, 우왕을 신돈의 아들로 보아 그의 왕권 정통성을

주장으로 이제 막 왕위에 오른 창왕도 폐위시킨 후 강화도로 추방하여 죽음에 이르게 만든다. 폐가입진론이 고려 왕권의 힘을 축소시키는 중요한 계기가 된 것이다.

새로운 왕조를 일으키는 것은 단순히 물리적 힘이 강하다고 되는 것은 아니다. 백성들의 먹고 사는 문제를 해결하여 그들의 마음을 얻는 과정이 필요하다. 정도전은 우선 권문세족이 독점하고 있던 토지문서를 불살라 버렸다. 그리고 창왕의 뒤를 이은 공양왕恭讓王의 승인을 받아 과전법科田法[7]을 도입한다. 즉 관리에게 토지의 세금을 걷는 권리만을 주고 개인의 소유권을 인정하지 않음으로써 소수의 기득권이 토지를 독점하는 폐단을 막고자 한 것이다. 이러한 정도전의 개혁정책은 새 왕조 개창의 명분을 축적하였고 마침내 조선의 창업을 성공으로 이끈다. 훗날 정도전은 이렇게 말한다.

"한고조가 장자방[8]을 쓴 것이 아니라, 장자방이 한고조를 이용한 것이다."

자신이 이성계를 선택했고 이용하였다고 자신 있게 말할 수 있을 만큼, 정도전은 조선을 세우고 이성계를 왕으로 만드는 데에 가장 큰 공을 세운 신하였다. 그리고 그는 동시에 자신의 성공 스토리도 함께 썼다.

완전히 부정하였다. 정몽주도 폐가입진론의 명분에 동조하여 이성계 일파와 창왕 폐위에 협력하였다. 그러나 새로운 왕조 개창을 주장하는 정도전의 급진개혁파와 달리, 정몽주는 고려 왕조 유지를 주장하는 온건개혁파의 수장이 되어 정치적으로 대립을 하게 된다.

7 관직 복무의 대가로 전·현직 관리에게 수조권을 지급하고 소유권은 제한한 정책이다. 정도전이 본래 구상했던 대로 토지를 직접 농민들에게 나누어주는 것까지는 나아가지 못한 한계점이 있었으나 권문세족의 토지 독점과 지나친 농민 수탈의 문제점을 어느 정도 개선한 제도였다.

8 장량張良 ?~BC 186은 한漢나라 영천 성부 지역 사람으로 자는 자방子房이다. 개국공신이자 책략가이며 전략을 짜는 데에 탁월하였다. 한고조漢高祖 유방劉邦을 초한전쟁楚漢戰爭의 승자로 만들어 황위에 오르도록 하는 데 결정적인 역할을 했다.

우리는 회사를 선택할 수는 있지만 상사를 선택할 수는 없다. 직장인으로서 정도전에 주목해야 할 점은 그가 상사를 제대로 도왔고, 상사를 가장 높은 자리에 앉은 리더로 만들었다는 점이다.

좋은 팔로워가 훌륭한 리더를 만든다는 말이 있다. 기술의 진보와 민주주의의 진전으로 리더의 영향력은 예전에 비해 갈수록 약화되고 있다. 상사만 알던 전문 지식을 이제는 신입사원도 쉽게 접할 수 있다. 정보 기술의 발달로 누구나 인터넷을 사용할 수 있기 때문이다. 예전에는 상사의 말이 곧 법이었을지 모르나 지금은 비합리적인 지시를 내리면 직원들의 반발을 부를 뿐이다. 점점 부하 직원의 영향력이 커지고 그들의 도움이 중요한 시대로 접어들고 있음을 알 수 있다.

임원의 자리까지 오르는 것은 사실 쉬운 일이 아니다. 자신의 뛰어난 실력과 노력은 기본이고 회사 안에서의 정치력, 천운까지 모든 것이 뒷받침되어야 한다. 위에서 끌어올려 주는 것과 함께 부하 직원들의 역량도 중요하다. 리더가 아무리 실력이 좋다고 해도 모든 일을 혼자서 할 수는 없다. 리더는 의사결정을 내리는 자리이지 실무를 하는 자리가 아니기 때문이다. 결국 프로젝트를 성공시키고, 더 높은 자리로 올라가는 모든 과정에는 유능한 팔로워의 도움이 절실하게 필요할 수밖에 없다.

최고경영자가 아닌 이상 우리 모두는 팔로워의 위치에 있다. 우리는 리더가 되기를 꿈꾸기 전에, 좋은 팔로워 즉 유능한 부하 직원이 되는 것을 꿈꿔야 한다. 내가 모시는 상사를 훌륭한 리더로 만들고, 더 나아가 높은 자리로 올려놓겠다는 야무진 꿈도 한 번쯤은 가져봐야 한다. 인간적으로 존경하는 상사라면 더 좋겠지만 꼭 그렇지 않아도 상관없다. 결국 나에게도 상사는 필요한 존재이고, 상사의 성과가 인정받는 과정에서 내 실력도 증명할 수 있기 때문이다.

정도전은 조선 창업 과정에서 뛰어난 실력을 인정받았다. 왕위에 오른 이성계는 공헌도로 보나 실력으로 보나 정도전을 크게 중용할 수밖에 없었다. 조선 최고의 실권자가 된 그는 마침내 조선의 설계자가 될 수 있었다. 정도전은 단순히 지식이 많고 말을 잘해서 실력을 인정받은 것이 아니었다. 위화도회군, 폐가입진론, 과전법 시행 등 결정적인 시점마다 상사가 필요로 하는 성과로서 자신의 실력을 증명해 보였다.

결코 쉬운 일은 아니겠지만, 나 또한 그런 성과를 구체적으로 보여준다면 상사도 나의 실력을 인정하게 될 것이다. 나의 검증된 실력을 보고 나를 끌어줄 수밖에 없다는 말이다.

막내 왕자를 세자로 지지하다

조선 건국 후 이성계는 곧바로 세자 책봉을 위한 회의를 열었다. 먼저 개국공신 배극렴裵克廉[9]이 입을 열었다.

"적장자를 세자로 세우는 것이 고금의 진리입니다."

또 다른 개국공신인 조준趙浚[10]도 의견을 개진했다.

"태평한 시절에는 적장자를 세우고, 비상시국에는 공이 많은 자를 세우

---

9 배극렴(1325~1392)은 1388년 요동정벌 때 이성계의 휘하에 참여했다가 위화도회군에도 동참했다. 조선이 건국되자 개국공신 1등에 봉해졌고, 고려와 조선 두 왕조에 걸쳐 정승에 올랐다.

10 조준(1346~1405)은 고려 말, 조선 초에 활약한 문신으로 정도전과 함께 전제개혁田制改革을 추진해 조선 건국의 경제기반을 마련하였다. 조선 건국 후 개국공신 1등에 봉해졌고, 세자책봉 논의 때 이방원을 세자로 주장했다가 묵살당한 바 있다.

는 것이 옳습니다."

사실 가장 합리적인 의견이었다. 그의 말대로 장남인 이방우李芳雨나 건국에 가장 공이 많았던 이방원李芳遠을 세자로 세우는 것이 상식적인 선택이었다.

조선이 건국되기 전, 이성계 일파가 큰 위기에 처한 적이 있었다. 이성계가 말에서 낙마하여 병중에 있음을 틈타 정몽주가 이끄는 온건개혁파의 대대적인 반격이 있었던 것이다. 이때 정도전도 정몽주에 의해 유배 중에 있었고 살해당하기 직전까지 갔었다. 이 결정적인 순간에 이방원이 정몽주를 죽임으로써 온건개혁파는 순식간에 중심을 잃었고, 급진개혁파는 위기를 넘길 수 있었다. 이 과정에서 이방원은 정몽주를 끝까지 설득하고자 했던 이성계의 미움을 받게 되었지만, 현실적으로 조선 건국에 있어 이방원의 공로가 크다는 것은 누구도 부인할 수 없었다.

하지만 이성계의 마음은 다른 곳에 가 있었다. 이성계에게는 첫째 부인 신의왕후神懿王后 한씨韓氏의 소생인 이방원을 포함한 6명의 아들 외에 둘째 부인 신덕왕후神德王后 강씨康氏로부터 얻은 두 명의 아들이 더 있었다. 한씨가 조선 건국 1년 전에 지병으로 죽자 강씨를 곁에 두고 아끼던 이성계는 자신보다 스무 살 가량이나 어린 그녀의 자식에게 마음이 가 있었던 것이다. 결국 이성계는 신덕왕후 강씨의 막내아들인 이방석李芳碩을 세자로 삼기로 결심한다. 정도전은 적극적으로 누구를 세자로 세워야 한다고 주장하지는 않았지만 침묵으로 이성계의 결정을 지지해 주었다.

만약 정도전이 적극적으로 이방우나 이방원을 세자로 삼아야 한다고 주장했다면, 아무리 이성계라도 그의 말을 그냥 무시하기는 어려웠을 것이다. 하지만 정도전은 이미 신덕왕후 강씨와 손을 잡고 있었기에 조선 건국에 아무런 기여도가 없는 11살짜리 막내 왕자를 세자로 선택한 것이다. 명분도 찾아볼 수 없는 결정에 이복형들, 특히 이방원의 분노는 하늘을 찔렀다.

왜 하필 가장 어린 이방석이었을까? 정도전이 꿈꾸는 이상적 정치제도는 정승을 최고실권자로 한 신권 중심 정치였다. 군주는 정승보다 위에 있을 뿐 실질적인 권한은 정승에게 주어지는 것이다. 왕권 중심 정치에서 왕이 훌륭하다면 안정적인 치세를 할 수 있지만, 반대로 폭군이라면 세상은 혼란에 빠지고 만다. 그러한 부작용을 막기 위해 왕권을 견제할 신권 중심 정치를 해야 한다고 주장한 것이다.

정도전은 자신의 신념과 다른 인물에 대해서는 철저히 배격하는 성격이었다. 이방원은 강력한 왕권주의자였기에 처음부터 한 배에 탈 수 없었던 셈이다. 정도전이 이방원을 집요하게 반대하여 권력에서 완전히 소외시키고자 한 이유가 거기에 있었다.

이방석은 너무 어렸기 때문에 이방원 같은 카리스마를 보여줄 기회조차 없었다. 그저 왕권을 약화시키고 신권을 강화하는 데에 딱 좋은 인물 정도였던 셈이다. 물론 이성계의 총애를 받는 신덕왕후 강씨와 손을 잡아 자신의 세력을 더욱 공고히 하려는 전략도 있었을 것이다. 하지만 정도전의 야심은 더 이상 오래 가지 못한다. 신덕왕후가 죽고 이성계도 병석에 누워 권력의 진공상태가 왔을 때, 막강한 권력을 휘두르며 일찌감치 왕자들의 사병까지 모두 빼앗은 정도전은 긴장을 늦추고 있었다. 이 틈을 타 이숙번의 사병 지원을 받은 이방원이 왕자의 난을 일으켜 정도전을 첫 번째 제거대상으로 삼은 것이다. 정도전의 권력은 모래성처럼 무너지고 허망한 죽음을 맞게 된다.

두 번째 리더 만들기에는 실패하다

이성계를 리더로 키운 첫 번째 전략은 성공했다. 리더와 팔로워가 함께 성장하는 선순환을 보였기 때문이다. 하지만 방석을 선택한 두 번째 전략은 오로지 자신의 성장에만 관심을 두었다. 리더의 성장은 도외시하고, 신권 정치라는 자신의 꿈을 이루기 위해 철저히 리더를 이용하는 것에만 집중했던 것이다.

나이가 가장 어렸던 이방석은 조선 건국에 아무런 공이 없었다. 차세대 리더로 명분이 부족했던 것이다. 정도전이 진정으로 리더와 함께 성장하고, 더 나아가 조직의 안정 및 성과를 중요시했다면 차선책으로라도 이방원을 선택해야 하지 않았을까.

정도전이 신권 중심 정치에 집착하지 않고 왕권과 신권이 부드럽게 조화될 수 있도록 제도와 기틀을 만드는 노력을 했다면 어땠을까. 아마 조선 초기 극심한 혼란을 야기한 두 차례에 걸친 왕자의 난은 발생하지 않았을지도 모른다. 또 태종도 수차례 신하들을 숙청하며 왕권에 집착하는 모습보다는 좀 더 유연한 태도를 보였을 수도 있고, 왕권과 신권의 조화를 통해 태평성대를 연 첫 번째 왕은 세종이 아니라 태종이 되었을지도 모를 일이다.

정도전의 실패 사례는 리더와 팔로워가 함께 성장하고 상생해야 하는 관계임을 말해준다. 제아무리 유능한 부하라도 상사의 도움을 받지 못하면 자신의 실력을 펼칠 기회조차 얻지 못하며 제 아무리 유능한 상사라도 부하 직원의 도움을 받지 못한다면 더 높은 자리로 올라가는 데에 분명한 한계를 가질 수밖에 없다.

정도전은 이성계를 도와 조선을 건국하면서 유능한 리더와 팔로워가 함께 성장하는 모습을 보여주었다. 그러나 두 번째 성공 모델은 이방석과 정도전이 아니라 이방원과 하륜河崙이 보여준다. 유능한 부하의 도움을 필요로 했던 이방원과, 정도전의 견제에 막혀 기회를 얻지 못하던 하륜이 만나 서로를 각각 왕과 정승으로 끌어올린 것이다.

직장 생활을 하다 보면 상사와 부하 직원이 서로 견제하는 상황에 마주칠 수도 있다. 상사는 자신보다 뛰어난 부하 직원이 자신의 자리를 위협하게 될까 두려워할 수 있고, 부하 직원은 자신의 실적을 상사가 가로채지는 않을까 경계할 수 있다. 하지만 진정으로 실력 있는 상사와 부하 직원이라면 이런 신경전에 에너지를 낭비하지 말아야 한다. 상사는 부하 직원의 실력을 이용하고, 부하 직원은 상사의 지위를 이용해야 한다.

상사와의 관계만이 전부가 아니다

조선 건국 공신 제1호였던 정도전은 거칠 것이 없었다. 토지제도를 개혁하고 국정 통치를 위한 매뉴얼을 만들었다. 사병을 혁파하여 국방력을 강화하였고, 경국전經國典이라는 헌법도 만드는 한편 과감한 종교개혁도 추진하였다. 새 수도 한양을 설계하고[11] 경복궁 주요 건물의 명칭 또한 모두 그가 지었다. 조선의 정치, 경제, 문화 곳곳에 그의 손길이 닿지 않은 곳이 없었다. 수백 년 왕조의 기틀을 자신의 손으로 직접 만든 셈이니 대대로 이만한 영광이 없을 것이다.

하지만 이성계의 절대적인 신임은 점차 그를 고립시켰다. 아니, 스스로가 고립되어 가는 길을 택했을지도 모른다. 정도전은 자신이 옳다고 믿는 일에는 절대로 타협이 없었고, 그것을 실천하는 것을 가로막는 것이 있다면 과격한 방법을 동원하는 것도 주저하지 않았다.

새 왕조 조선은 빨리 안정적으로 국가를 꾸려나가기 위해 최대한 많은 인재들의 참여와 도움이 필요했다. 하지만 정도전은 숨은 인재를 발탁하는 데에 인색했고, 오히려 반대파를 제거하는 것에만 혈안이 되어 있었다. 또한 과거 자신에게 수치심을 주었던 인사가 있었다면 반드시 찾아내 복수를 서슴지 않았다.

과거에 우현보禹玄寶[12]의 아들들이 정도전의 어머니는 미천한 천민의 핏줄이라는 사실을 세상에 알리며 괴롭힌 일이 있었는데 정도전은 그 일을 마음에 담아두었다. 그들은 고려 최고의 성리학자로 추앙받던 우탁禹倬의 후손인 명문가 자제들이었지만, 우현보가 선죽교에서 죽임을 당한 정몽주의 시신을 수습해 준 것을 빌미로 우현보와 그의 세 아들을 유배형에 처해

---

11 처음 새 도읍지로 물망에 오른 곳은 충청남도 계룡산 부근이었지만 지리적으로 남쪽에 치우치고 풍수지리적으로도 좋지 않다는 정도전과 하륜의 주장이 받아들여진다. 정도전은 한양을, 하륜은 무악을 주장하지만 결국 정도전의 주장대로 한양이 새 수도로 결정된다.

12 우현보1333~1400는 고려 말 조선 초의 문신이다. 고려 사수파로서 이색, 이숭인, 정몽주와 교분이 두터웠다. 정몽주가 이방원에 의해 죽자 그 시신을 수습했다가 탄핵을 당하고 유배를 간다. 조선 건국 후 정도전 일파가 제거된 후 복관되었다.

버린다. 특히 그 세 아들은 유배지에서 곤장을 맞아 죽음으로써 그 가문은 거의 멸문지화를 당하게 된다.

또한 정도전의 스승이었던 이색은 낙향을 하던 중 타살 의혹을 받을 만큼 의심스러운 죽음을 맞이하였으며, 온건개혁파로서 정도전의 정치적 경쟁자였던 이색의 아들 이종학李種學과 정도전의 동문 이숭인李崇仁도 정도전에 의해 유배지에서 죽임을 당한다.

여기까지는 수많은 반대를 무릅쓰고 추진한 조선 왕조 개창 과정에서 발생한 탄압이라고 조금은 이해해 줄 여지도 있다. 치열하게 전개된 정권 투쟁 과정에서 정도전도 정몽주에 의해 죽음 직전까지 간 적이 있었으니 말이다. 하지만 조선 건국 후에도 이성계의 신임을 등에 업은 그의 독주는 그칠 줄 몰랐다. 이성계가 부인 신덕왕후 강씨의 죽음으로 인한 슬픔이 겹쳐 와병 중에 있는 동안 조정은 완전히 정도전의 독무대가 되었다. 병석에 드러누운 아버지를 병문안하려는 왕자들을 막아 그들의 분노를 사는 일까지 있었다. 그러는 사이 그의 적대세력은 자연스럽게 이방원을 중심으로 뭉쳤고, 그들은 정도전을 몰아낼 기회를 엿보기 시작한다. 훗날의 비극적인 몰락의 싹을 정도전 자신이 키우고 있었던 셈이다.

직장 생활을 하면서 상사의 절대적인 신임을 받는다는 것은 매우 행복한 일이다. 사실 직장 내 대인관계에서 가장 어려운 부분이 상사와의 관계라고 해도 과언이 아닐 정도니까 말이다. 나에 대한 인사평가와 고과권한을 쥐고 있는 상사에게 잘못 보였다가는 직장 생활이 매우 험난해진다. 반대로 상사가 나를 좋게 보아 매년 A⁺의 고과를 주고 덕분에 승진도 빨리한다면 직장 다닐 맛이 날 것이다.

하지만 그렇다고 해도 상사가 직장 생활의 전부는 아니다. 상사와의 관계에만 열중한 나머지 동료들에게 독선적으로 대하고 후배들을 함부로 대한다면 회사 생활은 고립될 수밖에 없다. 아무리 약육강식의 살벌한 정글 같은 사회라고 하지만 대놓고 강한 자에 약하고 약한 자에 강한 태도를 보이는 동료나 선배라면 누구라도 좋아할 리 없다. 자신의 직장 내 평판은 점점 추락할 것이며 그것은 마침내 상사의 귀에도 들어갈 것이다.

사실 상사의 인정을 받는 사람은 주위에서도 인기가 있기 마련이다. 그런 사람과 함께 일을 하면 본인의 업무도 더 편해지기 때문이다. 어떻게 그 상사를 대하는 것이 좋을지 조언을 듣고자 동료들이 그에게 먼저 접근해 올 수도 있다. 상사의 신임을 받는다는 것은 대인관계에 있어서도 여러모로 큰 강점이 될 수 있는 것이다. 하지만 그것을 과신한 나머지 오로지 나의 출세 도구로만 삼는다면 주위 사람들을 잃을 수밖에 없다.

22세에 관직 생활을 시작한 정도전은 큰 뜻을 품었을 것이다. 하지만 원나라에서 오는 사신을 마중 나가라는 명을 거절하였다는 이유로 유배 생활을 시작하면서 권력의 주변부는커녕 완전한 아웃사이더로만 맴돌아야 했다. 그런 울분을 한꺼번에 풀고자 했던 탓일까. 이성계의 절대적 신임에 기대어 자신의 주위는 전혀 돌아보지 않았다. 오히려 눈엣가시들을 제거하는 데에 온 힘을 쏟아부었다.

숨죽이고 있던 이방원과 그 일파들이 훗날 왕자의 난을 일으키자 결국 그에게 큰 위기가 찾아왔다. 하지만 그 누구도 정도전을 보호해 주지 않았고 그렇게 허망한 최후를 맞이하게 된다. 정몽주에 의해 죽을 뻔한 정도전을 구해주었던 이방원이 결국 그를 죽게 만든다는 사실이 여러모로 역사의 아이러니를 느끼게 만든다.

정도전처럼 상사를 이용하라

정도전에게는 '조선의 설계자'라는 타이틀이 있다. 조선이라는 새 나라를 기획하고, 세우고, 일으킨 것은 정도전이었다. 뛰어난 실력자였지만 처음에는 좋은 리더를 만나지 못해 자신의 꿈을 펼치지 못했다. 유배를 떠나 중앙 권력으로부터 완전히 소외되었을 때 비로소 자신을 끌어줄 진짜 리더 이성계를 만나면서부터 그의 삶이 완전히 바뀌게 된다.

정도전이 성공의 길로 들어설 수 있었던 것은 자신의 리더와 제대로 된 관계 설정을 하였기 때문이다. 유능한 팔로워였던 정도전은 이성계를 최고의 리더로 만들어냈다. 이성계가 위기에 봉착할 때마다 고비를 넘길 수 있도록 도와주었고 이성계도 그런 정도전의 실력에 보답하여 그가 뜻을 펼칠 수 있도록 확실히 끌어주었다.

직장 생활을 잘하기 위해서는 상사가 나를 제대로 이용할 수 있도록 실력을 잘 닦아 유능한 부하 직원이 되어야 한다. 그리고 나 또한 상사의 지위를 이용할 줄 알아야 한다. 상사의 지위를 통한다면 회사에서 좀 더 중요한 업무를 맡을 수 있고 그것을 계기로 나의 실력을 제대로 드러낼 기회를 얻을 수 있다. 나의 검증된 실력을 바탕으로 회사 내에서 입지를 더 확고히 할 수 있는 길이다.

정도전은 이성계의 명성과 지위를 이용하였고, 이성계는 정도전의 지략과 실력을 이용하여 두 사람은 함께 성장하고 성공하였다. 하지만 두 번째 리더로 이방석을 선택한 전략은 실패하고 만다. **팔로워로서 자신의 성장에만 초점을 맞추었기 때문이다.** 상사와 부하 직원은 상생해야 한다. 서로를 이용하며 함께 성장해야 하는 것이다. 하지만 상사가 부하 직원을, 부하 직원이 상사를 이용하기만 하려고 한다면 상생의 관계는 있을 수 없다. 서로에 대한 신뢰는 사라지고 상생이 아닌 경쟁 관계가 되는 것이다. 상사는 부하 직원의 실력을 제대로 활용하지 못해 성과를 내는 데에 한계를 느끼고 부하 직원은 상사의 지위에 눌려 이직이나 다른 부서로의 발령을 고민하게 될 것이다.

정도전이 결국 죽음이라는 실패를 맞이한 이유는 한 가지가 더 있다. 리더와의 관계에만 집중한 나머지 주변의 인심을 잃었다는 것이다. 정도전은 이성계와 신덕왕후 강씨 외에는 모든 관계를 등한시하였다. 또한 정치적 경쟁자들은 물론 잠재적인 경쟁자까지 무자비하게 숙청하면서 그를 적대시하는 세력을 양산하였다. 결국 이성계가 와병 중에 있어 그를 지켜주지 못하는 상황에 처했을 때 정도전은 누구의 도움도 받지 못하고 허무하게 몰락해 버리고 만다.

상사와의 좋은 관계는 매우 중요하지만 직장 생활에서는 그게 다가 아니다. 상사에게 잘 보이고자 노력하는 만큼 주변 동료의 인심도 얻도록 노력해야 한다. 직장은 상사와의 관계로 맺어진 몇몇 파벌로만 굴러가는 곳이 아니다.

지금 내가 하고 있는 팔로워의 역할은 어느 조직에서나 반드시 필요하다. 또 시간이 지나면 내가 리더의 역할을 해야 할 때도 온다. 조직 내에서는 누군가와의 치열한 경쟁이 있을 수밖에 없겠지만 적어도 내가 모시는 상사 또는 내가 업무 지시하는 부하 직원과의 관계만은 경쟁이 아닌 상생을 하도록 하자. 함께 살아야 직장도 함께 오래 버틴다.

직장인 정도전에게 배운다!

1. 상사와 함께 성장하겠다는 자세로 일해보자.
2. 내 업무 중 상사의 관심사가 가장 큰 것이 뭔지 생각해 보자.
   그 일만큼은 최고의 보고서를 써보자.
3. 상사와 관계가 좋을수록, 동료들과의 관계에도 신경 쓰자.

02

눈치를 잘 보는 것도 실력이다,

하륜

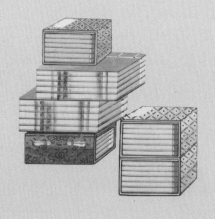

성명 : 하륜河崙

출생 : 1347년, 경상도 진주

주요 경력 : 의정부영사영의정, 좌의정, 좌명공신 1등 책봉

주요 프로젝트 : 6조 직계제 도입, 신문고 도입, 태조실록 편찬 참여

추천인(직업) : 태종조선 3대 임금

한 줄 자기소개

– **실력과 처세 능력을 동시에 갖추어 누구보다 조직 생활을 잘할 수 있는 인재라고 자부합니다.** 직장 생활은 단순히 주어진 일만 잘한다고 다른 것까지 잘 해낼 수 있는 것은 아니라고 생각합니다. 저는 업무 진행에 있어 상사의 의중을 누구보다 잘 헤아릴 수 있습니다. 또 어느 누구와도 함께 협업하여 반드시 성과를 만들어낼 자신이 있습니다.

처세의 대가, 하륜

제1, 2차 왕자의 난부터 시작하여 태종의 치하治下기간은 왕권에 위협이 되는 그 어떤 인물도 남겨놓지 않았던 숙청의 피바람이 불던 시기다. 그런 엄혹한 시대 속에서도 하륜은 70세를 일기로 천세를 누리다 세상을 떠났다. 어떤 처세 비법이 있었기에 정리해고 한 번 당하지 않고 끝까지 살아남을 수 있었을까?

하륜은 1347년충목왕 3년 진주에서 하윤린河允潾의 아들로 태어났다. 향리 집안으로 대단한 명망가 출신은 아니었다. 그는 1365년 과거에 급제했는데 당시 권문세족의 대표 권력가였던 이인임의 형 이인복李仁復이 과거 시험 감독관이었다. 당시 하륜을 눈여겨본 이인복은 그의 동생 이인미李仁美의 딸과 결혼하도록 중매를 섰고 하륜은 그렇게 권세가의 인척이 된다. 신진사대부 세력이 기득권 세력이었던 권문세족과 주로 적대적인 관계에 있었던 것에 비해 하륜은 신진사대부와 권문세족의 중간에서 노련한 처세술을 보인다. 이인임과의 친분을 꾸준히 유지함과 동시에 스승 이인복과 이색의 문하에서 함께 공부했던 신진사대부 출신 정몽주, 정도전과도 좋은 관계를 형성했던 것이다.

이인임과 인척관계를 맺은 덕분에 그의 관직 생활은 대체로 순탄해 보였으나 이인임이 노환으로 정계에서 물러나고, 결정적으로 이성계의 위화도 회군 이후 점차 중앙권력에서 밀려나기 시작한다. 정몽주와 함께 고려 사수파였으나 정몽주의 죽음에 이어 고려까지 멸망하면서 완전히 설 자리를 잃고 말았다. 결국 그는 낙향을 선택하지만 결과적으로 그 덕분에 정도전이 휘두른 숙청의 칼날을 피할 수 있었다. 정도전은 자신의 스승이었던 이색을 비롯해 정치적으로 반대 입장을 보인 동문 선후배들을 상대로 대대적인 숙청을 진행했다. 이색뿐만 아니라 이숭인, 권근權近[13], 이종학, 그리고 우현보와 그의 세 아들이 모조리 유배형에 처해졌고, 대부분 유배지에서 죽임을 당하고 말았던 것이다. 한때 가족처럼 지냈던 동료들을 무자비하게 죽음으로 내몬 정도전의 모습에 하륜은 경악했고, 이제 그들이 다시 손잡는 것은 요원하게만 보였다.

사사건건 견제하는 선배, 정도전

정도전은 자신의 정적들을 철저히 배제하며 잔혹한 숙청을 단행했지만 새로운 왕조의 창업자인 태조 이성계의 입장에서는 자신을 도와줄 단 한 명의 인재라도 더 아쉬운 상황이었다. 이성계는 정도전에 의해 밀려나 있던 하륜과 권근에게 조선 왕조를 위해 일해줄 것을 간곡히 부탁했고 마침내 그들은 출사를 결심한다.

사실 비명 속에 죽어간 스승 이색, 선배 정몽주, 그리고 수많은 동문들과의 의리를 생각하면 갈 수 없는 길이다. 특히 부모 형제 같은 스승과 동문들을 사지로 내몬 그 정도전이 조정의 한가운데 있었다. 그럼에도 하륜은 조선에 출사하기로 결심한다. 권력을 빼앗아 정도전에게 복수하겠다는 심정

---

[13] 권근(1352~1409)은 고려 사수파에 있었으나 조선 개국 후 조정에 참여하였다. 1396년 표전문 사건이 일어나자 이를 해결하는 데에 공을 세웠지만 정도전 일파의 견제를 받는다. 정도전 숙청 후 태종이 왕위에 오르자 좌명공신佐命功臣 1등에 봉해졌다.

이었을까, 아니면 가난한 집안에서 자수성가한 그로서는 결코 포기할 수 없는 권력욕 때문이었을까? 어쨌든 분명한 사실은 조선이라는 새 직장에 먼저 입사한 애증의 선배 정도전과의 충돌은 피할 수 없을 것이라는 사실이었다.

조선을 건국한 태조는 수도를 옮기는 것을 고민하고 있었다. 하륜은 뛰어난 풍수지리 실력을 드러내며 두각을 나타낸다.

"수도를 계룡산에 만들고 싶은데…. 그대들의 생각은 어떻소?"

"저는 반대입니다. 수도는 반드시 나라의 중앙에 있어야 하는데 계룡산은 남쪽에 치우쳐 있어서 동쪽, 서쪽, 북쪽과는 멀리 떨어져 있습니다. 또 제가 일찍이 아버지의 장사를 지내면서 풍수지리 공부를 조금 한 바 있는데, 계룡산은 '물이 장생長生을 파破하여 쇠패衰敗가 곧 닥치는 땅'이므로 수도로서 적당하지 못합니다."

하륜의 주장이 받아들여져 계룡산으로 수도를 옮기는 것은 중단되고 새로운 후보지를 물색하게 된다. 하륜은 지금의 신촌 일대인 무악을 추천하지만 너무 좁다는 이유로 정도전의 반대에 부딪친다. 결과적으로 하륜이 주장한 무악 천도는 채택되지 않았고 정도전의 주장대로 한양이 수도로 선정된다. 하지만 이 일을 계기로 하륜은 태조의 신임을 받게 되었고, 정도전의 경계심은 점차 커지게 된다.

하륜이 정도전과 제대로 충돌하는 사건이 발생하는데 바로 '표전문表箋文 사건[14]'이다. 명나라 황제 주원장朱元璋이 조선의 외교문서가 불손하다며

---

14 표전문은 제후국이 황제국에 보내는 일종의 외교문서로, 황제에게 바치는 표문과 황태자에게 바치는 전문이 있었다. 당시 문제가 된 표전문의 문구가 현재는 전해지지 않아 어떤 표현이 불경했다고 하는 건지는 알 수 없지만, 명나라 황제 주원장은 사소한 문구 하나를 트집 잡아 자신의 신하를 처형한 전력도 있었던 만큼 억지 주장이었을 가능성이 크다. 주원장이 조선의 표전문에 문제를 제기한 것은 조선의 실력자인 정도전을 견제하고 조선을 정치적으로 압박하기 위한 의도였다.

심각한 외교 갈등을 야기한 것이다. 표문은 정탁鄭擢과 정도전이 쓰고 교정했기에 명나라에서는 이 문제의 발단을 정도전에서 비롯된 것으로 보고 그의 압송과 해명을 요구했으나 응하지 않았다. 명나라의 요구를 무작정 거스르기 어려웠던 태조는 대신 다른 신하들을 보냈지만 그중 일부는 돌아오지 못한 일까지 생겼다. 그럼에도 정도전은 움직이지 않는다. 도의적으로라도 직접 문제를 해결해야겠다는 의지를 보이기는커녕 전혀 관련도 없는 하륜을 사신으로 보내버리고 만다. 정도전을 제거할 기회로 본 하륜이 당사자인 정도전이 직접 가서 해결해야 한다고 주장했기 때문이다. 정도전에게 오히려 보복을 당한 셈이었지만 하륜은 명나라 황제를 훌륭히 설득하여 문제를 해결하고 돌아왔다. 이 사건으로 하륜의 명성은 올라간 반면 정도전에 대한 비난은 더욱 커질 수밖에 없었다.

정도전은 공을 세우고 돌아온 하륜을 다시 지방으로 보내버린다. 심지어 하륜과 전혀 상관없는 사건에 무리하게 엮어서 탄핵하려다 무고에 그친 일도 있었다. 정도전은 상사의 강력한 신임을 등에 업고 인사권까지 마음대로 휘두르던 창업공신 직장 선배였다. 하륜에 대한 선배 정도전의 견제와 괴롭힘은 집요하고 끈질겼다. 단순히 개인적 감정에서 나온 것이 아니라 강력한 잠재적 경쟁자에 대한 권력투쟁이었기 때문이다. 하지만 하륜은 섣불리 동요하거나 반발하는 모습을 보이지 않는다. 다만 조용히 때를 기다릴 뿐이었다.

하륜의 못된 선배 대처법

직장 생활의 멘토가 될 만한 좋은 선배를 만났다면 그는 정말 행운아다. 마음씨 좋고 실력도 뛰어난 데다 후배에게 상냥하게 잘 가르쳐주기까지 하는 선배를 만난다면 참 좋겠다. 하지만 실상은 대부분 그렇지 못하다. 심지어 사사건건 나를 괴롭히고 더 크지 못하도록 싹부터 밟아버리려는 못된 선배를 만날 수도 있다. 혹시라도 그런 선배를 만났는가? 안타깝지만 당장 할 수 있는 일은 별로 없다. 수직적 위계질서가 살아있는 회사 내에서 함부로 대들고 덤벼드는 것은 굉장한 모험이다. 더구나 상사의 신임을 받고 있는 선배라면 더욱 그렇다. 회사를 그만두는 것도 방법이겠지만 어딜 가나 나와 안 맞는 사람은 반드시 있기 마련이다.

정도전이라는 못된 선배를 둔 하륜은 어떻게 대처했을까? 처음에는 정도전에 맞서 투쟁하는 방식을 택했다. 수도를 천도하는 과정에서 정도전과 다른 의견을 정면으로 내세웠고, 표전문 사건에서는 정도전에게 직접 문제를 해결하라며 몰아붙였다. 하지만 태조 이성계라는 든든한 뒷배가 있는 정도전으로부터 돌려받은 건 이전보다 더 강해진 견제였다. 이후 하륜은 이방원과 손잡고 왕자의 난을 성공시킬 때까지 계속 지방으로만 떠돌아야 했다.

사실 견제를 받는다는 것은 내가 그만큼 실력이 있다는 반증이다. 그 선배는 실력 있는 내가 자신을 앞서갈까 두려운 것이다. 일단 그것으로 위안을 얻자. 그리고 선배에 맞서 투쟁하기보다는 묵묵히 자기 일을 열심히 하는 모습을 보이자. 분명히 기회는 올 것이다. 내가 상사의 눈에 더 띌 수도 있고 또는 상사가 바뀌고 새로운 상사가 나의 실력을 인정해줄 수도 있다. 마치 하륜이 새로운 상사 이방원을 만나게 된 것처럼 말이다.

정도전에게 미움받던 하륜을 보라. 그는 전략을 바꾸었다. 표전문 사건을 해결하기 위해 잔뜩 화가 난 명나라 황제에게 가야 하는 사신이 되어 억울한 발걸음을 옮겨야 했을 때, 그는 순순히 받아들이고 떠난다. 어쩌면 죽을지도 모르는 그 길을 말이다. 그리고 오로지 자신의 실력으로 멋지게 임무를 완수하고 돌아온다. 다시 지방직 관리로 떠나야 했지만 그는 화를 내거나 반발하지 않았다. 정도전을 앞서 나가지 않기로 결심했기 때문이다. 오히려 하륜을 집요하게 견제하는 정도전의 얼굴에서 초조함이 읽히기 시작했다. 하륜은 시간을 본인 편으로 삼고, 때가 올 것을 기다리며 인내했다.

타이밍은 준비하는 자에게 온다

정도전의 강력한 후원자였던 신덕왕후 강씨가 죽고, 태조 이성계가 병석에 누웠다. 이 시기에 하륜은 갑자기 충청도 관찰사로 발령이 난다. 혹시라도 이방원과 하륜이 결탁하는 것을 막고자 하는 정도전의 견제가 또다시 있었기 때문이다. 하륜은 때가 왔음을 직감했다. 서둘러 조촐한 잔치를 열고 주변 지인들을 초대했다. 정도전의 훼방으로 아무 일자리도 구하지 못하고 백수로 시간만 보내던 이방원도 잔치에 참석했다. 잔치 분위기는 점차 흥이 올랐다. 하륜은 거나하게 취한 모습으로 술 한 병을 들고 비틀거리며 이방원의 앞자리로 갔다.

"제가 대군을 위해 술 한 잔 따라드리겠습니다!"

하륜은 심하게 손을 떨면서 술을 따르더니, 기어코 이방원의 옷에 끼얹고야 말았다. 순간 분위기는 싸늘해졌고, 이방원의 얼굴도 심하게 일그러졌다.

'내가 아무리 힘도 없이 백수로 지낸다고, 하륜도 나를 무시하는 건가!'

화가 치밀었지만 많은 사람들이 보고 있었기에 대놓고 화를 낼 수는 없었다.

"대감이 오늘 술을 좀 과하게 드셨군요! 그럼 전 먼저 들어가 보겠습니다."

이방원이 화를 억누르며 집으로 가버리자 하륜은 제대로 사과를 해야 한다며 부랴부랴 이방원의 뒤를 쫓아나갔다. 아무도 없는 으슥한 골목에서 마침내 이방원을 따라잡은 하륜은 아까와는 정반대의 차분한 얼굴빛으로 말을 건넸다.

"대군, 좀 전에는 주위에 감시하는 눈이 많아 둘만의 자리를 만들고자 일부러 연기를 좀 했습니다. 저의 무례를 용서하십시오."

이방원은 이제서야 왜 그가 평소에 하지 않던 그런 실수를 했는지 이해가 갔다. 그리고 다음 한마디에 귀를 기울였다.

"신덕왕후께서 세상을 떠나시고, 주상께서 병석에 누워있으신 지금이 기회입니다. 정도전을 치시고, 그동안의 잘못된 것을 다시 바로 잡아주십시오."

"정도전이 나의 사병도 다 빼앗아가고, 관직도 다 앗아가 버렸소. 대감도 알다시피 난 아무런 힘도 없는데 무슨 수로 그를 제압합니까?"

"제가 이미 안산군수 이숙번李叔蕃[15]을 포섭해 놓았습니다. 그를 따르는 300명의 사병이 있습니다. 거사를 일으키시면 그들이 달려와서 대군을 도울 것입니다."

---

15 이숙번1373~1440은 안산군수 때 이방원을 도와 제1차 왕자의 난에 큰 공을 세워 그의 각별한 신임을 받는다. 하지만 자신의 공과 임금의 총애를 지나치게 자만한 나머지 여러 차례 탄핵을 받아 결국 유배를 당한다.

때를 기다리는 동안 모든 것을 이미 준비해 놓은 하륜의 유창한 프리젠테이션 앞에 이방원은 감탄할 수밖에 없었다. 그렇게 다음 날 하륜은 조용히 충청도로 내려갔고, 몇 달 후 이방원은 왕자의 난을 일으킨다. 이방원의 기습에 정도전은 속수무책으로 당할 수밖에 없었다.

이방원과 하륜이 그전부터 뜻을 모으고 함께 거사를 계획했던 것으로 보이지는 않는다. 다만 하륜은 언젠가 찾아올 타이밍을 기다리며 이숙번을 포섭하는 등 조용히 준비하는 시간을 가졌다. 그에게 허락된 시간은 단 하루였다. 정도전에 의해 갑자기 지방관으로 발령 받고 다음 날 떠나야 하는 그 찰나의 순간, 이방원을 만나 제시할 수 있는 집권 로드맵이 없었다면 이렇게 정확한 타이밍은 영영 오지 않았을지도 모른다. 하늘은 스스로 돕는 자를 돕는다고 한다. 뻔한 말 같지만 역시 그만큼 많은 사람들이 증명했기에 뻔한 진리가 되었다. 하륜의 경우도 마찬가지다.

하륜과 이방원, 프레너미Frenemy가 되다

여기서 한 가지 재미있는 사실을 발견한다. 바로 하륜이 이방원과 손을 잡았다는 사실이다. 이방원이 누구인가? 가장 존경하던 선배, 그리고 고려 사수파로서 정치적 입장을 함께 했던 정몽주를 죽인 장본인이 아닌가. 고려 신하로서 의리를 저버리고, 조선의 신하가 된 것까지는 이해할 수 있다. 하지만 이방원을 군주로 모신다는 것은 변절의 끝판왕이라 불릴 만했다. 그럼에도 그들은 손을 잡았다. 공동의 적 정도전이 있었기 때문이다.

하륜에겐 정도전과 확실히 다른 점이 있었다. 정도전이 신권 중심 정치를 추구한 반면, 하륜은 부국강병을 뒷받침할 강력한 왕권주의를 지지했다는 점이다. 사실 이것이 정도전과 하륜이 가까워질 수 없는 근본적인 이유 중 하나이기도 했다.

하륜은 누구와도 손을 잡을 수 있는 인물이었다. 신진사대부였음에도 권문세족인 이인임의 후광으로 출셋길을 달렸다. 정몽주와 손을 잡고 고려 사수파에 섰다가 고려가 멸망하자 곧 조선의 신하가 된다. 그리고 존경하는 선배 정몽주를 죽인 이방원과 손을 잡는다. 정도전이 좀 더 포용력을 가지고 다른 이들의 의견도 적극적으로 받아들일 줄 아는 인물이었다면 아마 하륜은 정도전과도 손을 잡았을지 모른다. 하지만 자신의 생각만 옳고 다른 사람들은 다 배제해 버리는 정도전의 성격상 그것은 불가능했을 것이다. 대신 하륜은 이해관계가 일치한 이방원과 손을 잡았고, 마침내 임금 다음 가는 실권자가 된다.

프레너미Frenemy라는 말이 있다. 친구 'Friend'와 적 'Enemy'를 합친 말인데, 실제로는 서로 싫어하지만 일 때문에 겉으로 친한 척하는 관계를 뜻한다. 한 조사에 따르면 직장인 10명 중에 6명은 이런 관계인 사람이 있다고 답했다.[16] 초등학생 때야 친구가 마음에 안 들면 "나 너랑 절교임!"하고 안 보면 그만이겠지만 안타깝게도 직장인은 그렇지 못하다. 대인관계가 중요한 직장에서 그런 철부지 행동을 했다가는 왕따 되기 십상이다. 직장은 좋든 싫든 동료들과 함께 일하고 함께 성과를 내야 하는 조직이다. 개인적인 감정은 억누르고 회사의 성장이라는 공동 목표를 향해 달려가야 하는 곳

---

16   한겨레신문, 『직장인 58%, 싫어도 친한 척 한다』, 2010년 9월 2일자

이다.

하륜도 아마 속으로는 이방원에 대한 인간적인 신뢰는 적었을지도 모른다. 정몽주에 대한 미안한 마음도 있었을 것이다. 하지만 조선의 신하가 되기로 결심한 순간부터 하륜에게도 꿈이 있었다. 강력한 왕권이 뒷받침되어 부국강병을 이루고 백성들이 잘 먹고 잘 사는 조선을 만들어보자는 꿈 말이다. 그 목표를 위해 프레너미 이방원과 손을 잡았다.

마음이 안 맞는 사람과 같이 일하는 것은 분명 힘든 일이다. 하지만 어차피 직장을 계속 다니기로 마음먹었다면 그것은 감수해 낼 수 있어야 한다. 그리고 서로 도우며, 서로를 이용해야 한다. 성인군자라서 그럴 수 있는 것이 아니다. 그 사람도, 나도, 직장에서 살아남아야 하는 직장인이기 때문이다. 너무나 절박한 상황 속에 있었던 이방원과 하륜이 그랬던 것처럼 말이다.

하륜과 정몽주에 대한 후일담을 한 가지 덧붙이자면, 태종의 집권 후 정몽주는 영의정에 추증追贈되고 문충文忠이라는 시호를 받는다.[17] 충신으로 인정받고 명예를 회복한 것이다. 물론 하륜이 적극적으로 나섰기에 가능했다. 그가 태종과 손을 잡지 않았다면 불가능한 일이었을지도 모른다. 최소한 결과로만 본다면, 하륜은 명분도 실리도 다 잡은 최후의 승리자였다.

태종의 목숨을 구하다

태종은 집권 이후 왕권강화를 위한 의지를 표명하며 이런저런 이유로

---

17 새 왕조의 개창開創이라는 자신의 목적 달성을 위해 정적政敵인 정몽주를 죽이기는 했지만 이방원도 그가 고려의 충신이었던 점을 높이 샀다. 그 이면에는 역시 이방원에 의해 제거된 정도전이 역적이었음을 더욱 부각시키기 위해, 그와 대척점에 있었던 정몽주를 충신으로 추앙한 측면도 있다.

많은 신하를 숙청했다. 하지만 하륜은 그가 70세가 되어 은퇴를 고민할 때에도 태종이 직접 만류할 만큼 임금의 절대적 신임을 받으며 오랫동안 관직 생활을 했다.

하륜이 태종의 즉위에 결정적인 도움을 준 것은 사실이지만 함께 결정적 공을 세웠던 이숙번도 결국 유배를 당해 죽은 것을 보면, 하륜이 오랫동안 관직 생활을 한 것은 단지 그 이유만이 아닐 것이다. 하륜에게는 어떤 특별한 점이 있었던 것일까?

함흥차사咸興差使라는 유명한 사자성어가 유래된 설화가 있다. 이방원이 세자 방석과 정도전을 죽인 일에 큰 충격을 받은 태조 이성계는 함흥으로 낙향해 버린다. 왕위에 오른 태종이 이성계를 모셔오기 위해 계속 차사사신를 보내지만 그때마다 죽임을 당한다. 떠나면 감감무소식이라는 함흥차사라는 말이 생긴 배경이다. 결국 태종이 태조의 스승 무학대사無學大師를 보내고 나서야 드디어 돌아가겠다는 마음을 먹는다.

"그 말이 사실인가! 드디어 태상왕태조께서 한양으로 돌아오고 계시다는 말인가. 내가 이러고 있을 때가 아니지. 어서 아버님을 뵈러나갈 준비를 해야겠다."

들뜬 태종에게 하륜은 조용히 조언을 한다.

"전하, 경하드리옵니다. 다만 아직 태상왕께서 노기를 완전히 가라앉히지 못하셨을 수도 있으니, 만약을 위한 준비를 하시는 것이 좋을 것 같습니다. 곤룡포 안에 갑옷을 받쳐 입으시고, 천막의 기둥을 굵은 나무로 세워주십시오."

자신에게 특별한 신하였던 하륜의 말대로 준비를 하기는 했지만 태종은 아버지를 맞는 기쁜 마음을 감출 수 없었다. 하지만 멀리서 태종의 얼굴을 본 태조는 또다시 치솟아 오르는 분노와 울분을 억제하기 어려웠다. 태조는 순식간에 활을 집어 들어 태종을 향해 화살을 날렸고 놀란 태종은 재빨리 기둥 뒤로 숨어 화를 면할 수 있었다.

같은 날 저녁, 태조의 귀환을 축하하는 잔치가 열렸다. 이번에도 하륜은 태종에게 조언을 한다.

"태상왕의 분노가 아직 크신 것으로 보이니 일단은 가까이 가지 않도록 하십시오. 내시에게 곤룡포를 입혀서 그에게 먼저 술을 올리도록 하십시오."

아니나 다를까, 곤룡포를 입고 걸어오는 내시를 보고 태조는 숨겨둔 철퇴로 그를 내리쳤다. 곧 태종이 아님을 확인한 태조는 그제야 그의 즉위를 하늘의 뜻인 것으로 인정하고 받아들인다. 부자지간이라고는 믿기지 않는 살벌한 에피소드지만 하륜이 태종의 목숨을 결정적으로 두 번이나 건진 것이다.

선위 파동을 대하는 올바른 자세

하륜의 직장 생명력을 이해하는 데에는 그가 태종에게 생명의 은인이었던 점도, 정치적으로 많은 업적을 남긴 훌륭한 신하였다는 점도 중요하다. 하지만 무엇보다 중요한 것은 상사의 의중을 눈치껏 이해하면서도 절대 선을 넘지 않는 탁월한 처세 덕분이었다.

태종이 왕권강화를 위해 취한 여러 수단이 있는데 그중 대표적인 것이 바로 선위禪位[18] 파동이었다. 일부러 세자에게 선위하겠다고 선언한 다음 신

---

[18] 임금이 생존해 있는 동안 다른 사람에게 그 지위를 물려주는 일을 말한다. 일반적으로 같은 왕조에서 아버지가

하들의 반응을 보고 딴마음을 보이는 자는 단칼에 날려버린 것이다. 대표적인 사람이 태종의 처남인 민무구閔無咎와 민무질閔無疾이었다. 그들은 인척이었음에도 숙청에 예외는 없었다. 태종의 최측근 이숙번도 그중 한 사람이었다. 태종이 양위를 선언하자 그는 하륜에게 다가가 조심스럽게 제안한다.

"주상이 선위하시면 제가 국방을 맡고 그 외의 업무는 왕과 정승이 공동으로 통치함이 어떻겠습니까?"

"이보시오, 어떻게 임금과 정승이 함께 통치할 수 있겠소. 임금과 정승은 각자의 자리가 분명히 있는 것이오."

하륜은 이렇게 대답하며 눈물을 흘렸다고 한다. 신하로서 지켜야 할 선은 절대 넘지 않은 것이다.

하륜은 실제로 태종의 선위를 결사적으로 반대했다. 태종이 선위에 대한 고집을 꺾지 않자, 그의 약한 고리를 건드리며 태종의 마음이 약해지게 만들었다.

"정 선위를 하시겠다면 먼저 태상왕께 고하는 것이 옳다고 생각합니다."

"너무 성급하게 부왕께 고하지 말라. 과인이 조금 더 생각해 보겠다."

태종이 가장 어렵게 생각하는 사람은 태조 이성계라는 사실을 잘 알고 있던 하륜이 그의 의표를 찌른 것이다. 그래도 태종이 선위를 고집하자, 이번에는 태조와 동년배로 존중받던 신하인 영의정 성석린成石璘[19]을 끌어들인다.

아들에게 왕위를 물려주고 자신은 상왕上王으로 물러나는 경우다. 조선시대 때 자신의 권력을 강화하기 위한 수단으로 사용하기도 했다. 임진왜란으로 인해 입지가 좁아진 선조가 종종 선위 파동을 일으킨 것이 좋은 사례다.

19 성석린1338~1423은 이성계의 역성혁명에 참여한 공신으로, 조선 건국 후 문하시랑찬성사門下侍郎贊成事에 올랐다.

"주상전하의 명이 옳지 않으니, 노신老臣, 성석린을 말함이 영상의 자리에 있는 한 절대 교지를 받지 않을 것입니다."

하륜은 말로만 선위를 반대한 것이 아니라, 실제 태종이 선위를 거두어들일 만한 구실을 계속 제공하였다. 태종의 뜻을 제대로 알아차리고 반대를 하면서도 그의 체면은 살려주었던 것이다.

반대로 이숙번은 결국 숙청을 당하게 되는데 그 계기가 되는 일화가 전해진다. 태종이 두 번째 선위 파동을 일으켰을 때 이숙번과 독대를 한 적이 있었다. 이숙번도 다른 신하들처럼 태종에게 선위를 만류했다.

"선위는 잘못된 것이니, 직접 정사를 챙겨주십시오."

"천재天災가 심하니, 과인의 부덕함으로 인해 하늘과 뜻이 부합하지 않음이 두려울 뿐이오."

"선위했다고 해서, 그 재앙이 없어졌다는 말을 신은 듣지 못했습니다."

문제는 그다음 대화에서 발생한다.

"그렇다면, 이 무거운 짐을 도대체 언제 벗어던져야 한다는 말이오."

"사람의 나이는 50이 되어야 혈기가 쇠하여지니, 그때까지 기다리셔도 늦지 않습니다."

이숙번은 말실수인지 본심인지 모를 말을 무심결에 뱉어버린 것이다. 공교롭게도 태종이 50세가 되는 때는 세자가 23세가 되어 왕위에 오르기 충분한 나이였다. 이것으로 이숙번은 완전히 태종의 눈 밖에 나고 말았다. 그가 태종의 언어를 완전히 이해하고 긴장하고 있었다면 나오지 않았을 말실수였다. 상사의 언어를 대하는 반응에서, 한때 나란히 태종의 최측근이었던 하륜과 이숙번은 완전히 다른 결말을 보게 된다.

상사의 언어를 이해하라

하륜은 태종의 언어를 정확히 이해한 신하였다. 태종은 "왕위를 넘길게"라고 말했지만 사실 정말하고 싶었던 말은 "왕위는 털끝만큼도 건드리지마"였다. 하륜은 신하의 본분을 지킨다는 마음이 있었기에 그 말의 진의를 정확히 이해할 수 있었고 이숙번과 같은 실수를 저지르지 않았다. 이것이야말로 하륜이 서릿발 같은 태종의 치세에서도 오랫동안 평탄하게 그 자리를 지킬 수 있었던 비결인 셈이다.

태종의 선위 파동 사례에서 보듯, 하륜처럼 상사의 언어를 제대로 이해하는 것은 정말 중요한 직장 생활의 스킬 중 하나다. 물론 태종처럼 "나 이번 달까지만 회사 다닐게"라고 상사가 말한다 해도 임금의 말이 갖는 무게감과는 전혀 같을 수 없다. 더구나 상사가 회사를 그만두든 말든 그것은 개인의 선택 문제지 내가 왈가불가할 사항도 아니다. 우리가 실생활에서 주로 접하게 되고, 또 주의해서 들어야 할 상사의 언어는 바로 업무지시와 관련된 것이다. 성격이나 업무 스타일에 따라 다르기는 하지만 대부분의 상사들은 직설적인 화법보다 은근히 돌려 말하는 것을 선호한다.

예를 들어 상사가 "그 건은 언제 보고받을 수 있나?"라고 물어본다면 나의 보고 계획 일정이 궁금한 것이 아니다. 급하고 중요한 건이라 어떻게 되고 있는지 무척 궁금하니 빨리 보고하라는 뜻이다. 그 뜻을 이해하지 못하고 "음… 아직 제가 다른 일을 처리하느라 못 했습니다. 내일이나 이틀 뒤에 보고 드리면 될까요?"라고 태평한 소리를 하면 상사는 당장 인상을 찌푸릴 것이다. "보고서 작성을 위해 요청한 자료를 추가로 확인하느라 조금 시간이 걸렸습니다. 늦어도 내일 오후까지는 보고 드리도록 하겠습니다"처럼 정확한 상황을 설명하고 최대한 빨리 보고할 수 있는 때를 예측하여 상사에게 전달해야 한다.

상사가 업무에 대해 정확히 지시하고, 언제까지 끝내라는 명확한 가이드라인도 함께 주면 실무자 입장에서는 정말 일하기 편하다. 그렇지만 상사의 스타일에 따라 그렇지 않은 경우도 허다하다. 상사가 "이거 좀 한번 알아봐요"라고 흘리듯 이야기했고 부하직원은 별것 아닌 것으로 지레 짐작하고 뭉개버렸다고 하자. 그런데 며칠 후 갑자기 상사가 그 건에 대해 다시 물어본다면 그 앞에서 땀을 삐질삐질 흘리며 서 있는 나를 발견하게 될 것이다. 상사가 아무리 대충 흘러가듯 이야기하더라도 일단 지시하는 것으로 해석이 된다면 즉시 나의 주요 업무로 삼아야 한다.

결국 이것은 '직장인의 눈치 보기 능력'과 매우 관련이 높다. 물론 나의 직장 동료, 후배, 고객들을 상대할 때도 적당한 눈치는 매우 중요하지만, 나의 편안한 직장 생활을 위해서 상사에 대한 눈치만큼 중요한 것은 없다. 그런 점에서 하륜은 상사의 사랑을 독차지할 수밖에 없는 인물이었다.

하륜처럼 눈치 보라

하륜은 직장인이라면 어떻게 눈치를 보아야 하는지 그 진수를 보여주었다. 그는 실용을 중시하는 사람이었다. 유학자였음에도 풍수지리에 통달하고, 역학과 관상에도 능했다는 것이 그러한 일면을 잘 보여준다. 명분에 집착하지 않았기에 적당한 때를 기다릴 줄 알았고, 존경하는 선배 정몽주를 죽인 원수와도 손을 잡을 수 있었다. 그러면서도 절대로 넘지 말아야 할 선은 넘지 않았다.

변절자라는 비난을 무릅쓰고 조선에 들어간 하륜은 선배 정도전의 끊임없는 견제와 괴롭힘에 시달렸다. 뛰어난 실력자이면서 자신과는 정치적 이념이 맞지 않았기에 '같이 갈 사람' 목록에서 배제되었기 때문이다. 근본적으로는 권력투쟁의 양상이었지만 하륜은 몇 차례의 실패를 교훈 삼아 무작정 반발하거나 들이받지 않기로 결심했다. 대신 너무 앞서나가지 않고 자신의 때가 오기를 준비하며 기다린다.

개구리는 동면해야 할 때와 땅 밖으로 나가야 할 때를 안다. 나무는 앙상한 가지만 남긴 채 영양분을 지켜내야 할 때와 비로소 꽃 피울 때를 분별한다. 하륜은 제대로 실력 발휘할 기회도 없이 정도전에게 끊임없이 괴롭힘 당하는 신세를 한탄만 하지 않고 조용히 때를 기다렸다. 사병을 거느린 이숙번을 포섭하고, 이방원에게 제안할 집권 로드맵을 미리 작성하는 등 해야 할 일을 준비했다. 그리고 마침내 기회가 왔을 때 놓치지 않고 잡을 수 있었다.

직장 선배나 상사 등 힘 있는 사람들과의 관계에 어려움이 있다는 건 매우 힘든 일이다. 특히 내가 실력이 있다는 이유로 극심한 견제를 받고 있다면 억울함까지 더해져 더욱 그럴 것이다. 한 조사에 따르면 직장인이 퇴사 충동을 느끼는 가장 큰 이유가 상사의 갑질 때문이라고 한다.[20] 가장 쉬운 대처 방법은 역시 퇴사다. 자신의 몸과 정신을 해칠 정도라면 과감히 퇴사하여 다음 직장을 찾는 것이 좋겠지만, 이 직장에서 살아남을 각오를 한

---

20 중앙일보, 「직장인 91% 꿈꾸는 퇴사…퇴사 결심 결정타는 '상사 갑질'」, 2019년 7월 15일자

상황이라면 일단은 몸을 숙이고 기회를 잡겠다고 생각하자. 그리고 실력을 기르며 내 주위의 아군들을 한 명씩 늘려가자. 나의 어려움을 이해해 주고 공감해 주는 사람이 한 명이라도 더 있다는 것은 직장 생활에 큰 활력소가 된다.

하륜은 프레너미 관계에 있는 이방원마저 자신의 아군으로 삼았다. 별로 마음에 들지 않는 사람이라도 업무적으로 도움이 필요하다면 친근한 관계를 만들고자 노력해야 한다. 물론 가장 좋은 것은 정도전 같은 선배마저 나의 편으로 만드는 것이다. 하지만 하륜조차 해내지 못한 그 일을 내가 해낼 자신이 없다면, 실력을 쌓고 우군을 늘려가며 조용히 때를 기다리는 지혜가 필요하다. 그러면 하루도 견디기 힘들던 나의 직장 생활은 일주일이 되고, 한 달이 되고, 어느새 1년이 될 것이다. 그때까지 나에게 새로운 기회가 온다면 좋겠지만 혹시 아직 그렇지 않더라도 충분히 나 자신을 대견스럽게 생각해도 된다. 벌써 1년을 견디어냈으니 말이다.

상사의 언어를 이해하는 것도 직장에서 오래 살아남는 비법이다. 하륜은 왕위를 세자에게 양도하겠다는 태종의 말을 정확히 해석하여, 선위를 하면 안된다고 태종에게 진언하여 태종의 권위를 더 높여주었다. 가짜 충신을 숙청하기 위해 살벌한 언어를 쓴 태종만큼은 아니어도 직장 상사들도 종종 실무자에게 그러한 언어를 구사하고는 한다. 가령 지시한 보고는 언제 할 건지 가볍게 지나가듯 물어보는 것 말이다. 직장 생활에서 가장 치명적인 마이너스 요소는 바로 상사와 소통이 잘 안 된다는 점일 것이다. 상사의 말만큼은 귀를 쫑긋 세워 듣고, 그의 성격과 평소 업무 스타일을 고려하여 의중을 잘 헤아려야 한다. 개떡 같이 말해도 찰떡 같이 알아들을 수 있는 능력을 갖춘다면 무엇보다도 나의 직장 생활이 편해진다.

눈치라는 말을 사전에서 찾아보면 '남의 마음을 그때그때 상황으로 미루어 알아내는 것'이라고 한다. 살벌한 전쟁터 같은 직장에서 눈치 빠른 것은 가장 큰 무기 중 하나가 된다. 상사의 말이나 행동을 눈치껏 잘 이해하는 사람은 직장 생활이 편해질 수밖에 없다. 나를 견제하는 선배라고 해도 눈치껏 꼬투리 잡히는 일이 없도록 행동하면 언젠가 나에게도 기회는 온다. 70세가 되어서도 태종이 은퇴를 만류했던 하륜처럼 그렇게 끝까지 살아남아 보자.

직장인 하륜에게 배운다!

1. 나를 견제하는 선배가 있다면 일단 내가 실력이 있기 때문이라 생각하고 위안으로 삼자.
2. 주변에 친한 사람들을 늘려가자. 평소 마음에 들지 않거나 다소 거리감이 느껴지던 사람이어도 먼저 밥이라도 한번 먹자고 말을 건네보자.
3. 평소 상사들의 말을 잘못 이해했던 사례를 정리하여, 나만의 상사 언어 대사전을 만들어보자.

넘지 말아야 할 선을 넘다

왕을 만든 남자

조선 역사에는 왕을 만든 신하들을 많이 찾을 수 있다. 태조를 만든 정도전, 태종의 집권에 결정적인 역할을 한 하륜 등이 있고, 반정에 성공해 중종과 인조를 왕으로 옹립한 공신들도 있다. 그리고 조선 후기에는 정조를 왕으로 만든 홍국영洪國榮[21]이 있었다.

정조는 영조의 뒤를 이을 세손이었지만 그 지위는 매우 불안정했다. 아버지 영조와 노론老論에 척을 지다 뒤주 속에서 죽어간 사도세자의 아들이었기 때문이다.[22] 그럼에도 무사히 왕위에 오를 수 있었던 것은 사도세자와

---

[21] 홍국영1748~1781은 영조 말년에 세손정조에 대한 공격을 막고 보호한 공으로 세손의 두터운 신임을 받게 된다. 세손의 청정대리를 반대했던 홍인한, 정후겸 등을 탄핵하여 실각시켰고, 세손을 모해하려던 일당을 적발해 처형시켰다. 이와 같은 공으로 정조 즉위 후 실권을 잡지만 자신의 정권을 유지하는 것에만 지나치게 급급한 나머지 집권 4년 만에 축출당하게 된다. 고향에 내려와 칩거하던 중 병으로 세상을 떠났다.

[22] 영조의 아들인 사도세자의 비극은 널리 알려진 이야기다. 그는 어릴 때부터 총명하여, 영조의 기대와 총애를 한 몸에 받고 자랐다. 하지만 영조의 지나친 기대와 엄격함, 그런 영조에 대한 세자의 불안함과 두려움은 부자지간을 점점 멀어지게 만들었다. 또한 세자가 야당인 소론과 가까운 정치적 성향을 보이면서 집권당 노론의 강한 불만도 얻게 되었다. 결국 세자의 비행은 물론 역모까지 꾸몄다고 고발한 나경언羅景彦의 고변 사건이 터지면서 영조는 세자에게 자결을 명하였고, 이에 응하지 않자 뒤주에 가두고 죽게 만들었다. 이를 조선 역사상 가장 참혹한 사건 중의 하나인 임오화변壬午禍變이라 한다.

같은 전철을 밟고 싶지 않았던 할아버지 영조와, 노론이면서도 그의 편이 되어준 홍국영 두 사람의 도움이 결정적이었다.

영조는 자신이 살아있을 때 세손의 안정적인 권력 기반을 만들어 주고 싶었다. 이에 세손이 대신 정사를 볼 수 있도록 대리청정을 지시하지만 노론의 영수 홍인한洪麟漢[23]의 강한 반대에 부딪친다. 세손과 사이가 좋지 않았던 홍인한은 영조가 세상을 떠나면 세손을 대신해 다른 종친을 임금으로 추대할 생각을 가지고 있었다. 임금을 거역하다 죽은 사도세자의 아들은 왕이 될 수 없다는 것이 반대 이유였다.

영조의 의도와 달리 조정에서 세손을 지지하는 신하는 거의 찾아보기 힘들었다. 이때 홍국영이 목숨을 걸고 세손을 옹위하며 나선다. 노론의 반대파 소론少論 출신인 서명선徐命善[24]을 끌어들여 홍인한의 의견에 반대하는 상소를 올리게 한 것이다. 결국 영조는 서명선의 손을 들어주게 된다. 홍국영이 주도한 결정적인 상소가 없었더라면 영조도 정조의 집권 기반을 만들기 위해 실시한 대리청정을 독단적으로 강행하기 힘들었을 것이다. 그렇게 홍국영은 정조 즉위의 일등공신이 되었다.

홍국영이 하위 관리였던 때에 세손의 눈도장을 제대로 찍는 일이 있었다. 하루는 영조가 문안 인사를 드리러 온 세손에게 물었다.

"세손은 요즘 무슨 책을 읽고 있는가?"

---

23 홍인한1722~1776은 영조 때 노론 벽파의 영수였다. 세손정조의 외종조부인 점을 내세워 군신 간의 예를 벗어난 일을 자주하여 세손의 미움을 받았다. 이로 인해 세손과 사이가 나빠지자 이후 그의 즉위를 반대하였다.

24 서명선1728~1791은 정조 때 문신이다. 영조 때 세손의 대리청정에 반대하는 홍인한 일파를 탄핵한 공으로 정조에 의해 중용되었고 나중에 벼슬이 영의정에 이르렀다.

"네, 통감강목通鑑綱目[25] 넷째 권을 읽고 있습니다."

세손은 대답과 동시에 자신이 실수했음을 바로 깨달았다. 거기에는 무수리 출신의 어머니에게서 태어난 사저였던 영조가 싫어하는 구절인 '측실 소생側室所生'이라는 말이 있었기 때문이다.

"그 책에는 내가 가장 싫어하는 구절이 있다는 걸 알면서도 보고 있었다는 말이더냐?"

영조는 화가 나서 엄한 목소리로 물었다.

"그것이… 그 부분은 가려놓고 읽지 않았습니다."

세손은 엉겁결에 거짓말을 하고 말았다.

"그래? 그럼 어디 확인해 보도록 하자."

영조는 바로 내시에게 지시하여 그 책을 가져오도록 했다. 세손의 거처에 들이닥치는 내시들을 본 홍국영은 자초지종을 듣고는 자신이 책을 찾아주겠다며 나섰고, 영조가 싫어하는 구절을 재빨리 종이로 가린 뒤 내주었다.

"그럼 그렇지. 과연 나의 손자로다."

책을 본 영조는 흡족해했고 거짓말한 죄까지 더해 크게 혼날 뻔했던 세손은 홍국영의 기지로 위기를 무사히 넘긴다. 이 일을 계기로 정조는 홍국영을 매우 신임했고, 그의 최측근이 된 홍국영 또한 정조를 위해 자신의 정치 생명을 걸게 된다.

---

[25] 중국 남송南宋의 학자 주희朱熹가 지은 중국의 역사서다.

끝없는 욕심에 발목 잡히다

정조가 즉위하자마자 홍국영의 세상이 열렸다. 정조는 그를 비서실장인 도승지와 경호실장인 금위대장에 동시 임명하였다. 암살의 위협을 받던 정조는 가장 믿을 만한 사람에게 자신의 신변보호를 맡긴 것이다. 이제 29세에 불과한 그에게 대단한 실권을 손에 쥐어준 파격적인 대우였다.

정조는 조선의 부국강병을 위해 최선을 다하려 했다. 하지만 안타깝게도 홍국영의 목표는 정조와 같지 않았다. 단지 자신의 권력이 강대해지기를 원했던 것이다. 여기에서 그의 불행이 시작되었다. 그는 우선 당시 세력을 주름잡던 외척들을 축출했다. 그리고 사도세자에 대해 우호적 입장을 견지했던 소론을 차례로 제거해 나갔다. 이 모든 것은 그가 속한 노론의 집권은 계속 이어가되, 그 수장은 자신이 되기 위한 속셈이었다.

그는 좀 더 장기적인 계획을 세웠다. 자신이 직접 외척이 되어 권력을 장악하기로 마음먹고 여동생을 정조의 후궁으로 들인 것이다. 정조의 왕비인 효의왕후孝懿王后 김씨金氏가 아직 아들을 낳지 못하고 있는 틈을 노려 자신의 여동생을 통해 세자를 갖고자 했으나 이 승부수는 실패하고 만다. 후궁이 된 여동생이 1년도 채 안 되어 세상을 떠난 것이다. 자신의 계획이 틀어지자 이성을 상실한 홍국영은 왕비가 여동생을 죽인 것 같다며 정조에게 모함을 하고 시녀들을 잡아들여 고문을 했다. 하지만 아무런 물증도 없이 왕비를 핍박한 것은 그가 넘지 말아야 하는 선을 넘기 시작했음을 보여주는 것이었다.

결정적으로 홍국영이 정조의 역린逆鱗을 건드리는 일이 발생한다. 심복인 송덕상宋德相[26]을 통해 아직 27세밖에 되지 않은 새파랗게 젊은 정조에게 양자를 들이라고 상소를 올린 것이다. 홍국영이 양자로 염두에 둔 인물은 사도세자의 이복동생 은언군恩彦君의 아들이었는데, 그는 죽은 자기 여동생의 양자였다. 홍국영은 그렇게 해서라도 왕의 인척이 되겠다는 욕망을 숨기지 않았다.

이쯤 되면 대놓고 왕에 대한 권위를 무시한 것이다. 정조는 넘지 말아야 할 선을 넘은 홍국영을 더 이상 내버려 둘 수 없음을 깨닫고 마침내 그를 관직에서 물러나도록 한다.

사실 홍국영은 조정을 떠나면서도 금방 다시 돌아올 수 있을 거라 생각했다. 자신의 세력을 조정 곳곳에 심어놓았기 때문이다. 그들을 발판으로 정계에 다시 복귀할 수 있을 것이라 여겼으나 정조가 노론 중진인 김종수金鍾秀[27]를 움직여 홍국영을 공격하자 대세가 바뀐 것을 알아차린 대신들은 모두 등을 돌리고 말았다. 허망한 권력 앞에 홍국영은 버려졌고, 울분에 찬 그는 유배지 강릉에서 34세라는 젊은 나이에 쓸쓸히 세상을 떠나고 말았다.

누구에게나 지켜야 할 선이 있다.

역사 속에는 하륜처럼 적당히 선을 잘 지켰던 처세의 달인이 있는 반면

---

26 송덕상?~1783은 송시열의 후손이다. 홍국영의 도움으로 벼슬이 이조판서에 이르렀으나, 홍국영이 실각한 후 그의 일파로 몰려 죽었다.

27 김종수1728~1799는 정조가 왕세손이었을 때부터 성실히 보좌하였다. 정조 때 규장각 제도가 정비되면서 제학에 임명되었고, 벼슬이 좌의정까지 올랐다.

홍국영처럼 잘나가다가 넘어서는 안 될 선을 넘는 바람에 인생이 꼬여버린 인물들도 많다. 홍국영은 정조의 절대적인 신임을 받게 되면서, 어느 순간 정조와 자신 사이에 놓여 있는 선을 인지하지 못하게 되었다. '선線'이라는 것은 내 생각대로 긋는 것이 아니라 상대방에게 편안함을 주는 거리를 잘 계산하고 그어야 한다. 상대를 배려하지 못하는 순간 내 인식 속에서 그 선은 사라져버리고, 상대방은 나에 대해 편안함이 아닌 불쾌함을 느끼게 된다.

하물며 가족 간에도 지켜야 하는 선이 있는데, 생판 모르는 남남이었다가 이해관계로 묶인 직장인 간에 선이 지켜져야 하는 것은 너무도 당연하다. 이 선을 지키기 위해 특히 많은 노력이 필요한 사이가 바로 상사와 부하 직원 관계다.

상사는 부하 직원에게 지시를 하고 그를 평가할 권리가 있다. 일을 가르치고 성과를 끌어올리기 위한 목적으로 상사는 취할 수 있는 합법적인 모든 방법을 동원해야 한다. 하지만 상대적으로 강자의 위치에 있기 때문에 자신도 모르는 사이에 선을 넘어갈 위험도 있다. 인격모독을 하거나 폭언을 하는 등 강압적인 방법이 동원된다면 그것은 '상대방에게 편안함을 주는 거리'를 넘어서는 것이다. 부하 직원은 상사의 꾸중을 들으며 반성하기보다는 상사의 행동이 선을 넘는 것에 대해 불쾌감을 느끼고 반감만 커질 것이다. 부하 직원을 제대로 이끄는 것은 상사의 마땅한 책임이지만 선을 넘지 않으면서도 효과적으로 그 책임을 수행하는 것은 전적으로 상사의 인품과 실력에 달려있다.

마찬가지로 부하 직원도 상사와의 사이에 그어진 선에 대한 고민이 필요하다. 리더는 고독한 자리다. 특히 중간관리자는 경영진과 직원 사이에 끼여서 양쪽의 압박을 동시에 받는다. 그런 그들도 나와 같은 사람이고 감정을 가진 직장인이라는 것을 인간적으로 이해해 주는 것도 때로는 필요하다.

무엇보다 리더는 회사가 그 자리에 임명했다는 사실 자체만으로 그 권위를 인정해야 한다. 조선의 역대 왕들도 그들의 왕권이 갖는 권위만은 어떻게든 지켜내려고 했다. 홍국영이 결국 쫓겨나게 된 것도 그 선을 넘어 왕의 권위를 건드렸기 때문이다. 물론 오늘날 상사가 곧 왕과 동일한 존재는 아니겠지만, 부하 직원도 상사의 권위가 상하는 일이 없도록 최대한 존중해야 한다는 말이다.

상사와 부하 직원의 관계를 흔히 '불가원불가근不可遠不可近', 즉 멀 수도 가까울 수도 없는 관계라 한다. 서로 간에 적당한 선이 필요하다는 말이다. 서로를 얼마나 배려해야 할지, 또는 압박해야 할지 끊임없는 '밀당'이 중요하다.

03

소통을 잘하면 일도 잘한다,

황희

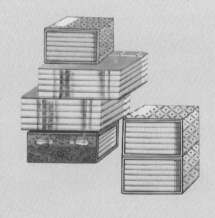

성명 : 황희黃喜

출생 : 1363년, 경기도 개성

주요 경력 : 영의정, 좌의정, 우의정, 이조판서

주요 프로젝트 : 국방 강화4군6진 개척, 경제육전 간행, 농사법 개량

및 가뭄 구제

추천인(직업) : 태종조선 3대 임금, 세종조선 4대 임금

한 줄 자기소개

– 아무리 뛰어난 직원이라도 혼자만의 능력으로 모든 일을 다 잘할 수는 없습니다. 세종 임금 밑에서 24년간 정승으로 일할 수 있었던 것은 저의 소통 능력에 있다는 평가를 받습니다. 적극적인 소통을 통해 부서 간 협업을 잘 이끌어내어 최고의 성과를 올리도록 하겠습니다.

정승의 대명사, 황희

항상 '황희 정승'이라고 불릴 만큼 황희는 우리에게 정승의 대명사로 알려져 있다. 한국 역사상 최고의 성군으로 칭송받는 세종대왕이 가장 신임했던 오른팔 황희 정승. 그는 어떤 사람이었을까?

황희는 조선이 건국되기 전, 1363년공민왕 12년 강릉 부사府使 황군서黃君瑞의 아들로 개성에서 태어났다. 26세에 문과에 급제하여 고려 왕조의 신하가 되었던 1389년공양왕 1년은 역사적, 정치적 격변의 시기였다. 그로부터 3년 후 이성계에 의해 고려가 멸망하고 새로운 왕조인 조선이 건국된 것이다. 충신은 두 임금을 섬기지 않는다는 신념으로 두문동에 낙향한 72명의 현자[28]들 중 한 명이 황희였다는 말도 있지만 어쨌든 그는 조선 왕조로 입조入朝하게 된다.

황희가 본격적으로 두각을 나타내게 된 것은 태종의 신임을 받아 지신사知申事[29]로 있던 박석명朴錫命이 자신의 후임으로 그를 추천하고부터였다. 지신사는 왕의 기밀을 자세히 알면서 주요 사안들에 대해 조언을 해야 하는 자리다. 현재의 비서실장처럼 막중한 임무를 가진 자리였기에 많은 이들이 꺼리는 자리기도 했다. 그럼에도 황희는 자신의 역할을 훌륭히 해냈고

---

28 고려가 멸망하자 끝까지 조선에 출사하지 않고 충절을 지킨 72명의 신하를 일컫는 말이다. 두문동에 은거하여 나오지 않았다는 사실에서 두문불출杜門不出이라는 사자성어가 유래하기도 했다. 황희도 처음에는 그들과 함께 했으나, 무리는 태조 이성계에 의해 몰살당할 위기에 처하자 가장 나이가 어린 인재였던 황희에게 백성을 위해 정치를 하도록 권고하며 내보냈다는 일화가 전한다.

29 왕명의 출납을 맡았던 신하로서 훗날 도승지로 명칭이 변경된다. 오늘날의 대통령 비서실장으로서, 임금과 매우 가까운 직위였다.

그의 능력은 태종의 기대에 크게 부응했다. 또한 황희는 지이조知吏曹[30]를 맡아 태종의 의중을 잘 반영하여 정승들의 인사권을 제한하는 악역을 맡기도 하였다.

"이 말이 누설된다면, 그것은 나 아니면 네 입에서 나온 것이다."

태종은 황희와 둘만의 비밀 대화를 나눌 정도로 황희를 크게 신임했다. 하지만 황희가 태종의 신뢰를 한순간에 잃고 마는 사건이 발생한다. 바로 양녕대군讓寧大君의 세자 폐위 사건이었다.

태종과의 소통에 실패하다

태종의 장남인 양녕대군은 본래 인품과 문장이 훌륭하여 태종의 총애와 기대를 한 몸에 받으며 세자가 되었다. 하지만 엄격한 궁중 생활을 견디지 못하고 온갖 비행을 일삼아 태종의 미움을 받기 시작하더니, 급기야 다른 양반의 첩을 몰래 궁궐로 납치해 오고 심지어 아이를 낳기까지 했다.

"내가 너를 그리 아껴주었거늘, 어찌 이리 망령된 행동으로 부모의 마음을 아프게 하느냐. 사대부의 첩과 몰래 밀회를 즐기고 장인의 집에 숨긴 것도 모자라, 아이까지 갖게 하다니…. 내가 이 일로 너의 장인 김한로金漢老를 파직시키기까지 한 사실을 알면서 또다시 그 첩 아이를 만나러 갔다고? 네가 정녕 이리도 나를 거역할 셈이냐!"

"주상전하께서는 마음대로 첩들을 줄줄이 들이시면서, 저는 첩 하나도 갖지 못하게 하십니까!"

---

30 이조吏曹의 일을 맡은 사람. 이조는 관리의 인사업무를 담당하여 육조六曹 중에서도 가장 서열이 높은 부서였다.

자신의 잘못을 반성하기는커녕 오히려 반항하는 양녕대군의 모습에 태종은 크게 실망하였다. 그러고는 신하들을 불러 모았다.

"세자가 여러 날 불효하였지만 스스로 그 잘못을 깨닫길 바랐는데 과인은 더 이상 양녕대군의 계속되는 비행을 참기 어렵소. 과연 임금으로서 장차 사직社稷을 맡겨도 될지 크게 근심이 될 지경이오. 이에 양녕대군을 세자에서 폐하고 충녕대군忠寧大君을 대신 세자로 삼을까 하는데 경들의 의견은 어떻소?"

태종의 의중을 알아차린 신하들은 일제히 찬성하였다. 그런데 뜻밖에도 황희가 폐위를 반대하고 나선다. 그의 어조는 단호했다.

"전하, 어찌 그리 쉽게 세자를 폐할 수 있다는 말입니까. 조선은 유교 이념을 근본으로 하는 나라입니다. 장자가 왕위를 계승해야 마땅한 이치이며, 또한 부족함이 있더라도 다시 제대로 가르치면 될 일입니다."

"어떻게 경이 나한테 이렇게 말을 할 수 있는가. 내 수족이라 여기고, 중요한 일들은 전부 자네와 제일 먼저 의논했거늘…. 혹시 양녕대군이 자신의 편이 되어달라 부탁이라도 하던가?"

"전하, 어찌 다른 사심을 품고 감히 그런 말을 하겠습니까. 마땅히 충심으로 드려야 할 고언을 올렸을 뿐입니다."

"됐다. 더 듣기 싫으니, 썩 물러가라!"

태종은 늘 문제가 생기면 황희와 먼저 의논했다. 사실 세자 교체 문제도 모든 신하들에게 공식적으로 말하기 전에 황희에게 먼저 의중을 보이고 논의도 했던 바였다. 그렇게 신뢰했던 황희가 적극적으로 반대하고 나서자 태종의 충격은 더 클 수밖에 없었다.

태종은 화가 많이 났다. 황희가 미래 권력인 양녕대군에 줄을 서서 권력 다툼을 하는 것으로 여겼기 때문이다. 태종의 왕위 계승 과정에서 발생한 1, 2차 왕자의 난으로 뿌려진 핏자국이 아직도 지워지지 않았을 때였다. 황희 생각에는 그때와 같은 일이 반복되어 왕권이 흔들리는 일이 재발해서는 안 된다는 충심의 발로에서 섣부른 세자 교체를 반대한 것이었을지도 모른다. 그러나 강력한 왕권주의를 지향하는 태종은 황희의 반대를 자신에 대한 심각한 도전으로 받아들였다.

태종의 의중을 제대로 헤아리지 못하고 상사와의 소통에 실패한 황희는 서인庶人으로 신분이 강등되어 4년 동안 유배당하는 참담한 경험을 하게 된다. 아마도 이때가 황희로서는 인생의 가장 큰 고난의 시간이었을 것이다. 새로운 세자가 훗날 성군으로 칭송받는 세종이었기에 망정이다. 만약 도량이 좁은 왕이었다면 두고두고 황희를 미워하며 다시는 조정으로 불러들이지 않았을지도 모를 일이다.

세자를 교체하기로 한 태종의 선택이 역사적으로 옳았듯이, 내가 판단하기에 불합리해 보이는 상사의 결정이 결과적으로 옳을 수 있다. 리더는 여러 종합된 정보를 바탕으로 의사결정을 내리라고 있는 자리이기 때문에 일단은 리더의 판단에 따라야 한다. 그럼에도 그것이 잘못된 방향임이 객관적으로 명백하고, 조직을 위해 상사에게 반드시 필요한 조언이라고 생각된다면 조언하는 것이 맞다. 다만 '잘'해야 한다. 아무리 상사가 허심탄회하게 이야기해 보라고 해도 상사에게 의견을 개진할 때는 불필요한 오해를 받을 가능성은 없을지 미리 생각해 보아야 한다.

혹시라도 모두가 보는 앞에서 상사의 잘못을 지적하는 말을 한 적은 없는가? 그것은 더더욱 조심해야 한다. 태종이 황희의 조언을 왕권에 대한 위협으로 보았듯이 상사는 그 말의 잘잘못을 판단하기보다 자신의 지위가 공격받는다고 느낄 수 있기 때문이다. 우선 자신의 의견이 조직을 위해 반드시 필요한지 한 번 더 생각해 본 뒤, 직언보다는 우회적으로 리더가 스스로 느낄 수 있도록 말하는 지혜가 필요하다.

업무를 진행하거나, 상사에게 의견을 제시할 때 상사와의 올바른 소통은 매우 중요한 문제다. 내가 아무리 일을 잘하고 옳은 의견을 이야기한다고 하더라도 그것을 받아들일지 결정은 상사가 하는 것이다. 나의 성과를 제대로 인정받기 위해서라도 상사와 주파수를 잘 맞추는 것이 중요하다.

두 번의 실수는 없다

"황희는 주상에게 반드시 필요한 인재일세. 그를 다시 불러서 일을 맡기도록 하시게."

자신의 의지로 황희를 내쫓았지만 태종은 왕위에서 물러난 뒤 새 임금이 된 세종에게 황희를 다시 불러들일 것을 부탁했다. 대간臺諫[31]을 중심으로 신하들의 반대가 있었지만 세종은 황희를 불러들여 그의 직첩職牒을 돌려주었다. 자신이 왕이 되는 것을 반대했던 황희였음에도 세종은 그의 실력을 보고 중용하였으며 마침내 모두가 선망하는 정승 자리에 올라 영의정

---

31 사헌부의 대관臺官과 사간원의 간관諫官을 함께 부르는 말로 왕에게 직언을 해야 하는 언론 역할을 수행한 관료다. 대관은 탄핵과 감찰을 맡았고, 간관은 왕에 대한 간쟁과 봉박封駁 업무를 담당하였다.

18년을 포함하여 무려 24년이나 정승 자리를 지켰다. 이것은 조선 역사를 통틀어서도 전무후무한 기록이다.

양녕대군 폐세자 사건으로 큰 교훈을 얻은 그는 철저히 세종의 의중을 헤아리고자 노력하였다. 그러한 황희의 충성심에 화답한 세종은 육조직계제六曹直啓制[32]를 폐지하고 의정부서사제議政府署事制[33]를 도입한다. 본래 육조직계제는 태종 때 도입된 것으로, 육조의 판서들이 직접 왕에게 보고하도록 하여 의정부의 권한을 축소시킨 제도였다. 하지만 왕이 아닌 정승들에게 먼저 보고하도록 한 의정부서사제를 도입했다는 것은 그만큼 황희가 이끄는 의정부에 대한 신뢰가 깊음을 의미하는 것이었다. 왕권과 신권의 조화를 이루어낼 수 있다는 세종의 자신감과 황희에 대한 믿음이 드러나는 대목이다.

한때 세종의 반대자로 낙인찍혔던 황희는 이제 세종이 전적으로 신뢰하는 신하가 되었다. 그렇다고 그가 무조건 세종이 하라는 대로 따라가기만 하는 예스맨은 아니었다.

"옛 제도라고 하여 무조건 바꿀 수 없습니다."

세종이 한꺼번에 너무 많은 개혁제도를 도입하려 하면 급격한 변화에 제

---

32 육조六曹는 국가 정사를 나누어맡은 6개의 중앙관청으로서, 그 수반인 판서는 오늘날 장관에 해당한다. 관리의 인사를 맡은 이조吏曹, 세금과 예산업무를 맡은 호조戶曹, 국가 행사나 제사, 과거 시험을 관장한 예조禮曹, 국방 업무를 맡은 병조兵曹, 법률을 집행하고 범죄를 다스린 형조刑曹, 토목 공사와 공업을 맡은 공조工曹로 구성되었다. 조선 초기 육조는 의정부에서 중요한 일을 결정하면 그것을 집행하는 기관이었을 뿐이나, 태종은 의정부의 권한을 줄이고 왕권을 강화하기 위해 육조가 왕에게 직접 보고하고 지시를 받는 육조직계제를 시행하였다.

33 의정부議政府는 조선시대 최고회의기관으로 국가의 중대사를 결정하였다. 영의정領議政, 좌의정左議政, 우의정右議政의 삼정승三政丞이 그 수상이었으며, 오늘날의 국무총리실 역할을 하였다. 왕권강화를 목적으로 육조직계제가 시행되었으나 모든 일을 임금이 결정하고 보고 받는 것은 불가능했기 때문에 국가운영에 비효율적이었다. 이에 세종 때 육조에서 올라온 내용을 의정부가 먼저 검토한 후 왕에게 보고하는 의정부서사제가 도입되었다.

동을 걸기도 했다. 더 이상 황희에게 태종 때의 실수는 없었다. 왕의 의중을 완벽히 이해하면서도 자신의 의견을 과감 없이 진언하는 신하와 그러한 조언을 받아들이는 임금. 세종 시대의 르네상스는 그야말로 상사와 부하의 완벽한 소통이 이루어낸 걸작이라 해도 과언이 아니었다.

훗날 황희가 고령을 이유로 거듭 사직을 청하자, 세종은 보름에 한 번씩만 출근해도 좋다는 재택근무를 허락한다. 심지어 누워서 일해도 괜찮다고 할 정도였다. 황희는 87세가 되어서야 비로소 관직을 사임할 수 있었다.

소통으로 중재하는 중간관리자

황희의 소통 능력은 군신 간의 갈등이 불거졌을 때에도 빛을 발했다. 세종은 조선의 임금답게 유교를 숭상한 임금이었으나 말년에는 불교에 심취하였다. 사실 할아버지인 태조 이성계가 무학대사를 스승으로 삼을 정도로 불심이 깊었고, 세종의 형인 효령대군孝寧大君도 독실한 불교신자였던 만큼 크게 이상한 일은 아니었다.[34] 하지만 궁궐 안에 불당을 짓는 일은 당연히 유생들의 반발을 불러일으킬 수밖에 없었다. 백성에게는 유교를 숭상하라고 해야 하는 임금이 직접 불교신자임을 공표하다니, 집현전集賢殿 학자들은 도저히 묵과할 수 없다면서 출근을 거부하였다.

"내불당 건립 문제로 인해 유학자들의 불만이 매우 큽니다. 마땅히 모범을 보여야 할 주상께서 어찌 궁궐 안에 불당을 건립할 수 있다는 말입

---

34 조선은 공식적으로 숭유억불崇儒抑佛 정책을 통해 불교를 억압하였다. 하지만 태조, 세종, 세조는 개인적으로 불교신자였고, 특히 세조는 불경을 번역하고 간행하던 기관인 간경도감刊經都監을 설치하기도 했다.

니까?"

황희는 유생들의 여론을 대표하여 세종에게 수차례 내불당 건립을 취소해 줄 것을 진언하였다. 하지만 세종의 뜻도 완강하였다.

"이것은 내가 불교를 숭상하기 위함이 아니고, 다만 부모의 극락왕생을 바라며 자식 된 도리를 다하기 위함일 뿐이오. 내가 이 나라 임금이 되어 부모를 위해 이런 작은 것조차 할 수 없다는 말이오? 이것만은 내 뜻대로 하고 싶으니, 자식 된 심정을 헤아려주기 바라오."

세종의 고집을 꺾을 수 없다는 것을 깨닫게 된 황희는 말없이 조용히 물러났다. 이번에는 일일이 유생들을 찾아다니며 간곡한 어조로 그들을 설득하였다.

"그대들의 마음을 모르는 것이 아니오. 나도 평생을 유학자로 살았고, 이번 일은 주상께서 옳다고 생각하지는 않소. 아무리 그렇다 하더라도 모든 정사를 내팽개치고 나 몰라라 하고 있으면 그 피해는 결국 백성들이 입지 않겠소? 그리고 주상께서 자식 된 도리를 조금이라도 더 하고 싶은 욕심에 그리 하시는 것인데, 그 심정만은 우리가 이해해줄 수도 있는 것이 아니겠소. 부모에게 효성을 다하라는 것 또한 결국 공자의 가르침이 아니오? 자자, 이제 이쯤 하면 전하께서도 느끼는 바가 있으실 테니, 백성들을 생각해서라도 이만 궁으로 돌아가 일하도록 합시다."

이때 황희의 나이가 84세였다. 손자뻘 되는 유생들을 일일이 찾아다니며 세종의 효성을 이해시키고, 백성을 생각해서라도 다시 출근해 달라고 사정한 것이다. 정승까지 지낸 사람이 채신머리가 없다고 힐난하는 사람도 있었지만 황희는 아랑곳하지 않았다. 결국 노老정승의 정성에 감동한 유생들도 시위를 접고 궁으로 돌아왔다.

중간관리자의 역할은 매우 중요하다. 사장 또는 상사의 눈치를 보면서 부하 직원들의 불만도 신경 써야 하며, 그 와중에 자기 일도 잘 해내야 한다. 특히 뛰어난 중간관리자는 경영진과 일반 직원들 사이에 갈등이 불거질 때 빛을 발한다. 현대 경영학의 아버지로 불리는 피터 드러커Peter Ferdinand Drucker에 따르면, 전문가에게는 매니저가 반드시 필요하다. 조직의 목표를 전문가에게 인식시키는 동시에, 반대로 전문가의 지식과 능력, 생각을 고객의 말로 바꾸어주는 매니저의 역할이 필요하다는 것이다.

조선을 유교국가로 만들고자 하는 유생들의 바람인 조직의 목표와, 불당을 지어 부모의 극락왕생을 기원하는 세종의 바람인 전문가의 생각이 서로 어긋나 갈등이 생겼다. 하지만 황희는 이 차이에서 오는 갈등을 '세종의 효성'과 '백성을 위한 정치'라는 고객의 말로 바꾸어 유생들이 공감할 수 있게 했고 결국 그들을 설득했다.

회사에서 사장의 방침은 거의 절대적이라고 할 수 있다. 일반 직원들은 그 방침을 잘 이해하지 못하고 설혹 비판의 목소리가 나올 수도 있다. 이때 중간관리자는 사장의 방침을 확고히 수행하겠다는 의지를 가지고 직원들을 잘 설득할 수 있어야 한다.

사장은 오랜 시간 고민한 신사업 계획을 야심차게 발표했는데 직원들은 '또 쓸데없이 일만 벌이네…'라고 생각하며 마지못해 따라가는 상황이라면 그 사업은 이미 반쯤 실패한 것이나 다름없다. 이때 중간관리자의 역할이 매우 중요하다. 왜 회사의 미래를 위해 신사업이 중요한지 본인부터 사장의 의도를 이해해야 한다. 그리고 자신의 팀원들에게도 사업의 목적과 목표를 이해시키고 힘을 한 데 모을 수 있도록 독려해야 한다. 사장에게는 직원들의 우려와 다양한 의견도 있는 그대로 전달하여 그가 내리는 올바른 판단에 적절히 참고할 수 있도록 해야 한다. 그것이 중간관리자의 역할이고 책임이다.

유교를 숭상하는 조선의 건국 이념상 내불당 건립을 반대한 유생들의 집단행동은 분명한 명분이 있었다. 하지만 황희는 그 이념에 공감하면서 백성을 위한 정치를 해야 한다는 더 큰 명분으로 그들을 설득하였다. 임금이지만 동시에 자식으로서 내불당 하나 정도는 자기 뜻대로 짓고 싶었던 세종의 위신을 깎지 않으면서도 유생들의 명분도 함께 살려주는 중재자로서의 역할을 충실히 수행한 것이다.

언언시시言言是是, 언언시비言言是非

황희의 별명은 '언언시시言言是是 정승'이었다. 네 말도 옳고 네 말도 옳다는 것이다. 이를 보여주는 유명한 일화가 있다. 하루는 여종 둘이 한바탕 크게 싸우고는 씩씩거리며 황희에게 왔다.

"대감마님, 글쎄 언년이가 이러쿵저러쿵했습니다. 분명 언년이가 잘못한 게 맞지요?"

"아닙니다, 대감마님. 그게 아니라 사월이가 이러쿵저러쿵해서 그렇게 된 것이랍니다. 사월이 잘못이지요?"

잠자코 듣기만 하던 황희가 대답했다.

"언년이 네 말도 옳고, 사월이 네 말도 옳다."

시원하게 상대의 잘못을 지적할 줄 알았던 황희의 뜬금없는 답변에 여종들은 잠시 멍하니 서 있을 수밖에 없었다. 옆에서 대화를 듣고 있던 부인이 불쑥 끼어들었다.

"대감, 세상에 그런 대답이 어디 있나요?"

"허허, 부인의 말도 옳구려. 헌데 모두 서로 자기가 옳다고 주장하니, 옳다고 대답할 수밖에 없지 않겠소? 그럼 각자 돌아가서 이번에는 자기가 그른 점도 한 번 생각해 보오."

여종들은 자리를 물러갔다가 이내 다시 황희에게 와서 말했다.

"다시 생각해 보니, 굳이 그렇게 말한 저의 잘못인 것 같습니다. 저 때문에 괜한 소란이 일어났습니다. 죄송합니다, 대감마님."

"아닙니다. 별것도 아닌 일로 발끈해서 소리친 제 잘못이 더 큽니다. 조금만 참으면 될 일인데…. 제 잘못입니다."

황희가 껄껄 웃자 부인도 입을 열었다.

"저도 그리 잘한 것은 없는 것 같습니다. 제가 이 아이들을 잘못 가르쳐서 이런 다툼이 일어나게 만들었습니다. 제 탓입니다."

황희는 인자한 표정을 지으며 말했다.

"네 말도 옳고, 너의 말도 옳고, 부인의 말도 옳소."

이처럼 황희는 다른 사람들에게 한없이 너그럽고 도량이 넓은 인물이었다. 하지만 나라의 중요한 직책에 있는 사람에게는 따끔하게 혼내기도 하는 정반대의 언언시비言言是非 정승이었다. 특히 자신의 후계자로 키우기로 마음먹은 김종서金宗瑞에 대해서는 매우 엄격하였는데 이를 잘 보여주는 일화가 있다.

영의정 황희와 좌의정 맹사성孟思誠이 며칠째 제대로 퇴근하지도 못한 채 업무에 시달리고 있었다. 공조판서였던 김종서는 나이 많은 원로들이 고생하는 것이 안쓰러워 소박한 다과라도 대접하고 싶었다. 아랫사람에게 다과를 준비하라 하고, 자신이 수장으로 있는 공조工曹의 예산을 사용하도록 하였다. 하지만 올라온 다과를 본 황희는 김종서를 불렀다.

"이 다과는 무슨 예산으로 준비했는가?"

"대감들께서 나랏일로 고생하시는 것이 안쓰러워 저희 부서 예산으로 조금 준비했습니다."

"대신들이나 외국의 사신을 접대하기 위해 나라에서 따로 설치한 예빈시禮賓寺[35]가 있고, 마땅히 거기에서 다과를 준비하면 되는 것이다. 그런데 어찌 아무 상관도 없는 나라의 예산을 사사로이 썼다는 말인가? 어찌 그 정도의 분별력도 없는 건가?"

은근히 칭찬을 기대했던 김종서는 깜짝 놀라 잘못했다고 하는 수밖에 없었다. 김종서가 물러간 후 맹사성이 황희에게 말했다.

"나름 잘해보려고 그런 것인데, 그렇게 큰 잘못도 아닌 일로 어찌 그리 사정없이 혼내시는 겁니까?"

"맹대감, 이것은 제가 누구보다도 종서를 아끼기 때문에 인물로 만들려는 것입니다. 종서는 앞으로 우리의 뒤를 이어 정승이 되고 나라를 위해 큰일을 해야 할 사람입니다. 누구보다 신중하게 나랏일을 해야 할 사람이기

---

35 조선시대에 귀한 손님을 불러 궁중잔치를 열 때나 종실 및 재신宰臣들의 음식물 공급 등을 관장하기 위해 설치되었던 관서다.

에 더더욱 일을 가볍게 하지 않도록 가르치기 위함이지, 결코 곤란을 주기 위함이 아닙니다."[36]

진짜 소통에는 애정이 담겨 있다

설사 지금 당장 내가 상사의 입장이 아니더라도, 언젠가는 부하 직원을 이끌어야 할 순간은 반드시 온다. 또한 수직적인 지위 체계를 갖고 있는 대부분의 직장에서는 상사인 동시에 부하 직원의 역할도 함께 수행해야 한다. 말단 대리라도 이번에 갓 들어온 신입사원을 가르치는 사수라면 상사로서 기대되는 역할을 수행해야 하는 것이다. 따라서 부하 직원을 어떻게 잘 이끌어야 할 것인가는, 직장인들에게 있어 상사와의 관계 못지않게 매우 중요한 숙제다. 그리고 세종의 부하 직원이었던 동시에 다른 신하들의 리더 역할을 수행해야 했던 황희의 삶은 현대의 직장인들에게 많은 시사점을 준다.

부하 직원의 잘못에 대해 때로는 따끔하게, 때로는 조용히 타이르는 직장 상사 황희. 나라의 중대사와 관계없는 여종에게는 한없이 너그러운 언언시시 정승이지만 김종서처럼 중요한 공적 직책을 맡고 있는 사람에게는 엄격한 언언시비 정승이었다. 김종서 또한 그런 황희의 질책이 자신을 아끼

---

[36] 황희와 김종서에 대한 여러 일화가 전한다. 한번은 병조판서에 임명된 김종서가 여러 신하들이 모이는 공적인 모임에서 술에 취해 거만한 자세로 비스듬히 앉은 적이 있었다. 황희는 하급 관원을 불러 김판서가 앉은 의자 한쪽 다리가 짧아 몸이 기울어졌으니 나무토막을 가져다 바르게 고여드리라고 지시한다. 깜짝 놀란 김종서가 뜰 아래로 내려가 엎드려 용서를 빌자, 황희는 누구나 잘못을 저지를 수 있지만 깨닫고 고쳐나가는 것이 중요하다고 타일렀다 한다.

는 마음에서 왔음을 잘 알고 있었기에 본인을 돌아보는 계기로 삼았다. 후일 그는 황희의 기대에 부응하여 뛰어난 정승이 된 것은 잘 알려진 사실이다.

여종과 부하 직원을 대하는 황희의 정반대 행동 뒤에는 사실 같은 마음이 담겨 있었다. 여종이 불평을 털어놓아도 네 말이 옳다고 관대할 수 있는 것은 그들을 아끼는 따뜻한 마음이 있었기 때문이다. 또 김종서를 따끔하게 혼내거나 타일렀던 것은 그가 장차 자신의 후임으로 잘 성장해주길 바라는 애정과 관심이 있었기 때문이다.

소통의 방법은 대상에 따라 다르게 가질 필요가 있다. 식당 직원이 주문을 잘못 받아서 음식이 다르게 나왔다면 크게 역정 낼 필요 없이 조금만 더 기다리면 될 일이다. 하지만 함께 일하는 부하 직원의 잘못된 태도와 반복되는 실수를 보면서 옆집 아저씨 대하듯 방관해서는 안 된다. 깨우칠 때까지 타이르고 쓴소리를 해서라도 가르쳐야 하며, 잘하는 일이 있다면 적극적으로 격려하고 칭찬해 주어야 한다. 그리고 그 모든 바탕에 있어야 할 것은 바로 애정이다.

칭찬을 들은 부하 직원은 더욱 신이 나서 열심히 일을 한다. 또, 아무리 많은 꾸중을 듣더라도 그것이 본인을 아끼는 마음에서 비롯된 것이라는 것을 안다면 도리어 상사를 더욱 따르게 된다. 지혜롭고 똑똑한 직원이라면 꾸중과 훈계의 말 자체에 얽매여 상처 받기보다는 상사의 말에서 다시 돌아보고 배울 점을 먼저 찾을 테니 말이다.

황희와 달리 아무런 애정 없이 매일 혼내고 다그치기만 하는 상사를 만난 부하 직원은 직장에 나가는 것이 정말 괴로울 것이다. 상사의 냉정한 질책이 계속되면 때려치우고 싶은 욕구가 매일 가슴 깊은 곳에서 솟구칠 테니 말이다. 아마 김종서도 처음에는 황희의 잦은 지적과 꾸중에 그런 기분을 느꼈을지도 모른다.

직장인들 대부분은 가슴속에 사직서를 품고 다닌다고 농담 반 진담 반으로 말하고는 하지만 실제로 사직서를 내는 사람은 많지 않다. '이번 달에 나가야 하는 자동차 할부 값, 다음 달에는 장인어른 환갑, 내년 봄에는 큰아이 학교도 들어가야 하는데…'를 생각하면 사직서는 가슴 깊은 곳에 묻어두게 되는 것이다.

하지만 이왕 계속 다녀야 하는 회사라면 마음을 바꿔보는 것은 어떨까. 이 회사에 나보다 긍정적인 사람은 없다는 마음을 먹고, 이 상사에게 최소한 욕은 먹지 않겠다는 목표를 잡는 것이다. 물론 안타까운 동기부여기는 하지만 그 상황을 헤쳐나가는 데에는 분명 도움이 된다. 과정은 좀 힘들더라도 일단 그렇게 강하게 단련되면 어디를 가도 잘 극복해 낼 수 있는 단단한 내공이 생긴다. 그것은 앞으로 직장 생활을 할 때에 분명히 소중한 자산이 된다.

희망적인 이야기를 하나 하자면, 상사와 직장 생활 내내 끝까지 가는 경우는 없다. 언젠가 헤어지기 마련인 사람이다. 그만둘 때 그만두더라도 내가 저 사람보다는 오래 다니겠다는 생각을 해보자. 별다른 대안도 없으면서 상사 때문에 회사를 그만두면 결국 본인만 손해다.

황희처럼 소통하라!

역사상 가장 뛰어난 임금으로 평가 받는 세종의 업적 뒤에는 황희의 헌신적인 보필이 있었다. 세종의 철저한 신임이 없었다면 24년이나 정승을 지내고, 그중 18년은 일인지하 만인지상一人之下 萬人之上의 영의정을 지내며 나랏일을 책임지는 것은 절대 불가능했을 것이다. 그는 기본적으로 뛰어난 업무 실력을 갖추고 있었지만 그것을 더욱 돋보이게 해주는 것은 소통 능력이었다.

황희도 양녕대군의 세자 폐위 사건과 관련하여 태종의 의중을 잘못 헤아림으로써 4년간 유배당하는 참담한 경험을 한 적이 있다. 하지만 그는 기회가 왔을 때 같은 실수를 반복하지 않았다.

황희는 **다시 불러준 세종을 위해 철저히 상사의 의중을 헤아리고자 노력하였다.** 일례로 수많은 신하들의 반대에도 불구하고 출신보다 실력을 중요시하는 세종의 의중을 헤아려 장영실 같은 노비 출신의 기용도 적극 후원했다. 다른 신하들처럼 출신을 들먹이며 장영실의 기용을 반대했다면 해시계, 물시계, 측우기 등 뛰어난 과학 유산은 탄생하지 못했을지도 모른다.

그렇다고 황희가 무조건 세종의 뜻대로 따르기만 한 것도 아니다. 개혁적인 제도를 지나치게 한꺼번에 도입하려 할 때에는 제동을 걸기도 한다. 물론 무턱대고 반대하는 것이 아니라 기존의 법질서와 균형을 잘 맞춰야 혼란이 생기지 않는다는 지극히 상식적인 근거를 내세웠고, 세종도 이해하고 수용하였던 것이다.

상사의 판단은 존중되어야 한다. 상사는 실무자들이 보는 관점보다 훨씬 넓은 안목으로 사안을 바라본다는 것을 잊으면 안 된다. 대부분은 그런 역량이 되기에 그 자리에 있는 것이다. 그런 상사의 의중을 헤아리며 조직이 같은 방향으로 나아갈 수 있도록 함께 애써야 한다.

때론 상사가 잘못된 판단을 내릴 수도 있다. 그럴 때에는 과감하게 조언도 할 수 있어야 한다. 다만 그 방법은 지혜로워야 한다. 상사도 인정할 만큼 분명한 근거를 가지고 조언해야 하며 자칫 상사의 지위를 공격한다는 오해를 일으키지 않도록 조심해야 한다. 특히 공개 석상에서 망신당한다는 느낌을 가지도록 조언하는 것은 절대적으로 주의해야 한다.

황희는 **임금과 신하 사이의 뛰어난 중간관리자요 중재자였다.** 내불당 건립 문제로 인해 군신 간의 갈등이 생겼을 때, 양측의 입장을 충분히 이해하고 갈등을 중재했다. 직장에서는 누구나 황희처럼 중재자가 될 수 있다. 경영자와 직원 사이의 중재자가 될 수도 있고, 선배와 후배 사이의 중재자가 될 수도 있다. 그들의 말과 입장을 최대한 듣고 경청해 보자. 그 갈등이나 문제가 하루아침에 해결될 수 없는 것이라 하더라도, 그들의 입장을 이해하는 사람이 있다는 것만으로도 해결의 실마리는 생긴 셈이다.

황희는 **대상과 상황에 따라 적절하게 소통하였다.** 자신이 부리는 여종에게는 한없이 관대하였다. 여종들이 자기들끼리 말다툼을 벌이고 서로 고자질을 한들 국가의 중대사에 하등의 영향도 없기 때문이다. 하지만 자신의 후계자로 점찍은 김종서에 대해서는 지나치리만큼 엄격하였다. 그가 나라의 중대사를 책임지고 이끌어나가야 할 차세대 핵심 인재였기 때문이다. 관대해야 할 때는 한없이 관대하고, 꾸짖어야 할 때는 따끔하게 꾸짖을 줄 알았던 황희의 소통 방식 이면에는 사람에 대한, 그리고 조직에 대한 그의 애정이 담겨 있었다.

　직장인들이 생각하는 최고의 상사는 소통을 잘하는 상사라고 한다. 그들은 부하 직원들과 함께 아이디어를 고민하고 의사결정에도 적극적으로 참여시킨다. 상사 또한 소통이 잘되는 부하 직원을 선호한다. 상사와, 동료와, 부하 직원과 끊임없이 소통하는 과정에서 다양한 아이디어가 발생하며 업무가 진행된다. 일을 잘하는 사람은 곧 소통을 잘하는 사람이라 해도 과언이 아니다. 그런 점에서 황희는 직장인의 좋은 본보기라고 할 수 있다. 한 달에 두 번 출근하는 재택근무를 시켜서라도, 또 누워서도 좋으니 은퇴하지 말고 계속 일해달라고 세종이 붙잡았던 황희. 그처럼 뛰어난 인재가 되고 싶다면 우선 그의 소통 능력을 배워보도록 하자.

직장인 황희에게 배운다!

1. 상사에게 의견을 제시하기 전에 불필요한 오해를 사는 부분은 없을지 생각해 보자.
2. 고민을 털어놓는 동료가 있다면 그의 말을 끝까지 들어주고 공감해 주자.
3. 후배를 혼낼 때 단순히 화를 내는 것인지, 그를 성장시켜 주기 위한 것인지 생각해 보자.

04

겸손으로 약점을 메우다,

맹사성

성명 : 맹사성孟思誠

출생 : 1360년, 충청도 아산

주요 경력 : 좌의정, 우의정, 이조판서, 대사헌

주요 프로젝트 : 예악禮樂 정비, 태종실록 편찬, 신찬팔도지리지 편찬

추천인(직업) : 세종조선 4대 임금

한 줄 자기소개

– 저는 항상 겸손한 자세로 동료들을 대하고 자기관리를 철저히 하여 좋은 평판을 받았습니다. 부끄럽지만 저의 실수로 태종 임금님에게 잠시 눈 밖에 난 적도 있었는데, 많은 동료들이 적극적으로 제 입장을 변호해 준 일이 있었습니다. 이처럼 원만한 대인관계는 제가 직장 생활을 잘 해낼 수 있는 든든한 자산이었다고 생각합니다.

고려의 신하였던 맹사성

세종의 훌륭한 정치 뒤에는 그를 보필했던 뛰어난 신하 황희와 맹사성이 있었다. 아무리 황희가 뛰어난 명정승이었다 하더라도 모든 일을 혼자 할 수는 없는 법이다. 황희의 든든한 동료이자 조력자였던 맹사성은 역사상 최고로 손꼽히는 청백리清白吏[37] 정승이기도 하다.

대대로 고려에 충성해온 가문에서 태어난 맹사성은 1386년우왕 12년 고려 왕조에서 장원급제하였다. 예문춘추관藝文春秋館[38] 검열檢閱이라는 관직으로 출사하였는데, 검열은 장원급제자에게 임명하는 대표적인 관직이었다. 로열 가문 출신에다 장원급제자라는 든든한 배경이 있었으니, 그는 정치 인생의 시작부터 매우 좋은 출발점에 섰던 것이다. 게다가 그의 아내는 고려의 실권자 최영 장군의 손녀딸이었다. 하지만 이 강점들이 곧 치명적인 약점으로 바뀌는 데에는 오랜 시간이 걸리지 않았다. 든든한 후원자였던 최영이 위화도회군을 감행한 이성계에 의해 반역자로 몰려 죽임을 당한 것이다. 그리고 얼마 되지 않아 조선 왕조가 새로 들어섰다.

전교부령典校副令이었던 아버지 맹희도孟希道는 고려의 마지막 충신이었던 정몽주와 동문수학했으며 그보다 1년 늦게 과거에 급제하여 그와 인연이 깊었다. 할아버지인 맹유孟裕는 78세가 되던 해에 이성계가 고려를 멸망시키고 조선을 건국하자 이에 반발해 두문동杜門洞에 들어가 은거해 버렸고 맹

---

37 관직 수행 능력과 청렴·근검·도덕·경효敬孝·인의 등 덕목을 겸비한 이상적인 관료상을 가진 인물에게 의정부가 수여한 호칭으로 대단한 명예로 여겨졌다. 총 217명이 선정되었으며 맹사성, 황희, 이원익, 이항복 등이 대표적인 인물이다.

38 고려시대 왕명의 작성과 시정의 기록 및 역사의 편찬을 관장하였던 관서다.

희도 역시 조선에 충성하지 않기로 결심해 충청도 서천으로 피신하였다. 절친 정몽주의 안타까운 죽음도 아마 그의 결정에 큰 영향을 주었을 것이다.

그의 할아버지와 아버지는 본인들이 섬겼던 왕조에 대한 의리를 계속 지키기로 마음을 굳혔지만 맹사성은 이러지도 저러지도 못하다가 1392년 조선이 건국되고 나서야 관직을 떠났다. 이제 맹사성은 고려의 충신으로 남을 것인지, 아니면 출세를 위해 조선의 신하가 될 것인지 인생의 갈림길 앞에 섰다.

약점을 안고 조선의 신하가 되다

맹사성이 명예를 택했다면 마땅히 아버지의 길을 따라야 했다. 아직 조선이 자리 잡지 못한 상황이었고 옛 왕조를 그리워하는 백성들도 많았다. 하지만 그를 번민에서 벗어나게 해준 것은 아버지의 격려였다.

"고려 왕조는 더 이상 없다. 마침 네 스승인 권근이 너의 출사를 권하고 있으니 새 왕조에 몸을 담아 백성만을 바라보는 정치를 해라. 고려에 대한 의리를 지키는 것은 너의 할아버지와 나로 충분하다."

더 나아가 맹희도는 조선 건국에 대해 노골적인 거부 의사를 보이지 않기로 입장을 정한다. 관리로 일해달라는 조선 왕조의 요청이 있자 관직에 형식적으로 취임했다가 바로 은퇴하여 잠시 출사하는 모양새를 취하기도 한다. 자신은 고려 왕조에 대한 절개를 지키면서도, 행여 자신의 조선 건국 반대 입장이 아들의 앞길에 누가 되지는 않기를 바랐던 것이다. 그는 진심으로 아들이 새 왕조에서 원만하게 관직 생활을 하고 출세하기를 원했다. 이러한 아버지의 격려와 지원 속에 결국 맹사성은 조선 왕조에 출사하기로 마음을 먹었다. 하지만 그가 마주해야 하는 환경은 이전과 너무도 달라져 있었다. 최영 같은 든든한 후원자들은 모두 사라졌고, 고려 충신 가문의 후예인 그를 의심의 눈초리로 바라보는 조선의 개국공신들이 있을 뿐이었다.

최고의 일류기업에 수석으로 입사했지만 얼마 되지 않아 회사가 부도나 버렸다. 다행히 새로 생긴 경쟁사에서 스카우트 제의가 왔지만, 그 회사는 자신이 다니던 회사를 망하게 만든 회사였다. 더구나 그곳엔 아무런 인적 네트워크도 없고 미래도 불투명해 보인다. 무엇보다 가장 큰 리스크는 나를 든든하게 밀어주던 끈과 인맥이 모두 끊어져 버렸다는 사실이다. 하지만 먹고는 살아야 한다. 그동안 좋은 회사에 들어가기 위해 열심히 공부해온 것을 이대로 포기할 수도 없다. 맹사성의 이직은 단순히 현대 직장인처럼 자신의 몸값을 더 올리기 위한 수단이 아니라 살아남기 위한 선택이었다.

회사 생활하면서 가장 큰 도움을 받는 것은 사실 인맥이다. 함께 입사한 동기부터 긴 시간 동고동락한 동료들은 나의 든든한 힘이 되어준다. 안면이 없는 사람에게는 "회사 규정상 안 됩니다"라고 하던 일이 잘 아는 사람끼리는 '운용의 묘妙'가 발휘되어 몇 시간 만에 해결되기도 한다. 그만큼 직장 생활에서 인맥은 든든한 자산이 된다.

하지만 이직을 하게 되면 이 모든 자산을 포기해야 한다. 이직하는 순간 새롭게 관계를 만들어나가면서 자신이 실력이나 성격이 괜찮은 사람이라는 것을 끊임없이 보여줘야 하는데 사실 그 자체가 정말 스트레스 받는 일이다.

단순히 이직에만 적용되는 이야기는 아니다. 10년 동안 영업팀에서 일을 해왔는데 어느 날 갑자기 재무팀으로 발령이 났다고 생각해 보라. 다시 일을 배워야 한다는 압박은 물론이고 새로 관계도 만들어야 하는 등 해야 할 일이 한 둘이 아닐 것이다.

맹사성은 조선으로 이직했을 때 감수할 수밖에 없을 자신의 약점을 잘 알고 있었다. 하지만 그는 현실에서 도망가지 않기로 결심하고 조선의 신하가 된다. 일단 그런 결단을 내렸다는 사실만으로도 그의 용기는 대단하다고 볼 수 있다. 더 나아가 자신의 약점을 극복하게 하고 마침내 모두가 선망하는 재상의 자리까지 끌어올려 준 회심의 카드는 바로 겸손한 자세와, 그 겸손이 새롭게 만들어낸 인적 네크워크였다.

계속된 시련을 극복하다

굳은 결심을 하고 새 왕조에 발을 내디뎠지만 그 길은 순탄하지 않았다. 13년 2개월 동안 1번의 좌천과 3번의 파직, 2번의 유배를 당한 것이다. 그 요인 중의 하나는 부지불식간에 조선 개국공신에 대한 부정적인 태도를 드러내고, 조선의 관제 개혁 모델로 고려 초기를 상정하는 정책을 제안하는 등 시행착오를 겪었던 결과였다.

태종이 즉위하자 맹사성을 중심으로 한 문하부門下府[39] 낭사郎舍[40]에서

---

[39] 의정부의 전신이었던 최고권력기관이다.

[40] 고려 때 만들어진 관직으로, 간쟁諫諍 : 임금의 잘못을 비판하는 일과 봉박封駁 : 왕명이 합당하지 않으면 봉함하여 반박의견을 전달하는 일 업무를 담당하였다. 고려 때는 문하부의정부에 소속되어 있으나, 조선 태종은 의정부에서 사간원이란 기관으로 따로 독립시켰다. 임금을 견제하는 언론의 역할과 권한을 더 크게 부여했다는 반증이다.

관제 개혁 건의안을 올린다. 행정업무는 문하부에, 군무에 관한 업무는 중추원中樞院[41]에 맡기고 재상들의 합좌기구를 폐지하자는 것이었다. 재상들의 지나친 정치권력 장악을 방지하는 대신 임금의 병권 장악도 못하게 하려는 취지의 절충적 개혁안이다. 하지만 이것은 고려 초기의 제도로 돌아가자는 복고적 성격이 매우 강했기 때문에 채택되지 않았다. 맹사성은 이 일로 관직이 폐지되어 외직으로 좌천되기까지 한다. 새로운 시대에 걸맞는 새로운 정책을 제시하는 데 실패했을 뿐 아니라, 그가 여전히 고려에 대한 미련을 버리지 못하고 있다는 의심마저 받게 된 것이다. 더 나아가 고려의 옛 제도를 이상적인 모델로 제시함으로써 상대적으로 조선의 제도를 깎아내린 듯한 인상마저 주었다. 경력 입사자가 이직한 회사를 은근히 깎아내리고 벤치마킹이라는 명목으로 망해버린 전 직장의 제도를 도입하려 하니 과연 좋게 보였을까. 어떤 의도가 있었던 것은 아니었지만 맹사성의 실책이었음은 분명했다.

특히 태종 8년에 발생한 조대림趙大臨 사건은 그의 생애에 있어 가장 큰 시련이었다. 조대림은 태종의 딸인 경정공주의 남편이자 개국공신 조준의 아들이었다. 조대림은 여러모로 부족함이 많아 이용당하기 좋은 인물이었는데 그의 집에 자주 출입하던 목인해睦仁海라는 자가 그를 반역자로 몰아서 공을 세우려 했던 사건이 있었다. 목인해의 모함으로 인해 조대림은 국문鞫問을 당했지만 결국 목인해의 계략이 밝혀져 무죄 방면되었다. 그럼에도 맹사성은 조대림 역시 잘못이 있다며 다시 두 사람을 불러다 주범과 종

---

41 고려 때 왕명의 출납과 궁궐 호위, 군사업무 등을 맡았던 기관으로, 조선 태종과 세종 때 왕명 출납은 승정원, 군사업무는 병조로 이관되어 유명무실한 기관이 되었다.

범을 가려야 한다고 주장한 것이다.

결국 두 번이나 국문을 했지만 조대림은 별다른 죄가 없음이 재차 밝혀졌다. 왕실의 인척이 두 차례에 걸쳐 곤장을 맞는 엄중한 상황인데도 사건의 정황이 제대로 파악되지 않은 것이다.

조대림이 죄가 없다는 것이 확실해지자 태종의 분노는 결국 폭발하고 말았다. 태종은 이를 모약왕실謨弱王室, 즉 왕실을 약하게 하고자 일을 꾸몄다고 생각하고 국문을 책임졌던 맹사성에게 모든 분노를 쏟아냈다. 맹사성을 고문한 끝에 사형에 처하라고 한 것이다. 왕의 분노가 하늘을 찌르고 있었고 더구나 맹사성의 잘못도 분명 있었기 때문에 그를 비호하는 것은 쉽지 않았다.

하지만 뜻밖에도 많은 사람들이 그를 구하기 위해 나선다. 맹사성의 스승이자 그의 출사를 권했던 권근은 와병 중에도 소식을 듣고 달려와 용서해 달라고 간청했다. 태종이 최고로 신임했던 정승 하륜도 울면서 그를 구원하였다. 태종이 왕위에 오를 수 있도록 군사적으로 결정적 기여를 했던 이숙번은 만약 맹사성을 죽이면 자신은 머리를 깎고 도망가겠다는 말까지 한다. 그 외에도 성석린, 조영무趙英茂 등 당대의 유력 대신들이 한 목소리로 그를 구하고 나섰다.

"전하, 맹사성은 결코 불충한 뜻이 있어 그리한 것이 아닙니다. 그를 용서해 주십시오."

"맹사성이 평소 왕실을 능멸하고자 하는 뜻이 있었던 것이 아니라면, 어찌 그리 무엄한 짓을 할 수 있었겠는가? 과인은 그대로 내버려 둘 수 없으니, 마땅히 그를 엄벌에 처해야겠다."

"신들이 맹사성의 인품을 평소에 지켜보았습니다만, 결코 감히 모반하려 하거나 다른 사심이 있는 자가 아닙니다. 다만 본인의 직무에 있어 열심히 하려던 것뿐인데, 이를 극형으로 다스린다면 앞으로 어느 신하가 전하를 위해 최선을 다하겠습니까?"

신하들의 간곡한 설득에 결국 태종은 생각을 다시 하게 된다.

"하… 알겠소. 경들이 나를 불의에 빠뜨리려는 의도로 그런 말을 하지는 않겠지. 그대들의 말에 따라 형을 감해주도록 하겠소."

태종은 결국 사형을 면해주고 장 백 대를 때려 유배 보내는 것으로 마무리를 지었다. 죽음의 문턱까지 갔던 맹사성은 주변의 도움 덕분에 극적으로 살아날 수 있었던 것이다.

겸손으로 쌓은 네트워크가 그를 지키다

맹사성을 구하고자 했던 신하들 상당수는 아버지 맹희도와 친분이 있었다는 점도 결코 무시할 수 없다. 또한 공무를 수행하는 과정에서 실수로 발생한 문제 때문에 극형까지 처하는 것은 옳지 않다는 문제 제기도 타당했다. 그렇더라도 맹사성이 평소에 원만한 인품과 신망으로 좋은 관계를 형성하고 있지 못했더라면 결코 그렇게 많은 유력 대신들이 소위 끈 떨어진 그를 적극 옹호하고 나서지 못했을 것이다.

조선의 조정에 처음 들어왔을 때는 적응하는 데 어려움이 있었다. 하지만 그의 겸손하면서도 할 말은 하는 당당한 처신은 그를 바라보던 처음의 의구심 가득한 눈빛을 차츰 신뢰의 시선으로 바꾸었다. 이제 그의 동료들은 든든한 인적 네트워크가 되어 가장 큰 위기에 닥쳤을 때 구해준 보호막이 된 것이다. 이 사건은 역설적으로 맹사성이 그동안 얼마나 직장 내 대인관계를 원만하게 잘했는지 보여주는 계기가 된다.

이직을 하거나 새로운 조직에 가면 일단 실력을 보여야 한다. 회사가 왜 그를 뽑았는지 증명해 보일 수 있도록 일을 잘해야 하는 것이다. 두 번째 중요한 것은 단연 태도다. 아무리 일을 잘해도 혼자서 다 잘할 수는 없는 법이다. 동료들의 도움이 절대적으로 필요하다. 가령 그 회사나 조직에서만 사용하는 시스템이 있다면 그 시스템을 잘 아는 동료에게 배울 수밖에 없다. 회사에서도 일을 시켜야 하는 입장이니 어느 정도는 알려주겠지만, 시스템 한 개 기능만 아는 것과 열 개 기능을 아는 것은 천지 차이다. 하나라도 더 알면 쉽게 일할 수 있고 업무 시간도 줄어든다.

내가 편하기 위해서라도 동료에게 기대어 배워야 한다. 하지만 어느 누구도 다른 사람 가르쳐주느라 자기 시간 빼앗기는 귀찮은 일을 좋아할 리가 없다. 그러니 늘 낮은 자세로, 겸손하게 다가가서 부탁해야 하며 나중에 본인도 도움을 줄 수 있을 것이라는 점을 잘 어필해야 한다. 동료들은 이런 나의 태도를 보며 점점 마음을 열게 될 것이고 나의 든든한 우군이 되어줄 것이다. 이렇게 나와 동고동락을 함께 하는 새로운 동료를 한 명씩 만들어가면 직장 생활이 조금은 즐겁고 편해질 수 있다.

맹사성은 조선이라는 새로운 직장에 들어가면서 불필요한 꼬투리가 잡히지 않도록 항상 겸손하게 처신하되, 마땅히 해야 할 말은 하겠다고 결심했다. 그리고 아버지의 가르침대로 오직 백성을 위해 정치하겠다고 맹세했다. 그는 한 명 한 명 자신의 마음을 알아주는 동료들을 만들어나갔고, 그들은 맹사성이 최대의 위기에 닥쳤을 때 생명을 구해줄 정도로 든든한 보호막이 되어주었다.

조대림 사건 후에 맹사성은 자신을 구해준 선배와 동료들의 은혜를 잊지 않았다. 특히 맹사성이 살던 집 아래에는 그를 도왔던 성석린의 집이 있었는데, 그는 성석린이 세상을 떠날 때까지 그 집을 지나갈 때마다 반드시 말에서 내려 걸어갔을 정도였다. 이 정도로 겸손하고 자신을 낮추었던 맹사성을 어느 누가 싫어했을까?

청백리라는 브랜드로 평판을 얻다

세종 9년, 황희와 맹사성은 각각 좌의정과 우의정으로 발탁되었다. 의정부를 새로 구성하는 인적쇄신을 통해 세종의 정치적 포부를 본격적으로 실현하기 위한 조력자로 두 사람을 기용한 것이다. 수많은 대신들이 있었지만, 왜 하필 그 두 사람이었을까?

두 사람은 조선 건국에 일조한 공신功臣이라고 할 수는 없으나 부왕인 태종 때부터 총애를 받았을 만큼 능력이 검증된 신하라는 공통점을 가지고 있었다. 유배를 당하는 등 많은 시련도 겪었다. 하지만 공신 출신이 아니었기에 세종은 오히려 그들에게 정치적 부채 의식을 가질 필요 없이 능력만 보고 발탁할 수 있었던 것이다. 또한 두 사람 모두 당대의 청백리로 인정될 만큼 조신했으며, 권력욕 또한 크지 않았다는 점도 작용하였다. 맹사성은 '자신의 출세와 영달이 아니라 오직 백성만을 위해 일하는 겸손하고 청렴한 정치가라는 평판을 얻었고, 덕분에 결국 정승 자리까지 오를 수 있었던 것이다.

지금까지도 맹사성을 겸손한 청백리로 기억하게 하는 일화가 많이 남아 있다. 그는 월급의 대부분을 가난한 백성들을 위해 나눠주었을 정도로 청렴했다. 한양에서 살던 낡은 집도 남에게 빌린 것이었는데 하루는 병조판서가 업무 논의차 맹사성의 집에 찾아왔다. 헌데 장마철이라 갑자기 비가 내리기 시작하자 지붕에 물이 새어 세간이 모두 젖을 정도였다. 결국 두 사람은 삿갓을 쓴 채 대화를 나누어야 했다.

'판서를 역임하고 정승까지 지내시는 분이 비가 새는 집에 살다니!'

병조판서는 집으로 돌아오자마자 자신의 집에 지어놓았던 행랑채를 모두 부수었다고 한다.

또한 맹사성은 성격이 소탈하여 번거로운 행차를 싫어했고 소를 타고 다니는 것을 좋아했다. 평소 영락없는 시골 노인네의 모습으로 소를 타고 다닌 소박한 일상에서 전해지는 일화도 많다. 한번은 맹사성이 온양에서 한양으로 올라오는 길에 갑자기 비가 쏟아졌다. 평소처럼 소 한 마리를 타고 느릿느릿 올라오고 있었던 그는 부랴부랴 비를 피해 한 여관으로 들어갔다. 그곳에는 먼저 비를 피해 들어온 한 젊은 선비가 있었다. 그 선비와 이런저런 이야기를 나누다가 시간도 때울 겸 서로 문답하는 말끝에 '공公'과 '당堂'이라는 토를 붙이는 놀이를 하기로 했다.[42]

"한양에는 뭐 하러 가는공?"

"과거 시험 보러 간당."

---

[42] 이 일화에서 공당문답公堂問答이라는 사자성어가 유래하였다. 맹사성의 소탈한 면모를 잘 보여준다.

"무슨 시험인공?"

"녹사錄事 시험 보러 간당."

"내가 합격시켜 줄공?"

"에이, 웃기는 소리당."

선비와 헤어지고 며칠 후 맹사성이 관청에 앉아있는데, 녹사 시험에 합격한 이들이 인사차 찾아왔다. 선비들의 얼굴을 훑어보던 맹사성이 누군가를 발견하고는 씩 웃으며 말했다.

"시험 결과가 잘 나왔는공?"

고개를 들어 얼굴을 살핀 선비는 자신과 농담 따먹기 하던 노인이 좌의정 맹사성인 것을 알아채고는 너무 놀라 엎드리며 소리쳤다.

"죽어 마땅하옵니당!"

하루는 양성陽城[43]과 진위振威[44]라는 고을의 수령守令이 한 소식을 들었다. 맹사성이 부모님을 뵈러 마을 근처를 지나간다는 것이었다. 일국의 재상인 맹사성에게 잘 보이면 출셋길이 열리지 않을까 기대했던 수령들은 길목에 앉아 맹사성이 지나가기를 기다리고 있었다. 그런데 아무리 기다려도 재상의 행차는 보이지 않고 시간이 지나 점점 지쳐가던 터에 남루한 차림을 한 노인이 소를 타고 어슬렁거리며 지나가는 것이었다. 그 모습을 본 수령 하나가 하인을 시켜 맹사성을 꾸짖었다.

"무례하구나! 저기 저분들은 양성과 진위의 고을 원님들이시다. 마땅히 당장 소에서 내려 예의를 갖추지 못할까?"

---

43 경기도 안성 지역의 옛 지명이다.
44 경기도 평택시의 북부에 있는 면이다.

"내 소를 타고 내가 내 맘대로 다니는데 무슨 상관인가?"

"이런 버르장머리 없는 놈을 보았나! 네 놈이 누구기에 이리 거만을 떤단 말인가!"

"정 나에 관해 알고 싶다면 원님에게 가서 온양 사는 맹고불이라고 말씀하시게."

"맹고불? 그… 그럼 당신이 좌의정 맹사성 대감님?"

하인에게 말을 전해 듣고 너무 놀란 두 수령은 혼비백산하여 달아나다가 허리띠에 차고 있던 관인을 연못에 빠뜨렸다. 그때부터 그 연못을 인침연印沈淵이라고 불렀다는 전설이 전해진다. 높은 자리에 있다 해서 함부로 지위를 이용하거나 자만하지 않고 항상 검소하게 살았던 맹사성에게 부여된 '청백리'라는 호칭은 그의 평판을 크게 올려주었다.

직장 생활을 하는 동안 주위에서 얻게 되는 평판은 매우 중요하다. 함께 일하기 힘든 사람, 일하기 까탈스러운 사람, 일할 때 게으른 사람이라는 평판이 생겨버리면 동료들의 도움을 받기가 매우 어려워지는 것은 물론이고 중요한 정보를 주고받을 때에도 소외된다. 결국 힘든 직장 생활을 하게 되는 것이다.

하지만 좋은 평판을 얻으면 주위에 좋은 사람도 함께 얻을 수 있다. 동료들의 도움을 받기가 더 쉬워지고 자연스럽게 상사의 눈에 띄어 더 많은 기회를 잡을 수 있다. 그것은 결국 본인의 성과와 실적에 직결될 것이다.

맹사성이 세종의 눈에 들어 정승으로 발탁된 것은 이러한 그의 평판이 큰 기여를 했다. 단순히 근검절약하고 소탈하다고 해서 그를 겸손하다고 말할 수 있는 것은 아니다. 맹사성은 자존감이 높은 사람이었다. 남루한 옷차림을 하거나 빗물 새는 집에 산다고 해서 그것이 자신의 가치를 떨어트리는 것이 아니라는 점을 잘 알고 있었다. 오히려 그런 당당함이 맹사성의 평판을 올리고 그의 가치도 높여준 것이다. 그는 그렇게 조선 최고 임원이 되었고, 위대한 청백리라는 브랜드를 얻어 지금까지도 그 이름을 남겼다.

자신만의 브랜드를 만드는 것, 직장 생활을 하는 우리에게도 필요한 일이다. 브랜드를 가졌다는 것은 남들과 다른 차별성이 있다는 뜻이다. '맹사성' 하면 청백리가 떠오르고, '이순신' 하면 임진왜란 영웅이 떠오르듯이 그것이 실력이 되었든, 태도가 되었든, 그것을 바탕으로 일궈낸 지위가 되었든 자신만의 브랜드를 만드는 것이 중요하다. 일단 업무를 맡으면 어떻게든 해내는 끈기왕, 긴장된 상황에서도 침착함을 유지하는 멘탈 갑, 매사에 긍정적인 긍정맨 등 어떤 브랜드라도 좋다. 타인에게 나의 장점을 제대로 어필할 수 있는 브랜드를 만들어보자. 그것은 처음부터 주어지는 것이 아니며 자신의 노력으로 만들어지는 것이다. 어떻게든 주어진 책임을 해내려는 자세가 끈기왕으로 만들어주고, 평소 많은 실패를 경험하고 또 극복해 보아야 멘탈 갑이 될 수 있다. 무엇이든 거저 주어지는 것은 없다. 좋은 평판을 얻기 위해서는 그만큼 치열한 노력이 필요하다.

맹사성처럼 겸손하라!

맹사성이 고려에서 처음 출사했을 때만 해도 매우 자신만만했을 것이다. 고려의 로열패밀리였던 데다 최고실권자 최영 장군이 사돈이었고, 더구나 장원급제로 자신의 출중한 실력까지 검증 받은 터였다. 자신 앞에 놓인 탄탄대로만 잘 걸으면 될 것처럼 보였을 것이다. 하지만 크게 출렁이기 시작한 역사의 파고는 순식간에 그의 삶을 통째로 집어삼켰다.

그는 몰락한 왕조의 옛 신하가 되었고, 역적 최영의 사돈일 뿐이었다. 최영이 부인 쪽 친족이었기에 연좌제에 걸려 몰살당하지 않은 것만으로도 감사해야 할 판이었다.

일반적인 상황이라면 누구나 좌절에 빠질 수밖에 없는 상황이다. 그렇지만 맹사성은 현실을 회피하지 않고 조선에 입사하기로 결심하는 용기를 가졌다. 다니던 회사를 망하게 한 곳으로 입사한 변절자라는 세상의 비난을 견디기로 결심한 것이다. 무엇보다 기존에 가지고 있던 최강의 인맥은커녕 자신에게 적대적인 사람들로 가득한 곳에서 새롭게 도전하기로 마음을 먹었다.

직장 생활을 하다 보면 뜻하지 않게 불리한 환경에 처할 수 있다. 원하지 않는 부서로 재배치를 받을 수도 있고, 낯선 프로젝트를 맡아야 할 수도 있다. 든든한 버팀목이 되어주던 상사는 갑자기 다른 팀으로 발령이 나고 새로 온 상사는 나와 성향이 전혀 다른 사람일 수도 있다. 그럴 때는 어떡해야 하나 고민하고 한탄하며 시간을 낭비하지 말자. 일단 맹사성처럼 부딪쳐 보기로 하는 용기를 갖는 것이다.

누구나 잘난 척하는 사람을 싫어하고 겸손한 사람을 좋아한다. 다만 그 겸손함에는 자존감이 전제되어야 한다. 겸손함은 자존감이 높은 사람만이 드러낼 수 있는 특징이다. 자신을 진정으로 소중히 여길 줄 아는 자존감도 지니지 못하고 있으면서 무작정 몸을 낮추기만 하는 것은 비굴함의 다른 표현일 뿐이다.

맹사성은 **자신의 약점을 극복하기 위해, 몸을 낮추고 또 낮추었다.** 당당하되 겸손한 맹사성의 매력이 많은 동료들을 자신의 인적 네트워크 안으로 끌어들였고, 그렇게 쌓아올린 네트워크는 위험에 처한 그를 보호해 주는 든든한 방패막이가 되었다. 나도 그런 인적 네트워크를 가지고 있을지 생각해보자. 내가 위기에 처했을 때 동료들이 기꺼이 내 편이 되어줄 만큼 평소 겸손한 자세로 좋은 관계를 유지하고 있는가?

또 맹사성은 **자존감과 겸손함으로 청백리라는 브랜드를 만들었고 스스로의 평판을 끌어올렸다.** 맹사성이 세상을 떠났을 때, 세종실록에서는 그를 이렇게 평가한다.

"벼슬하는 선비로서 비록 지위가 낮은 사람이라 할지라도 만나고자 하면 반드시 의관을 갖추고 대문 밖에 나와 맞아들여 상좌에 앉게 했다. 손님이 돌아갈 때에도 역시 몸을 구부리며 손을 모은 채 가는 것을 보고, 손님이 말에 올라앉은 후에야 돌아서 문으로 들어갔다."

_세종실록 세종 20년 4월 19일

조선왕조실록에 이처럼 겸손한 사람이었다는 사후 평가가 실릴 정도로 그는 탁월한 평판을 가지고 있었다. 청렴결백한 삶으로 백성들의 존경을 받았으며, 청백리라는 명예로운 브랜드를 만들어냈다. 그가 재상으로 전격 발탁된 것은 이처럼 높은 평판 덕분이었다.

직장을 다닌다면 반드시 평판에 신경 써야 한다. "김대리는 싹싹하면서 일도 정말 잘해!"라는 자신만의 평판이 퍼지도록 열심히 일하고 좋은 관계를 만들자. 그것은 어떤 큰 사건이 계기가 되는 것이 아니라 당장 오늘의 작은 행동 하나에서 만들어진다.

현명한 농부는 밭을 탓하지 않는다고 한다. 물론 더 좋은 환경에서 일할 수 있다면 더 많은 성과를 내고 더 크게 실력을 인정받을 수도 있다. 하지만 내가 어쩌지 못하는 불리한 환경에 처했을 때 그 현실을 부정하고 회피하는 데에 시간을 낭비하지 말자. 그럼에도 불구하고 내가 우선 할 수 있는 것은 무엇인지, 또 잘할 수 있는 방법은 무엇인지 찾아보는 지혜가 필요하다. 그리고 맹사성처럼 겸손하게 나를 낮추면서 조금씩 좋은 평판을 만들어간다면, 결국 뛰어난 인재로 인정받아 회사에서 큰 쓰임을 받게 될 것이다.

직장인 맹사성에게 배운다!

1. 불리한 환경에 처했을 때, 내가 할 수 있는 작은 일부터 생각해 보고, 실천해 보자.
2. 일주일에 한 번 이상 동료의 장점을 관찰하여 칭찬해 보자.
3. 나만의 브랜드와 평판을 만들어보자. 예를 들어, 혹시 업무상 실수를 했다면 같은 실수는 절대 하지 않도록 몇 배로 주의하고 노력해서 '같은 실수는 반복하지 않는 김대리'라는 평판을 만들어보자.

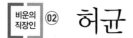

평판 관리가 중요한 이유

스스로 몰락을 자초하다

홍길동전은 허균許筠[45]이 쓴 고전소설로 세상에 알려져 있다. 최초의 한글소설이라는 점도 파격적이지만, 당시 조선사회의 모순을 과감하게 비판한 최초의 사회소설이었다는 점에서 허균은 시대를 앞서간 천재로 불릴 만하다. 금수저 집안에서 태어난 엄친아였지만 결국 역적죄로 사형당하고 만 허균, 무엇이 그를 지독한 불운으로 몰고 갔을까?

허균은 대대로 높은 벼슬을 지낸 명망가 집안에서 허엽許曄의 아들로 태어났다. 9세 때 능숙하게 시를 지어 사람들을 놀라게 한 그는 26세 때 과거에 급제하고, 3년 뒤에 관리들을 대상으로 시행하는 일종의 주요 보직 배치 시험인 문과중시文科重試에서 장원으로 합격하여 출셋길을 완전히 열어

---

45 허균1569~1618은 선조와 광해군 때 문신이다. 문장으로 이름이 높았던 허봉許篈, 허난설헌許蘭雪軒의 형제다. 광해군 5년에 계축옥사가 발생했을 때 평소 친분이 있던 서자 출신의 서양갑徐羊甲·심우영沈友英이 처형당하자 신변의 안전을 도모하기 위하여 이이첨 편에 서서 대북에 참여했다. 광해군 10년 남대문에 민심을 어지럽히는 격문이 붙은 사건에 연루되고, 모반 혐의를 받아 처형된다.

젖힌다. 특히 형인 허성許筬이 동인의 영수로서 조정에 큰 영향력을 미치고 있었고, 임금인 선조도 허균의 뛰어난 실력을 눈여겨보고 있었다. 최고의 집안, 천재적인 재능, 장원급제, 상사의 총애까지 성공하기 싫어도 성공할 수밖에 없는 이 완벽한 조건들이 오히려 그를 교만하게 만든 것일까. 허균을 파국으로 몰아넣은 것은 다름 아닌 허균 자신이었다.

허균은 과거에 급제하고 예문관 검열 겸 춘추관 기사관 등의 관직을 거쳐 30세 때 황해도 도사都事[46]에 임명되었다. 그러나 한양 기생을 데려와 같이 살고 무뢰배들과 어울리며 청탁을 일삼는다는 이유 등으로 1년도 되지 않아 파직된다. 또한 어머니가 별세했음에도 찾아가 보지 않고, 유교 예법에 따라 삼년상을 치르기는커녕 상중에도 고기를 먹어 세간의 비난을 샀다. 당시에는 이단으로 여겨지던 불교에 관심을 가진 것도 그의 평판을 떨어트리는 요인이 되었다.

또, 광해군 2년 때에는 허균이 시험관으로 참여한 과거 시험에서 일어난 부정 사건에 연루되기도 했다. 과거 합격자의 상당수가 시험관의 자제, 조카사위, 동생, 사돈들이었는데 이 중에 허균의 조카와 조카사위도 끼여 있었다. 조카는 정처 없이 떠도는 승려였고 조카사위는 이미 불합격 판정을 받았음에도 기어이 다시 합격자 명단에 끼워 넣었다.

허균뿐만 아니라 박승종朴承宗은 자신의 아들을 뽑았고, 이이첨李爾瞻[47]은 자신의 사돈과 이웃친구를 뽑았다. 허균보다 더 심한 부정을 저지른 다

---

46 지방행정의 최고책임자인 관찰사와 함께 지방을 순력하고 규찰하는 임무를 담당하였다.

47 이이첨1560~1623은 선조 때 대북의 영수로 광해군이 왕위계승자로 적합함을 주장하였다. 광해군 즉위 후 반대세력인 소북을 숙청하고 영창대군을 죽게 했다. 또한 폐모론을 주장하여 인목대비를 유폐시켰고 인조반정이 일어나자 실각하여 처형당했다.

른 시험관들도 많았지만 모든 비난은 그간 평판이 좋지 않던 허균에게 집
중되었다. 그는 결국 부정 시험의 주범으로 몰려 유배를 가야 했다.

무엇보다 허균은 스스로 많은 적을 만들었다. 자신보다 상관이던 심희
수沈喜壽를 다른 사람들 앞에서 노골적으로 망신 주어 그의 원한을 샀던
것이 대표적인 사례였다.

"병조정랑兵曹正郎 허균이 문사낭청問事郎廳으로 엊그제 궁궐 뜰에서 국문
할 때에 대신 앞에 나아가 기초起草하고 있었는데, 판부사判府事 심희수沈喜
壽 역시 고할 일이 있어 대신 앞에 나갔더니, 허균이 희수를 물러가라고 하
자 희수가 노하여 물러갔습니다. 국청에는 조정 백관이 모두 모였고, 찬성
贊成은 높은 품계에 있는 중신重臣인데 일개 낭관인 허균이 감히 내쫓듯이
하여 물리쳤으니 체면을 너무 손상시켰습니다. 파직하소서."

_선조실록 선조 35년 5월 17일

그는 스스로 고립되는 것을 자처했고, 결국 역모자로 몰렸을 때 누구도
그를 위해 나서는 사람이 없었다.

이이첨과의 잘못된 만남

허균의 인생에 중요한 전환점을 맞는 사건이 있었다. 서자라는 이유로
벼슬길이 막혀 울분을 갖고 살아가던 일곱 젊은이들이 강도 행각을 벌이
다 붙잡힌 것이다. 당대의 권신權臣이던 이이첨은 영창대군의 외할아버지 김

제남金悌男이 그 서자들을 이용해 역모를 일으키려 했다고 거짓 자백을 만들어 뒤집어씌운다. 영창대군은 당시 8살의 어린아이였지만 선조의 적통 아들로서 서자 출신인 광해군에게 불안감을 주는 존재였기 때문이다. 결국 이이첨의 계략으로 김제남의 집안은 몰살당하고 영창대군까지 제거하는 빌미를 만든다. 이것이 바로 '계축옥사癸丑獄事[48]' 또는 '칠서지옥七庶之獄'이라고 불리는 사건이다.

허균은 그 역모 사건과 관련이 없었고 가담했다는 증거도 없었다. 하지만 평소 그 서자들과 가까이 지냈기 때문에 안 그래도 좁았던 그의 입지는 더 불안한 상태였다. 자신의 든든한 후원자였던 형 허성은 이미 세상을 떠난 후였기 때문에 허균은 이이첨을 찾아가 그와 손을 잡는다.

그 선택은 옳은 것처럼 보였다. 계축옥사의 불똥을 피했을 뿐만 아니라 이이첨의 후원으로 형조판서刑曹判書와 좌참찬左參贊[49]이라는 고위직까지 오르게 된 것이다. 허균은 이이첨의 소속 당파인 대북大北을 위해 적극적으로 행동대장을 자임하고, 결국 이이첨의 사주로 정치적 무리수까지 두게 된다. 바로 인목대비仁穆大의 폐비를 주장한 것이다.

인목대비 폐비 주장은 정말 민감한 문제였다. 의붓어머니이기는 하지만 왕인 광해군의 어머니를 폐위시키는 행위였기 때문이다. 결국 인목대비는 폐위를 당하고, 이를 반대하던 영의정 기자헌奇自獻[50]도 유배를 가게 된다.

---

48 광해군이 왕이 된 지 5년 되던 해인 1613년, 대북 세력이 영창대군永昌大君 및 반대파 세력을 제거하기 위하여 일으킨 옥사 사건을 말한다.

49 의정부에 속한 정2품 벼슬. 삼정승을 보좌하면서 국정에 참여하였다.

50 기자헌1562~1624은 선조가 광해군을 세자에서 폐하고 영창대군을 세자로 삼으려 했을 때 이를 강력하게 반대하였다. 광해군의 즉위에 공헌하였으나, 영의정이었을 때 폐모론이 제기되자 옳지 않다고 간언하다가 유배되었다. 인조반정에 가담하지 않았고 이괄李适의 난이 발생하자 처형당했다.

기자헌은 원래 허균과 정치적 동지였고, 그 아들 기준격奇俊格은 허균의 제자였으나 허균의 공격으로 아버지가 유배를 가자 격노한 기준격은 허균이 평소 역모를 꾸몄다는 탄핵을 한다. 거기에 허균과 가까이 지내던 곽영郭嶸도 그를 격렬히 비난하는 상소를 올리고, 언론기관인 사간원司諫院[51]과 사헌부司憲府[52]에서도 동일한 내용의 상소를 올린다. 허균의 평판이 얼마나 최악에 도달했는지 짐작이 된다.

"허균은 천지 사이의 한 괴물입니다. … 이런 죄명을 진 사람은 수레에 매달아 찢어 죽여도 시원치 않고 그 고기를 씹어 먹어도 분이 풀리지 않을 것인데… 나라 사람들이 모두 통분스럽게 여기고 있습니다."

_광해군일기, 광해 10년 4월 29일

이이첨의 편에 선 뒤 반대 세력 제거에 앞장섰던 허균은 결국 자신도 똑같이 정쟁의 희생물이 되었다. 첩인 추심이 고문 끝에 '허균이 역모를 꾸몄다'라고 증언하며 허균의 역모 혐의는 사실로 굳어지게 된다.

사실 영창대군의 죽음이나 인목대비의 폐위는 모두 이이첨이 주도하여 진행한 것이었고 이것에 대한 세간의 비난이 얼마나 거센지 그도 잘 알고 있었다. 때문에 자신의 죄상이 드러날 것이 두려웠던 이이첨은 허균에게 변론할 기회를 주지도 않고 광해군을 종용하여 그를 바로 처형해 버린다. 결

---

51 국왕에 대한 간쟁과 신료에 대한 탄핵업무를 맡은 언론기관이었으며, 대사간大司諫:정3품 1명, 사간司諫:종3품 1명, 헌납獻納:정5품 1명, 정언正言:정6품 2명으로 구성되었다.

52 감찰업무와 함께 사법권을 가지고 있었다. 대사헌大司憲:종2품 1명, 집의執義:종3품 1명, 장령掌令:정4품 2명, 지평持平:정5품 2명, 감찰監察:정6품 13명으로 구성되었다.

국 불안해진 입지 확보를 위해 이이첨과 손을 잡았던 그는 결국 이용만 당하다 목숨을 잃고 만다.

평판 관리에 주의하라

평판이란 조직 내에서 어떻게 인식되고 있는가의 문제다. 누군가 "구매과 김 과장 말이야, 그 사람 어때?"라고 물었을 때 "아, 그 김 과장? 싹싹하고 일도 참 잘하지!"라고 말한다면 그것이 김 과장의 평판이다. 평판은 평소에 함께 일하는 동료 사이에서만 만들어지는 것은 아니다. 업무적으로 딱 한 번 만난 사람이 "김 과장은 사람이 참 까칠하던데…"라는 평가를 할 수도 있다. 억울할지언정 그것 또한 김 과장에 대한 평판의 일부다.

다른 사람이 나에 대해 어떻게 생각할지 신경 써야 하는 것은 사실 별로 유쾌한 일은 아니다. 하지만 나에 대한 평가가 내려질 때는 업무 성과와 더불어 평판이 함께 반영된다. 내 노력에 대한 보상, 즉 월급과도 직결될 수 있다는 점에서 평판 관리는 결코 가볍게 볼 일이 아니다. 더 나아가 나의 직장 생활 수명에도 영향을 미치는 것이 바로 평판이다. 평판이 좋지 못한 직원은 상사나 동료들의 도움을 구하는 것이 쉽지 않다. 그만큼 조직 내에서 버티기 어려워진다는 말이다. 심지어 이직을 할 때도 평판 조회는 중요한 과정이다. 면접까지 다 합격했는데도 평판 조회에서 나쁜 평가를 받아 이직이 막히는 사례는 생각보다 흔하다.

허균의 몰락은 우리에게 많은 시사점을 준다. 우선 그는 섣부르게 이이첨과 손을 잡았다. 오늘날로 보면 잘나가는 상사에게 줄을 선 사내정치라고도 볼 수 있다. 처음에는 그 덕분에 고위직으로 승진하기도 했지만, 대북의 완전한 정권 장악을 위해 영창대군의 죽음과 인목대비의 폐위를 주도한 이이첨의 행동대장 노릇을 하다 결국 토사구팽 당하고 만다.

하지만 우리가 더 들여다봐야 할 것은 허균이 왜 앞뒤 재지도 않고 이이첨과 손을 잡을 수밖에 없는 상황이었는가 하는 점이다.

당시 허균의 평판은 최악으로 떨어져 있었다. 안하무인으로 행동하여 많은 신하들의 미움을 받았고 과거 시험 부정 사건에 휘말리기도 했다. 그 와중에 벌어진 계축옥사 사건은 그의 입지를 크게 불안하게 했다. 그가 역모에 가담했다는 증거는 없었지만 허균 스스로도 자신에 대한 평판을 알고 있었기에 조급한 마음이 들었다. 이이첨에게 손을 내밀 수밖에 없는 상황에 내몰린 것이다.

만약 허균이 좋은 평판을 유지하고, 여러 신하들의 신망을 받고 있었다면 그런 정치적 무리수를 둘 필요는 없었을지도 모른다. 정치적 위기에 몰렸을 때 오히려 많은 동료들이 그를 구하겠다고 나섰던 맹사성의 사례와 비교해 보아도 평판의 중요성은 아무리 강조해도 지나치지 않다.

그렇다면 평판 관리는 어떻게 해야 할까. 우선 자신에 대한 평판을 제대로 직시하는 것이 중요하다. 사람은 누구나 듣기 좋은 말만 듣고 싶어 하는 경향이 있다. 하지만 좋지 못한 평가를 듣더라도 최대한 감정을 배제한 채 있는 그대로 수용하는 자세가 필요하다. 특히 상사에게서 듣는 평가가 가장 냉정하고 정확할 수 있다. 쓴소리 듣는 것을 두려워하지 말고 귀담아 들어 그것을 고치는 자세가 중요하다.

좋은 평판을 가진 동료와 어울리는 것도 평판 관리를 잘하는 비결이다.

좋은 평판은 기본적으로 업무 실력과 올바른 태도에서 나온다. 그들의 행동을 관찰하면 업무 방식이나 대인관계 방법 등 칭찬받는 이유를 자연스럽게 배우게 된다.

무엇보다 좋은 평판을 유지하기 위해서는 사람에 대한 예의가 중요하다. 부하 직원이라고 함부로 대하거나 무시하는 행동은 반드시 주의해야 한다. 특히 폭언은 상사의 애정 어린 질책이 아니라 조직을 멍들게 하는 징계 사유일 뿐이다. 물론 부하 직원뿐만 아니라 상사나 동료에 대한 기본적인 예의를 지키는 것도 당연히 중요하다. 그들을 대하는 나의 작은 행동 하나가 곧 나의 평판을 만든다. 협력 업체나 거래처 직원에게도 주의해서 행동해야 한다는 것을 잊지 말자. 함부로 갑질 했다가 심지어 패가망신까지 당할 수 있다. 나의 부주의한 행동 하나로 나뿐만 아니라 내가 속한 조직의 평판까지 떨어트릴 수 있다는 것을 항상 경계해야 한다.

05

사내정치의 모범을 보이다,

신숙주

성명 : 신숙주申淑舟

출생 : 1417년, 전라도 나주

주요 경력 : 영의정, 좌의정, 우의정, 병조판서

주요 프로젝트 : 한글 창제 참여,《해동제국기海東諸國記》저술,

외교관계 정립, 여진족 토벌

추천인(직업) : 세종조선 4대 임금, 세조조선 7대 임금

한 줄 자기소개

– 저의 실력을 알아주는 상사를 만나, 많은 성과를 낼 수 있었습니다. 누군가는 제가 지나치게 사내정치에만 몰입한다고 비난합니다. 하지만 저는 결코 제 이익과 출세만을 위해 줄을 서거나, 상사에게 잘 보이려 한 적은 없습니다. 조직의 성장이라는 더 큰 목표를 위해 저를 인정해 주는 상사 밑에서 열심히 일한 것도 사내정치라고 한다면, 기꺼이 그리하는 인재가 되겠습니다.

변절의 대명사가 되었지만…

숙주는 녹두에서 싹을 내어 먹는 나물이다. 쉽게 상하는 특징이 마치 신숙주를 연상한다고 하여 숙주라는 이름이 붙었다. 역사는 신숙주를 변절자로 기억한다. 하지만 그가 남긴 업적을 볼 때 단순히 변절자라고 쉽게 단정 짓는 것에는 분명히 아쉬움이 남는다.

세조수양대군가 조카를 쫓아내고 왕위에 오른 쿠데타인 계유정난癸酉靖難 과정에서 유능한 신하들이 수없이 많이 죽고 입신양명만을 추구하는 훈구공신勳舊功臣[53]들이 그 빈자리를 채웠다. 하지만 그나마 정국이 큰 혼란을 겪지 않을 수 있었던 것은 신숙주처럼 유능한 신하가 세조를 보필하였기 때문이다.

신숙주는 선왕 세종의 절대적인 총애를 한 몸에 받은 인물이었다. 그럼에도 세종의 장손인 단종을 지키지 않고 세조 편에 섰던 선택으로 인해 배신자라는 모든 비난의 화살이 그에게 쏟아졌다. 하지만 그를 둘러싸고 있는 편견을 한 꺼풀 벗겨내고 나면 그의 삶에서도 분명히 배울 점이 보인다.

1417년태종 17년 전남 나주에서 태어난 신숙주는 21세 때 진사시進士試와 생원시生員試에 연달아 합격하고, 다시 문과에서도 뛰어난 성적으로 과거 급제한다.[54] 집현전 학사學士로 일하게 된 후에도 독서를 유달리 좋아하여 일

---

[53] 세조가 일으킨 계유정난에 참가한 공으로 공신이 된 정치집단으로, 주요 관직과 넓은 토지를 독점하여 강력한 기득권 세력이 되었다. 훈구파를 견제하기 위해 성종은 새로운 신진세력인 사림파를 등용하였다. 훈구파는 사화를 일으켜 사림파를 견제하고 축출하기도 하였으나, 결국 선조 때 자연스럽게 소멸된다.

[54] 문관이 되기 위한 과거 시험을 문과文科라 하였는데, 일반적으로 소과小科에 합격한 후 문과에 응시할 수 있었다. 소과는 진사시문예창작 능력 시험와 생원시유교경전 시험로 나뉜다. 진사시나 생원시에 합격하면 성균관에 입학할 자격이 주어졌고, 이것은 당대의 지식인으로 인정받는 것이었기 때문에 대단한 명예로 여겼다. 그 때문에 이 시험의 합

부러 동료를 대신해 숙직 맡을 것을 자처하며 책을 볼 정도였다. 하루는 책을 읽다 잠이 든 그를 세종이 보고는 곤룡포를 덮어주고 갔다는 일화도 전해진다.

그는 세종이 승하할 때까지 계속 집현전을 지키며 깊은 신임을 받았다. 27세 때는 병석에 누워있다가 몸이 회복된 지 얼마 지나지 않았음에도 세종의 명을 받아 일본 사절단의 서장관書狀官[55]으로 가게 된다. 서장관은 뛰어난 외교력과 문장력을 겸비한 자만이 선발되는 직위다. 세종이 신숙주의 능력을 얼마나 높게 평가하고 있었는지 단적으로 보여준다.

세종 때 가장 장래가 촉망되었던 젊은 인재를 단 두 사람만 꼽으라면 단연 신숙주와 성삼문成三問[56]이었다. 명나라에서 온 사신 예겸倪謙과 시문詩文 국가대항전이 벌어졌을 때 조선의 국가대표로 나선 것도 그 두 사람이었다. 신숙주의 압도적인 문장 실력을 접한 예겸은 중국의 뛰어난 시인인 굴원屈原을 신숙주와 비견할 정도로 감탄했다. 만약 신숙주가 세종의 치세 기간 동안 쭉 함께 할 수 있었다면, 신숙주와 성삼문은 황희와 맹사성 못지않은 명콤비로 기억되었을지도 모른다. 하지만 시대는 그에게 선택을 강요했고, 결국 절친이었던 성삼문과는 반대의 길을 걷게 된다.

격자들을 김 진사, 이 생원이라는 호칭으로 부르기도 했다. 진사와 생원을 다 합격하는 경우는 드물었으며, 신숙주가 두 시험을 연달아 합격한 것은 그가 매우 유능한 인재였음을 보여주는 사례다. 소과 합격 후 대과, 즉 문과 합격자 33명 안에 들면 비로소 관직을 시작할 수 있었다.

55 외국에 보내는 사신 가운데 기록을 맡아보던 직위로 외교실무를 담당하였다.

56 성삼문1418~1456은 세종 때 발탁되어 문명文名으로 이름이 높았다. 계유정난으로 수양대군이 단종에게서 왕위를 빼앗자, 단종 복위 운동을 계획하였다가 발각되어 처형당했다. 목숨을 바쳐 임금과의 의리를 지킨 사육신死六臣 중 한 명이다.

그에게도 나름의 명분은 있었다

세종의 후계자로 문종이 재위에 오른 뒤 2년 만에 승하昇遐하고, 어린 임금 단종이 보위에 오른다. 단종은 그를 지켜줄 할머니나 어머니도 이미 사망하고 없었기에 수렴청정垂簾聽政도 할 수 없는 상황이었다. 이에 단종을 보필하는 김종서 등 신하들이 막강한 권력을 휘두르게 되자 왕족들은 불만을 갖게 된다. 다시 권력투쟁의 싹이 트기 시작한 것이다.

세종의 둘째 아들이었던 수양대군首陽大君은 스스로 왕이 되겠다는 야심을 품었다. 사실 유교적 전통에 따르면 그에게 왕이 될 명분은 없었다. 고려 말기처럼 시대가 매우 어지러워 백성들의 삶이 크게 피폐해진 것도 아니었고, 무엇보다 단종에게는 분명한 왕권의 정통성이 있었다. 명분이 전혀 없다면 아무리 힘이 있어도 쿠데타는 일으키기 어렵다. 비록 성공한다 해도 그때만 잠시 힘으로 억누를 뿐, 곧 큰 반발에 부딪쳐 다시 쫓겨날 가능성이 크다. 후세의 평가는 어떨지 몰라도 어쨌든 수양대군의 쿠데타는 성공했다. 그 이유는 무엇일까?

사실 이웃 명나라에서도 비슷한 사건이 50여 년 전에 발생한 적이 있었다. 바로 숙부 영락제永乐帝가 반란을 일으켜 조카 건문제建文帝를 내쫓고 스스로 황제가 된 정난靖難의 변變이다. 성리학 종주국인 명나라가 이미 선례를 직접 남겼던 것이다. 수양대군의 쿠데타를 계유정난癸酉靖難이라 부르는데 정난이라는 명칭을 여기에서 가져왔다. 그는 명나라의 사례를 벤치마킹하여 스스로의 명분으로 삼았던 것이다.

또한 단종을 보필하는 유신遺臣 김종서, 황보인 등의 권력남용으로부터 왕권을 지킨다는 명분도 내세웠다. 대표적인 사례가 황표정사黃標政事다. 김종서가 낙점한 인물에 황색 표시를 해서 임명해 줄 것을 요청하면 단종은 그대로 따를 수밖에 없었다. 왕의 고유권한인 인사권을 침범하고 막강한 권력을 휘두른 것이다. 특히 김종서가 자신의 아들들을 고속 승진시킨 것도 강력해진 신권에 부정적인 인상을 더 심하게 심어준 요인이었다.

쿠데타의 명분은 권신에게 위협받는 왕권을 바로 잡겠다는 것이었다. 신숙주는 세종, 문종 등 선왕과 맺었던 군신의 의리를 저버린 채 수양대군의 쿠데타를 도왔고 더 나아가 단종의 죽음까지 관여했다. 이에 변절자라는 후대의 비판을 피해가기는 어렵다. 다만 그는 뛰어난 외교관, 행정가이자 왕권주의자이며, 현실주의자이기도 했다. 당시 국제정세를 관찰하여 명나라에서 비슷한 사건이 있었다는 점을 목도하였고, 또한 왕권주의자로서 권신들의 권력남용을 부정적으로 바라보았다. 즉 세상이 어떻게 돌아가고 있는지 면밀하게 관찰하고, 자신 나름대로의 최선책을 선택한 것이다.

수양대군에 협조하기로 결정한 신숙주와 달리, 그의 절친 성삼문은 끝까지 단종을 지키기로 결심한다. 결국 신숙주는 영의정까지 오르며 잘나가는 직장인으로 승승장구하다 천수를 누리고 죽었지만 성삼문은 세조에 의해 강제 폐된 단종을 복위하려다 실패하여 지독한 고문 끝에 능지처참당한다. 이로써 후세는 신숙주를 변절의 대명사로 낙인찍었고, 성삼문은 충신忠臣의 대명사로 추앙하였다. 누가 역사의 승리자이고, 패배자인지 쉽사리 단정할 수는 없다. 분명한 것은 신숙주도, 성삼문도 나름의 판단과 결정에 따라 스스로 옳다고 믿은 길을 용기 있게 걸어갔다는 점이다.

수양대군의 라인에 서다

쿠데타를 결심한 수양대군은 자신을 도와줄 인재들을 찾게 된다. 그중 눈에 들어온 이가 바로 신숙주였다. 하루는 수양대군이 자신의 집 앞에서 손님과 이야기를 나누고 있었는데 마침 신숙주가 그 앞을 지나게 되었다.

"이보게, 숙주! 우리 집 앞을 어떻게 그냥 지나가는 건가? 얼른 들어와서 나랑 술이나 한 잔 하고 가세. 마침 명나라에서 가져온 좋은 술 한 병이 있는데, 오늘이 개시할 날이구만."

수양대군은 넉살 좋게 신숙주의 손을 잡아끌면서 집 안으로 들어갔다. 수양대군은 예전부터 신숙주를 마음에 두고 있었다. 일찍이 아버지인 세종이 '국사國事를 맡길 만한 인물'이라고 크게 칭찬할 만큼 그의 실력은 이미 널리 알려진 터였다. 검증된 인재인 신숙주를 자신의 수하로 영입하고 싶었던 수양대군은 슬쩍 농담하는 척 자신의 마음을 보인다.

"우리 예전부터 친하게 지내던 죽마고우竹馬故友 아닌가? 이런저런 세상 돌아가는 이야기도 많이 나누고 싶었는데 말이야. 사람 목숨이 중하기는 해도 사직을 위해 아까워해서는 안 되지."

사직, 즉 국가를 위해 목숨을 아까워하면 안 된다는 지극히 당연한 말로 포장했지만 그것은 수양대군 자신의 사직을 말하는 것이었다. 이렇게 쿠데타 의도를 슬쩍 드러내며 마음을 떠보는 것을 눈치챈 신숙주는 웃으며 대답했다.

"사내대장부가 편안하게 부인의 품에 안겨서 죽는다면 그거야 말로 세상 물정 모르는 것在家不知 아니겠습니까?"

신숙주의 화답에 기분이 좋아진 수양대군은 즉시 자신과 함께 명나라 외교 사절단으로 떠나자고 제안한다. 신숙주가 수양대군의 라인에 들어가며 본격적인 사내정치를 시작하게 되는 순간이었다.

조선시대 때 해외 사절단으로 간다는 것은 지금처럼 비행기를 타고 날아가서 서명하고 사진 찍고 하루 이틀 만에 오는 과정이 아니다. 수백 명의 인파들이 함께 왕복으로 몇 달이나 걸리는 길을 행군해서 가야하며, 길 위에 천막을 치고 함께 노숙해야 하는 고생길인 것이다. 함께 고락을 나누는 과정을 통해 두 사람은 더 강한 유대를 갖게 되었고 신숙주는 확실하게 수양대군의 줄에 서게 된다.

신숙주는 수양대군이 먼저 나서서 인재영입을 한 케이스였다. 아마 신숙주는 김종서 등 권신들의 권력남용에 염증을 느끼던 중에 대세가 수양대군에게 올 것을 느낀 것 같다. 수양대군과 나눈 대화 중 사용한 말, 재가부지在家不知에서 그의 확신이 읽힌다. 그는 수양대군의 영입 제안이 왔을 때 망설이지 않고 즉시 그의 손을 잡게 된다.

사내 정치의 첫 단계, 줄서기

정치적 암투는 여의도에만 있는 것이 아니다. 직원 수가 수만 명에 달하는 대기업부터 몇 명 안팎으로 구성된 벤처기업까지 대부분의 직장에는 사내정치가 존재한다. 어느 조직이나 성과에 따른 보상이 차등화되어 있고, 그 보상에 대한 의사결정권이 소수에게만 주어진다면 사내정치는 부득이 생길 수밖에 없다. 이른바 '자원의 유한성' 때문이다. 누구나 똑같이 임원이 되고, 똑같은 연봉을 받는다면 사내정치가 생길 이유도 없을 것이다. 조직 내에서 경쟁은 반드시 존재하며 그 경쟁에서 이기기 위한 수단으로 사내정치가 활용되는 것이다.

상사는 궁극적으로 성공적인 조직 내 입지를 유지하기 위해 성과를 보여주어야만 한다. 그리고 그것을 뒷받침하기 위해 자신과 함께 호흡을 맞출 유능한 인재를 확보하고 싶어 한다. 이 과정에서 소위 줄서기가 시작되는데 그 양상은 다양하다.

분명한 사실은 신숙주처럼 평소 실력을 인정받는다면 많은 상사들이 함께 일하고 싶어 한다는 점이다. 그것은 다른 조직의 잘나가는 임원으로부터 오는 제안일 수도 있고, 타 회사의 스카우트 제의일 수도 있다. 실무자의 입장에서도 나의 실력을 뒷받침해 주고, 지지해 줄 좋은 상사 밑에서 일하는 기회를 갖는 것은 결코 나쁜 일이 아니다.

직장 내 줄서기가 피할 수 없다고 판단되면 어떻게 줄을 설지가 중요하다. 어떻게든 줄을 대보려고 이리저리 애쓰는 직원보다, 신숙주처럼 평소의 검증된 실력으로 상사가 먼저 손을 내밀게 만드는 직원이 되어야 한다.

또 한 명의 수양대군 라인이었던 한명회韓明澮[57]는 적극적으로 사내정치에 올인했던 인물이다. 그는 본인의 실력을 증명하기 위해 살생부를 만들고 많은 피를 손에 묻혀야만 했다. 결과적으로는 출세하여 인생역전에 성공했

---

[57] 한명회(1415~1487)는 궁궐 문지기라는 말단직에 있었지만, 친구인 권람의 추천으로 수양대군의 책사가 된다. 계유정난을 설계하고 수양대군이 왕위에 오르는 데 결정적인 역할을 하여 1등 공신이 되었고 이 과정에서 살생부를 만들어 무자비한 숙청을 자행하였다. 이후 성삼문 등 사육신이 계획한 단종 복위 운동을 좌절시키며 뛰어난 권모술수의 대가로 여겨졌지만, 동시에 간신이라는 불명예도 함께 얻게 되었다. 세조 다음으로 즉위한 예종과 성종의 장인으로서, 연속으로 왕의 장인이 된 사례는 조선사에서 전무후무하다. 그만큼 그의 권력욕은 매우 강하였으며, 부귀영화를 크게 누리다 세상을 떠났다.

지만 이 때문에 그는 후대에 간신으로 이름을 남겼다. 반대로 신숙주는 계유정난에 직접 참여하지 않고도 존재감만으로 세조의 든든한 후원자가 되어 공신 목록에 이름을 올렸다. 신숙주에 대해 변절자라는 비난은 있어도 누구도 간신이라고 말하지는 않는다. 이것이 한명회와의 가장 큰 차이점이다. 아무리 정글 같은 직장에서 사내정치를 피할 수는 없다 하더라도 남을 짓밟으면서까지 실력을 발휘하는 방법은 피해야 한다.

신숙주와 달리 자신의 성장을 뒷받침해 줄 상사를 만나지 못해 인생의 희비가 엇갈린 역사적 인물도 있다. 당시 수양대군과 함께 권력투쟁을 벌인 인물 중 한 명이 동생 안평대군安平大君[58]인데 그의 책사로 활동한 이현로李賢老라는 인물이 있었다. 수양대군이 명나라 사신으로 가겠다고 자처했던 것은 자기 입지를 확고히 하고 자신을 지지해 줄 명나라 인맥을 만들어 놓기 위해서였다. 뒤늦게 수양대군의 전략을 눈치챈 이현로는 명나라로 갈 사신을 안평대군으로 바꾸고자 로비를 벌였으나 성공하지 못했다. 이후 안평대군에게 김종서와 손을 잡도록 조언하여 수양대군을 견제했지만 끝내 쿠데타를 막지 못했으며 처형당하고 말았다.

사내정치를 굳이 하지 않고도 나의 성과를 정당하게 보상받을 수 있다면 가장 좋겠다. 하지만 현실적으로 어쩔 수 없이 해야 하는 사내정치이고 줄서기라면 신숙주처럼 해야 한다. 사내정치에도 그 근본에는 자신의 실력이 우선되어야 하고, 그것을 받쳐줄 좋은 상사를 만나는 것이 직장에서는

---

58 안평대군 이용李瑢(1418~1453)은 세종의 셋째 아들로 태어났다. 서예·시문·그림·가야금에 능하였다. 황보인, 김종서 등 문신과 친밀한 관계를 유지하였으며, 둘째 형인 수양대군과는 정치적 대립 관계에 있었다. 계유정난이 발생하자 유배를 간 뒤 처형되었다.

매우 중요하다.

그에게도 인간미는 있었다

차가운 변절자의 이미지로 가려지기는 했지만 사실 신숙주는 인간미가 있어 대인관계도 원만했던 인물이다. 계유정난으로 각자의 길을 가게 되기 전까지는 성삼문과 뜨거운 동료애를 나누었고, 수양대군의 숙적이 되는 안평대군과도 교류하며 좋은 관계를 유지하고 있었다. 심지어 훗날 훈구공신의 반대파가 되는 사림파士林派 리더 김종직金宗直[59]에게도 칭찬받을 정도였다. 조선왕조실록에 기록된 일화가 그의 인간미를 보여준다.

"이조吏曹에서 신숙주를 제집사祭執事에 임명하였는데, 관원이 잊어버리고 첩牒을 주지 아니하였다. 이로 인하여 일을 궐하게 되었으므로, 헌부憲府에서 이를 탄핵하여 관원이 죄를 얻어 파역罷役을 당하게 되었다. 신숙주가 이를 민망히 여기어 곧 스스로 거짓 복죄服罪하여 이르기를, '관원은 실제로 첩牒을 전했지마는 내가 스스로 나아가지 아니하였다'라고 하였다. 이로 말미암아 관원은 온전할 수 있었으나 신숙주는 파면되었으므로, 사람들이 그의 후덕厚德함을 추앙하였다."

_성종실록 성종 6년 6월 21일

---

59 김종직1431~1492은 조선 성종 때 문신이다. 훈구공신을 견제하고자 한 성종에 의해 등용되었으며, 조선 초 성리학 대학자로 평가된다. 도학정치道學政治를 펼치기 위해 급진개혁을 요구하였으므로, 훈구파와 대립 관계에 있었다. 세조를 비판하고 단종을 애도하며 썼던 〈조의제문弔義帝文〉이 그의 사후에 문제가 되어 조선시대 최초의 사화인 무오사화가 발생하였다.

또, 같은 조선왕조실록 기록에는 이런 이야기도 전해진다. 일본에서 사신 일정을 마치고 돌아오는 배 위에서 태풍을 만났을 때 일이다. 배에는 임신한 여성이 함께 타고 있었는데, 두려움으로 공황 상태에 빠진 사람들은 말도 안 되는 미신을 들먹거리기 시작했다.

"바다 한가운데에서 태풍이라니, 이대로 가다가는 우리 모두 물귀신이 되고 말겠어!"

"분명히 임신한 여자가 배에 타고 있어서 용왕님이 노하신 것이 틀림없습니다. 용왕님이 화를 가라앉히시도록 저 여자를 제물로 던져버립시다!"

여성이 바들바들 떨고 있을 때 신숙주가 막아서며 말했다.

"내가 살겠다고 남을 죽이는 행위는 절대로 옳지 않습니다! 저 여자의 털끝 하나라도 건드리지 마시오!"

다행히 풍랑은 곧 가라앉았고 일행은 모두 무사히 도착할 수 있었다. 이 일화들은 신숙주의 평소 성품이 어떠했는지 엿보게 해준다.

시간이 흘러 수양대군이 쿠데타에 성공하여 단종을 끌어내리고 스스로 임금이 되었을 때다. 성삼문은 폐위된 단종의 복위를 추진하고 있었는데 그 계획을 신숙주에게도 전하며 동참을 요청하였다. 이미 신숙주가 수양대군의 라인을 탄 뒤였지만 그만큼 그들은 본래 서로를 믿고 의지하는 사이였기에 성삼문은 신숙주가 여전히 믿을 만한 동료라고 보았다.

"숙주, 무엇이 옳은 길인지 다시 한번 숙고해 보게. 이대로 우리 임금의 은혜를 저버리고 저승에 간다면 어떻게 지하에서 세종대왕의 용안을 뵐 것이란 말인가!"

"삼문, 미안하네. 현실적으로 폐위된 임금을 다시 복위하는 것은 불가능하다고 생각하네. 난 이미 이 길을 가기로 결심했으니 이대로 내 선택을 존중해 주게나. 오늘 나에게 찾아와 한 말을 못 들은 것으로 하겠네."

신숙주는 현실적으로 어렵다 하여 단종 복위에 참여하는 것은 거절했지만 성삼문의 계획을 고발하지는 않았다. 나중에 김질金礩이라는 또 다른 주모자가 변절하여 밀고하는 바람에 계획이 탄로나 결국 성삼문을 비롯한 사육신은 처절한 죽음을 맞고 만다. 이때 많은 이들은 신숙주가 밀고한 것이라 오해하고 욕하였지만 그는 굳이 나서서 해명하지 않았다. 아마 옛 동료에 대한 최소한의 미안함과 부채 의식 때문이었으리라.

사내정치에 앞서 동료의 신뢰를 얻어라

사내정치라는 단어에는 부정적 뉘앙스가 담겨있다. 실력과 상관없이 학연, 지연 등으로 파벌을 형성하여 불공정한 기회가 주어지고 결국 누군가에게는 피해를 준다는 인식 때문이다. 공공연하게 사내정치가 이루어지는 회사에서는 성과를 인정받지 못하는 원인을 자신의 실력이 아닌 사내정치 탓으로 돌리게 된다. 일단 조직과 시스템에 대한 믿음이 깨지면 회사에도 부정적인 영향을 주지만 그 부당한 수혜자로 보이는 개인에 대해서도 좋은 감정을 품을 수가 없다.

사내정치는 필요악이고 양면의 칼이다. 적절히 사용한다면 조직에서 살아남기 위한 현실적인 수단이 된다. 하지만 잘못 사용하면 윗사람에게 아부나 일삼는 아첨꾼 따위의 이미지를 만들어 오히려 나를 다치게 하는 칼이 될 수도 있다. 사내정치를 하되 동시에 사내정치로부터 나를 보호하는 지혜도 함께 필요한 이유다.

사내정치가 있는 회사에서 나를 보호하는 가장 좋은 방법은 동료들의 신뢰를 얻는 것이다. 업무적으로나 사적으로 기회가 있을 때마다 내가 성실하고 믿을 만한 사람이라는 것을 보여주어야 한다. 나를 신뢰하는 동료들이 있다면 그들은 나를 보호해 주는 든든한 보호막이 될 수 있다. 사내정치로 인해 누군가의 공격을 받더라도 그 동료의 도움을 얻을 수도 있다.

신숙주는 사내정치가 필요한 순간에 그것을 피하지 않았다. 하지만 오로지 사내정치에만 골몰했던 인물은 아니다. 자신의 출세와 성공만을 위한 수단으로 사내정치를 추구하지 않았던 것이다. 오히려 동료의 신뢰를 얻고 원만한 관계를 유지하는 것에 더 큰 관심을 가졌다.

나란히 공신이 되었던 신숙주와 한명회는 서로 라이벌이 될 수도 있는 관계였다. 서로 권력투쟁으로서 사내정치에 올인했다면 누군가 한 명은 반드시 숙청되었을 것이다. 상대적으로 권모술수가 부족했던 신숙주가 숙청되었을 가능성이 더 크다. 하지만 사내정치보다 동료와의 관계를 더 중시했던 신숙주였기에, 한명회는 그를 경계하지 않았다. 오히려 신숙주가 위기에 몰렸을 때 한명회의 도움을 받은 일화도 있다.

세조는 종종 신하들과 술자리를 하며 장난치는 것을 즐기고는 했다. 하루는 신숙주와 거나하게 술을 마시던 세조가 취하여 장난기가 발동했다. 대뜸 신숙주의 팔을 잡더니 비틀어버린 것이다. 그리고는 그에게 호기롭게 말했다.

"하하, 경의 표정이 참으로 재미있구료. 이번에는 경이 나한테 똑같이 한 번 해보시오."

"신이 어찌 감히 전하께 불경을 저지른다는 말입니까?"

"재미로 하는 일 아니오. 책망하지 않을 터이니 한번 내 팔도 아까처럼 꺾어보시오."

신숙주도 취기가 잔뜩 올라 있었기에 순간 이성의 끈을 놓고 말았다. 세조의 팔을 잡고는 정말로 확 꺾어버린 것이다. 너무 세게 비틀어서 세조가 비명을 지를 정도였다.

"전하, 죽여주시옵소서. 신이 술에 취하여 저도 모르게 불경을 저질렀습니다."

자신이 제안한 장난 때문에 벌어진 일로 화를 낼 수 없었던 세조는 술자리가 파하고 난 뒤 조용히 내시를 불렀다. 신숙주가 술김이 아니라, 진심으로 자신을 능멸한 것은 아닌지 의심을 거둘 수 없었기 때문이었다.

"조용히 신숙주 대감의 집에 가서 그가 정말 술에 취한 것인지 보고 오너라."

신숙주의 집에 다녀온 내시는 그가 술에 취해 깊은 잠에 곯아떨어져 있다고 보고했다.

"그렇지. 신 대감과 같은 충신이 감히 나를 능멸할 리는 없지."

세조에게 있어서 왕의 권위는 털끝도 건드리면 안 되는 것이었다. 자칫 왕을 능멸하는 것으로 여겨졌다면 어떤 처벌도 그를 피해가지 못했을 것인데 신숙주는 아무 일 없이 넘어갈 수 있었다.

사실 신숙주는 한명회의 도움으로 목숨을 건진 것이나 다름없었다. 함께 술자리에 있었던 한명회는 신숙주가 세조의 팔을 꺾자 세조가 정색하는 모습을 보았다. 신숙주가 곤경에 처할 수도 있겠다는 것을 직감한 그는 신숙주의 하인을 불렀다.

"오늘 신 대감이 집에 들어가기 전에 침실에 있는 촛대들을 다 치워버리도록 하거라."

평소 잠들기 전에는 무조건 책을 읽는 습관이 있던 신숙주는 평소 버릇처럼 책을 읽기 위해 불을 켜려고 했다. 하지만 아무리 찾아도 촛대는 보이지 않았고, 술에 취해 몸이 힘들었던 그는 책 읽기를 포기하고 잠에 들었다. 그때 마침 세조가 보낸 내시가 와서 그가 술에 취해 잠든 것을 확인하고 돌아갔던 것이다. 신숙주는 한명회의 눈썰미와 기지로 위기에서 벗어날 수 있었다. 신숙주와 한명회가 평소 서로 신뢰를 갖지 못했다면 이처럼 한명회가 신숙주에게 도움을 주는 일은 없었을 것이다. 오히려 권력투쟁에 걸림돌이 되는 상대를 숙청할 좋은 기회로 삼았을지도 모른다.

'좋은' 사내정치를 하라

신숙주는 대세인 수양대군에게 줄을 서고 다른 공신들과도 원만한 관계를 유지하며 훗날 영의정까지 올랐다. '이시애李施愛의 난[60]때 반란군 수장인 이시애의 모함으로 잠깐 투옥된 적이 있었지만 그 외에는 한 번도 모

---

60 함경도 지방호족이었던 이시애는 중앙의 통제가 강화되자 이에 불만을 품고 반란을 일으켰다. 조정에서 파견한 함경도 절제사 강효문을 죽이고 군사를 일으켰는데, 강효문이 신숙주, 한명회와 결탁하여 모반을 도모하였기 때문에 이것을 막기 위해서였다는 거짓 명분을 내세웠다. 신숙주와 한명회 또한 역모자로 지목되었기에 잠시 투옥되었다가 진상이 밝혀진 후 풀려나고, 이시애의 난은 4개월 만에 평정된다.

함을 받거나 귀양을 간 일이 없었다. 그의 철저한 자기관리 능력을 보여주는 대목이다.

그는 사내정치를 통해 권력을 획득했지만 그것에 매몰되지 않았다. 신하로서 해야 할 일을 묵묵히 수행하였고, 세조와 성종이 치적을 쌓을 수 있도록 힘써 도왔다. 덕분에 조선은 큰 혼란을 겪지 않고 기틀을 다져나갈 수 있었다. 함경도 일대의 여진족을 직접 정벌하고 돌아오기도 했으며, 상업의 중요성을 인지하여 화폐유통과 시장의 진흥을 주장하기도 하였다. 《국조보감國朝寶鑑》등 후대를 위한 기록물을 많이 남겼으며, 특히 《해동제국기海東諸國記》[61]를 집필하여 일본과의 외교정책을 정립하기도 했다. 그는 변절자라는 비난에 연연하지 않고 다만 좋은 정치를 펴고자 노력했다.

사내정치에도 좋은 사내정치가 있고 나쁜 사내정치가 있다. 나쁜 사내정치는 명백하다. 자신의 출세를 위해 그것이 옳든 옳지 않든 수단을 가리지 않으며, 다른 동료나 조직을 희생시키는 데 주저하지 않는다. 당장은 잘나갈지 모르지만 그 말로는 대부분 좋지 못하다. 그 대표적인 사례가 유자광柳子光[62]이다.

유자광은 자신의 옛 상사였던 남이南怡를 역모자로 고변告變하여 일등공신이 된다. 연산군 때는 무오사화戊午士禍[63]를 일으켜 수많은 사람을 죽음

<hr />

61 신숙주는 외교 분야에 뛰어난 업적을 많이 남겼다. 특히 그의 견문과 지식을 바탕으로 일본의 정치·외교·풍속·지리 등을 종합적으로 정리하여 남긴 해동제국기는 일본과의 외교관계에 있어 지침서가 되었다.

62 유자광1439~1512은 서자로 태어나 차별을 받았으나, 이시애의 난에 참여해 공을 세워 세조의 신임을 받았다. 남이를 역모로 고변한 공으로 공신이 되고 확고한 출세의 길을 걷는다. 무오사화를 일으키고 중종반정에 참여하는 등 철저히 출세지향적인 삶을 살았지만 결국 무오사화와 기묘사화의 원흉으로 지목되어 유배를 당하고, 그곳에서 세상을 떠났다.

63 1498년연산군 4년에 발생한 최초의 사화로 사관史官이었던 김일손金馹孫이 쓴 사초史草가 발단이 되어 발생하였다. 김일손의 스승 김종직이 생전에 썼던 〈조의제문〉이 사초에 삽입되었는데, 연산군은 그 내용이 세조를 비방한 것

으로 몰아넣었고, 갑자사화甲子士禍[64]에서도 신하들 숙청에 앞장서서 활약한다. 중종반정中宗反正이 일어나자 이번에는 그쪽에 붙어 반정공신이 되었다.

나중에 공신들의 지나친 특혜가 문제로 불거지자 그 첫 번째 공격대상으로 유자광이 지목된다. 다른 반정공신들은 자신들의 권력 보호를 위해 유자광이 대표 간신으로 낙인찍혀 유배가는 것을 방관했고, 유자광이 본보기로 처형된 덕에 공신들에 대한 공격은 잦아들었다. 사내정치로 흥한 자, 사내정치로 망한 대표적인 사례라 하겠다.

사내정치는 근본적으로 '자원의 유한성' 때문에 발생한다. 누군가가 승진하면 누군가는 누락된다. 올라갈 수 있는 자리는 한정되어 있기 때문이다. 경쟁이 필수인 조직에서 좋은 사내정치를 한다는 것은 말처럼 쉬운 일이 아니다. 그럼에도 최소한 남을 짓밟아 출세하겠다는 나쁜 사내정치는 멀리 해야 한다. 또 사내정치 자체를 목적으로 삼는 것도 경계해야 한다. 대신 사내정치가 갖는 순기능을 찾아 극대화하는 방향으로 가야 한다. 유능한 상사 밑에 뛰어난 직원들이 모이고, 그들이 회사의 발전에 기여하는 형태가 된다면 분명히 사내정치에도 긍정적인 측면은 있다.

실력 있는 직원이 실력 있는 상사 밑에서 잘 성장하여 회사 발전에 기여하도록 하는 것이 좋은 사내정치다. 결국 성공적인 사내정치를 하기 위해서

이라 여겼다. 그와 관련된 수많은 사림파들이 죽임을 당하거나 유배를 갔고, 김종직은 부관참시剖棺斬屍를 당하였다.

64 1504년연산군 10년 연산군은 자신의 친모인 폐비 윤씨가 사약을 받고 죽은 사건과 관련되었던 많은 선비를 죽음으로 몰아넣었다. 연산군의 계속된 실정과 공포정치는 결국 연산군을 폐위시키고 성종의 둘째 아들인 진성대군晉城大君을 왕으로 옹립한 중종반정으로 이어진다.

는 자신의 실력이 먼저 밑바탕 되어야 한다. 너무 거창하고 어려운 말로 들리는가?

그렇지 않다. 작은 것부터 시작하면 된다. 당장 내일부터라도 출근하면서 먼저 인사를 건네고, 다른 팀 사람에게도 웃는 얼굴로 안부를 물어보자. 사내정치는 상대방을 기분 좋게 해주는 작은 행동에서 시작된다. 그런 사소한 것부터 나의 실력이 되고 좋은 평판의 출발점이 되는 것이다.

신숙주를 성공적인 사내정치의 모델로 평가할 수 있는 것은 적절한 타이밍에 수양대군과 손을 잡아 사내정치를 아주 외면하지 않으면서도, 사내정치에만 몰두하지 않았다는 점이다. 그는 단지 조선의 신하로서 해야 할 일을 하는 것이 최우선이었다. 그리고 자신의 사리사욕이 아니라 국가를 위해 자신의 실력을 제대로 발휘하였다. 이것이 그가 끝까지 살아남았던 비결이다.

신숙주처럼 사내정치하라!

신숙주는 변절자라는 비난을 받으면서도 자신이 택한 세조의 치하에서 조선을 위해 일하는 길을 택했다. 성삼문은 충신이라는 호칭을 얻는 대신 조선을 위해 일할 수 있는 기회를 스스로 거절하였다.

누가 더 옳다고 말할 수 있을까? 단지 그들은 자신의 생각대로 옳다고 믿는 길을 걸었을 뿐이다. 평가는 이들을 보는 사람 각자의 기준에 따라 달라질 것이다. 현실 앞에서 사내정치를 인정했던 신숙주의 길과 그것을 거부하고 오로지 정의와 원칙을 고수했던 성삼문의 길이 있다. 어느 길이 직장인으로서 나에게 더 유익할지 판단하는 것은 오로지 나의 몫이다.

사람이 모이고 네트워크가 형성되는 한 사내정치는 피할 수 없는 숙명과 같다. 상사는 뛰어난 부하 직원을 곁에 두고 싶어 하고, 부하 직원도 유능한 상사 밑에서 실력을 마음껏 발휘하기 원한다. 자연스럽게 긍정적인 관점에서의 줄서기가 형성되는 것이다.

신숙주는 **자신의 실력을 뒷받침해줄 유능한 상사의 영입제안을 받았다.** 평소 그가 보여주었던 실력과 평판이 있었기 때문이다. 그는 대세를 이해하고 수양대군과 손잡는 것을 주저하지 않았다. 현실주의자였던 그는 변절자라는 세간의 비난도 크게 개의치 않았다.

하지만 그는 사내정치를 적절히 활용하되, 지나치게 그것에만 몰두하지도 않았다. 자신의 사리사욕과 권력욕에 매몰되지 않고 **동료들의 신뢰를 얻는 것에 보다 더 노력했다.** 권력투쟁의 경쟁자가 될 수도 있었던 한명회와 좋은 관계를 유지한 덕분에 그의 도움으로 위기에서 벗어난 것이 단적인 사례다.

신숙주는 **사내정치 그 자체를 목적으로 삼지 않았다.** 다만 좋은 정치를 펼치기 위한 수단으로 여겼다. 그에게 사내정치란 그의 실력을 마음껏 발휘하고, 유능한 관료로서 인정받는 수단이었을 뿐이다. 적당히 이용하고 절제할 줄 아는 그의 사내정치 기술은 별다른 위기 없이 직장에서 롱런할 수 있는 기반이 되었다.

많은 직장인들이 사내정치 때문에 스트레스를 받는다. 사내정치에 능숙한 사람이 있는가 하면 그게 너무 어려운 사람도 있다. 하지만 사내정치는 단순히 보면 상사의 주목을 받는 것이다. 그것이 학연이나 지연으로 인해 맺어지는 관계라면 어쩔 수 없다. 요즘 시대에도 그런 것으로 파벌을 만들고 차별하는 상사라면 배울 게 없는 상사로 여기고 초연하게 대처하자. 다만 존경스럽고 배울 만한 상사가 있다면 그의 인정을 받고자 최대한 노력해야 한다. 긍정적인 사내정치는 유능한 상사와 뛰어난 부하 직원이 만날 때 최고의 시너지 효과를 보인다. 인사를 잘하는 기본적인 태도부터 완벽한 보고서를 작성하는 최고의 실력까지 자신의 능력을 최대한 발휘해야 한다. 사내정치는 궁극적으로 비즈니스가 되어 서로 윈윈WIN-WIN하는 방향으로 가야 한다. 더 나아가 회사의 발전에도 기여할 수 있어야 한다.

직장인 신숙주에게 배운다!

1. 존경할 만한 상사, 배울 만한 상사가 있다면 그에게 인정을 받도록 노력해 보자. 실력과 태도 모두 중요한 요소이다.
2. 동료들의 신뢰를 얻을 수 있는 나만의 방법을 생각해 보자.
3. 긍정적인 사내정치는 상사와 동료를 기분 좋게 해주는 작은 행동에서부터 출발한다. 웃는 얼굴로 인사하기, 칭찬하기 등 무엇이든 좋다. 내일부터 실천할 수 있는 행동을 구체적으로 적어보자.

정인홍

묻지 마 충성의 결말

행동하는 지식인의 표본, 정인홍

강직하고 청렴결백한 성품으로 많은 존경을 받으며 후세에 이름을 남길 수도 있었던 인물이 있다. 출세에 연연하지 않아 수많은 관직 제수도 대부분은 정중히 사양하며 거절했고, 임진왜란이 일어났을 때는 직접 의병을 일으켜 왜군을 물리치는 데도 앞장섰다. 그러나 광해군의 절대적인 총애를 받았음에도, 인조반정仁祖反正[65]이 일어나자 반정세력에 의해 89세의 나이로 참수당한다. 북인의 영수領袖로서 격렬한 정쟁의 한가운데에 섰던 인물, 정인홍鄭仁弘[66]에 대한 이야기다.

당시에는 80세가 넘거나 정승을 지냈던 사람은 참수하지 않는다는 암묵적 규칙이 있었다. 그럼에도 참수를 당했다는 것은 그만큼 반대세력의 미

---

[65] 1623년광해군 15년 서인 일파가 광해군과 집권세력인 대북을 몰아내고 능양군綾陽君인 인조를 즉위시킨 정변이다. '반정'이라는 말은 '옳은 것으로 돌아간다'는 의미를 가지고 있다.

[66] 정인홍1535~1623은 북인의 사상적 뿌리인 조식의 수제자이자, 임진왜란 때 의병장으로 명성이 높았던 인물이었다. 광해군의 입지가 흔들릴 때도 그를 지지하는 북인의 영수로서 한결같은 충성심을 보였으나, 반대세력인 서인에 의해 인조반정이 일어나자 사형을 당한다.

움을 한 몸에 받고 있었다는 뜻이다. 한때 행동하는 지식인의 표본이었던 그가 어쩌다 그런 상황까지 내몰린 것일까?

당대의 대표 재야 지식인 조식曺植[67]의 수제자였던 정인홍은 남명학파南冥學派의 후계자로 꼽힐 만큼 학문을 인정받았다. 조식은 죽기 직전 자신이 차고 다니던 경의검敬義檢을 정인홍에게 줄 정도로 그를 신임했고, 조식을 따르는 문하생들 가운데 그의 학문적 명성이 매우 높았다.

임진왜란이 벌어지면서 정인홍의 이름은 전국적으로 알려지게 되었다. '죽음을 두려워하지 않는 의병장'으로 불릴 정도로 용맹히 싸운 그에게 전장을 함께 누볐던 광해군은 군신 간 의리를 넘어 전우애마저 느꼈을 것이다. 전쟁 후 왕위에 오른 광해군은 그를 절대적으로 신임했고, 정인홍 또한 광해군에게 목숨을 바치겠다는 각오로 충성했다.

하지만 임금에 대한 충성이라는 명목으로, 광해군을 지지하는 자신의 소속 당파인 대북을 위해서라면 무엇이든지 했다는 것이 문제였다. 그것이 비록 패륜이라는 비난까지 받을 일이라도 임금과 조직의 이익을 위한다는 논리를 들며 비타협과 강성으로 일관하였다. 하지만 그 결과는 광해군의 폐위와 북인의 완전 소멸이라는 종말로 이어지고 만다.

---

[67] 조식1501~1572은 실천적 학문론으로 정인홍 등 많은 제자를 양성하여 남명학파의 중심이 된 유학자다. 임진왜란 의병장으로도 여러 활약을 했던 그의 문하생들은 주로 북인 당파를 이루게 된다. 조식은 벼슬길에 나가는 것을 모두 거부하였고, 명종과 대비大妃 문정왕후文定王后의 실정에 대한 직선적인 비판으로 큰 파문을 일으키기도 했다.

명분을 좇다가 명분에 의해 쫓겨나다

정인홍의 비타협적인 정치성향이 굳어진 것은 기축옥사己丑獄事[68] 사건이 큰 영향을 미친 것으로 보인다. 동인東人 정여립鄭汝立[69]의 모반 사건을 계기로 서인西人은 당시 집권여당이던 동인을 거세게 공격한다. 수많은 동인 신하들이 죽었으며, 당파 간 갈등이 매우 깊어졌다. 후일 재집권한 동인은 기축옥사를 주도했던 서인의 영수 정철鄭澈에 대한 처벌 수위를 놓고 내분이 일어난다. 즉 서인에 대한 강경파 북인北人과 온건파 남인南人이 갈라지게 된 것이다. 그리고 북인의 중심에는 정인홍이 있었다.

임진왜란이 끝난 뒤 북인은 또다시 대북大北과 소북小北으로 갈라진다. 광해군을 지지하는 세력과 선조의 늦둥이 적자인 영창대군을 지지하는 세력이 갈라선 것이다. 이때도 정인홍은 대북의 영수로서 영창대군을 지지하는 소북의 영수 유영경柳永慶[70]을 적극 공격하다 선조의 미움을 받고 유배길에 오른다.

그런데 반전이 일어났다. 귀양을 가던 도중 선조가 세상을 떠난 것이다. 극적으로 왕위에 오른 광해군은 정인홍을 유배에서 풀어주고 유영경을 유

---

68 1589년선조 22년 동인 소속이었던 정여립의 모반 사건에 연루된 혐의로 많은 동인 인물들이 탄압받고 죽임을 당한 사건이다. 특히 조식의 문하생들이 많은 피해를 받았다. 조식과 이황의 학풍을 따르며 영남학파嶺南學派를 이루던 동인은 이 사건을 계기로 갈라지게 된다. 서인에 대해 강경한 입장을 갖게 된 조식 문하생들을 중심으로 한 북인과 이황의 문하생들인 남인으로 분열된 것이다.

69 정여립1546~1589은 본래 율곡 이이의 문하생으로 서인 소속이었다. 하지만 정권을 장악한 동인으로 당적을 변경하여 많은 비판을 받았고, 선조까지 그를 비판하자 관직을 그만두고 고향으로 낙향한다. 대동계大同契를 조직해 군사훈련을 하며 세력을 확장했는데 이것이 모반의 증거가 되어 체포령이 떨어졌다. 정여립은 자살하였기 때문에 실제 모반 여부는 정확히 알 수 없다. 이 사건으로 동인이 탄압을 받는 기축옥사가 발생한다.

70 유영경1550~1608은 조선 중기의 문신이며 소북의 영수다. 선조 말 영창대군을 세자로 옹립하려 하였으나 광해군 즉위 후 대북 일파의 탄핵을 받고 죽었다.

배 보낸다. 정인홍은 물 만난 고기처럼 광해군과 자신의 정파 대북을 결사 옹위決死擁衛하며 다른 모든 정치세력에 대한 무차별 공격의 진수를 보여준다.

우선 광해군의 정치적 입지에 불안 요소가 되었던 친형 임해군臨海君[71]을 처형하라는 상소가 시작이었다. 이원익, 이항복 등 다른 정치 원로들이 은혜를 베풀 것을 요청했지만 정인홍의 강력한 주장으로 임해군은 귀양지에서 피살되고 만다.

다음 공격대상은 당대 선비들에게 존경을 받던 이언적과 이황이었다. 1610년광해군 2년에 추앙받는 현인 5명, 즉 동방오현東方五賢으로 김굉필金宏弼, 정여창鄭汝昌, 조광조趙光祖, 이언적李彦迪, 이황李滉이 문묘文廟(공자 사당)에 배향되었는데 자신의 스승인 조식은 빠지고 남인의 스승으로 추앙받는 이언적과 이황이 들어간 것이 못마땅했던 것이다. 정인홍은 이를 비판하는 상소를 썼으나 홍문관弘文館과 성균관成均館의 거센 반발을 불러일으킨다. 과유불급이었다. 결국 그는 유생들의 명부인 청금록靑衿錄[72]에서 삭제당하는 치욕까지 겪게 되는데 이것은 유생들이 그를 선배이자 유학자로서 인정하지 않겠다는 의미로 사회적 매장이나 다름없었다.

이후 정인홍은 광해군의 이복동생 영창대군이 역모 사건에 휘말리자, 아직 어린아이에 불과하니 그는 서서히 처리하자는 상소를 올린다. 일단 살

---

71 임해군1574~1609은 선조의 장남이며, 광해군의 형이다. 임진왜란 때 함경도로 피란, 회령에서 왜장 가토 기요마사에게 포로가 되었다가 풀려났다. 자질 부족으로 장남임에도 왕권 경쟁에서 밀려났고, 훗날 광해군이 왕위에 오른 뒤 역모자로 몰려 죽임을 당한다.

72 '청금'은 '푸른 옷소매'라는 뜻으로 유생들을 가리키는 말이며 조선시대에 성균관·향교·서원 등에 있던 유생의 명부를 말한다.

려주자는 것이었지만, 적극적으로 지켜준 것도 아니었다. 겨우 8살에 불과했던 영창대군은 결국 광해군과 대북에 의해 잔인하게 증살蒸殺[73]당한다.

사실 조정 내에서 강력한 발언권을 가지고 있던 정인홍이 적극적으로 영창대군을 보호하고자 나섰다면 그는 끔찍한 죽음을 피했을 수도 있다. 하지만 결과적으로 그의 죽음을 방관했던 것이다. 영창대군의 어머니이자 광해군의 의붓어머니이기도 한 인목대비도 사실상 폐출을 당하고 서궁西宮에 유폐되어 비참한 생활을 하게 된다.

어머니를 내친 광해군의 패륜 이미지는 더욱 공고해졌고 반정의 명분은 더욱 커져만 갔다. 정인홍에게는 임금과 자신의 조직을 위하는 것이 중요한 명분이었지만 이것은 맹목적 충성과 조직 이기주의로 변질되고 말았다. 결국 정인홍의 의도와는 정반대로 광해군은 왕위에서 쫓겨나고 북인 세력은 모조리 숙청되어 아예 싹이 잘렸으며 정인홍 자신도 참수당하는 운명에 처하게 된다.

맹목적 충성과 조직 이기주의를 경계하라

많은 회사들이 직원에게 조직에 대한 충성과 소속감을 갖도록 요구한다. 실제 조직에 속해있기에 누리게 되는 것들도 많다. 회사를 나와봐야 작은 종잇조각에 불과해 보였던 명함의 위력을 알게 된다. 은행이 나에게 신용대출을 승인해 주는 것은 **회사에 다니는 김 과장이기 때문이지 내 개인의 신용이 높아서가 아니다. 연예인 같은 유명인이 아닌 이상 사회는 내

---

73 뜨거운 증기로 쪄서 죽이는 것을 말한다.

개인이 아니라 내가 속한 조직을 보고 나의 가치를 평가한다. 좋은 회사를 다니면 그만큼 실력도 있을 것으로 대접받기 때문에 사람들은 어떻게든 공무원이 되거나 대기업에 취업하려고 노력한다.

내가 몸담고 있는 조직은 이 세상을 살아가는 데 있어 떼려야 뗄 수 없는 동반자이기에 회사는 자연스럽게 조직에 대한 로열티를 가질 것을 요구한다. 그런 노력의 일환으로 회사는 입사자에게 연수 기회와 다양한 교육을 제공하고, 부서장과 같은 상사들은 수시로 회식을 열어 직원들에게 회사와 조직에 대한 소속감을 종종 강조한다.

단합된 마음을 갖고 열정적으로 일하는 자세는 직장인으로서 물론 칭찬받을 만한 일이다. 하지만 그 로열티와 소속감이 방향을 잃었을 때 도리어 조직에 미치는 해악은 매우 크다. 맹목적인 충성, 그리고 내가 속한 조직만 잘되면 된다는 조직 이기주의가 오히려 회사 전체를 멍들게 하는 사례는 쉽게 찾아볼 수 있다.

사실 정인홍은 어떤 사리사욕도 없는, 매우 강직하고 올곧은 인물이었다. 광해군을 향한 일편단심을 누구도 따라올 자가 없었지만, 맹목적인 충성은 오히려 광해군을 점점 패륜 임금으로 만들어갔다. 오로지 광해군의 왕권을 강화하고자 왕의 형제인 임해군을 죽음으로 모는 데 일조했고, 영창대군의 잔혹한 죽음을 방관했으며, 심지어 의붓어머니가 폐출되는 지경에 이르렀다. 유교사회에서 있을 수 없는 패륜이었다. 이 과정에서 많은 반대의 목소리가 있었지만 자신이 이끄는 대북의 정치적 입지를 위해 다른 세력들은 포용하지 않고 철저히 배격할 뿐이었다.

비판과 견제를 수용할 줄 모르는 맹목적 충성과 철저한 조직 이기주의는 결국 그와 그가 모시던 임금, 그리고 그가 속한 조직까지도 모조리 파멸로 이끌었다.

조직에 대한 충성심과 개인의 희생을 바탕으로 성과를 강요하는 시대는 이제 지나갔다. 아울러 자기 조직만 살고 보자는 이른바 사일로 효과 Organizational Silos Effect[74] 또한 주의해야 한다. 부서장들은 자기 부서의 목표와 회사의 목표가 일치하고 있는지 끊임없이 점검해야 한다. 자신의 개인적 욕구나 조직의 내부 이익을 앞세워 회사 전체의 이익을 저해하고 있지는 않은지 살펴보아야 하는 것이다. 정인홍이 광해군과 자기 조직을 위한 이익을 넘어, 조선 전체의 이익을 위해 상대 세력들도 포용할 수 있었다면 아마 그의 최후는 좀 더 해피엔딩이었을지 모른다.

단지 회사와 경영진, 부서장들의 역할만이 중요한 것이 아니다. 부하 직원들도 상사에 대한 무조건적인 충성심 혹은 정치적 노력으로 자신의 가치를 평가받겠다는 생각은 지양해야 한다.

어차피 평생직장의 개념은 무너진 지 오래다. 나의 실력이 곧 나의 가치임을 증명해 내지 못하면 냉정하지만 회사는 언제든 나를 버릴 준비가 되어있다. 반대로 회사가 나의 실력만큼 제대로 보상해 주지 않으면 내가 회사를 버릴 따름이다. 회사와 직원은 전근대 시절 충성으로 맺어진 주종 관계가 아니다. 나의 노동 능력과 연봉을 교환하는 계약 관계, 즉 비즈니스 관계가 그 본질이다.

물론 회사에 대한 애사심이나 소속감이 전혀 불필요하다는 이야기가 아

---

[74] 사일로Silo는 곡식을 저장하는 굴뚝 모양의 창고인데, 교류 없이 담을 쌓고 지내는 모습을 홀로 우뚝 서 있는 원통 모양의 창고에 비유하여 생긴 말이다. 다른 부서와의 협력이나 교류 없이 자기 조직의 이익만 추구하는 것을 의미한다.

니다. 오히려 중요한 요소일 수 있다. 다만 뛰어난 실력을 갖춘 직원이 회사를 떠나지 않고 자발적인 충성심을 갖도록 만드는 일은 직원 스스로가 아니라 회사가 부담해야 할 몫이다.

06

상사를 감동시키다,

조광조

성명 : 조광조趙光祖

출생 : 1482년, 한양

주요 경력 : 대사헌, 부제학, 정언

주요 프로젝트 : 도학정치 주창, 위훈 삭제, 현량과인재 천거제 실시,

　　　　　　　소격서 폐지

추천인(직업) : 중종조선 11대 임금

한 줄 자기소개

– 일을 할 때 가장 중요한 것은 제대로 된 원칙을 세우는 것이라고 생각합니다. 아무리 어려워 보이는 일이라도 원칙대로 하면 해답이 생긴다는 믿음이 있습니다. 리더를 포함한 모든 조직원들이 올바른 원칙을 가지고 합심하여 일한다면 성과는 자연스럽게 따라올 것입니다.

불꽃 남자, 조광조

33세라는 젊은 나이에 혜성 같이 나타나 개혁의 영웅으로 최고의 전성기를 누렸지만, 불과 4년 만에 자신을 그토록 총애하던 임금으로부터 버림받고 사약을 마셔야 했던 비운의 인물이 있다. 바로 불꽃처럼 강렬하게 타올랐지만 허무하게 꺼져버린 불꽃 남자 조광조다. '짧고 굵게' 인생을 살다 간 그의 삶으로부터 우리가 배워볼 만한 부분은 무엇이 있을까.

조광조는 공신들에 둘러싸여 제대로 기도 펴지 못하는 신세였던 중종 앞에 그야말로 혜성처럼 나타났다. 중종은 신하들이 임금을 쫓아내고 옹립한 최초의 조선 왕이다. 연산군의 폭정에 불만을 품은 신하들이 그를 쫓아내고 대신 내세울 왕으로 중종을 선택했을 뿐이었다. 처음 계획 단계부터 소외되어 반정이 있는지도 몰랐던 중종은 신하들이 자신을 모시러 군사를 몰고 오자 심한 두려움을 느꼈다. 얼마 전까지도 폐비 윤씨에 대한 복수를 한다며 잔인한 피바람을 일으켰던 연산군에 대한 공포 때문이었다. 그만큼 그는 반정에 전혀 관여하지도 않았고 반정 성공에 따른 지분은 단 1%도 없었다. 다만 성종의 아들이라는 핏줄 덕분에 운 좋게 왕이 되었을 뿐이다. 그는 신하가 임금을 쫓아내는 최초의 사례를 경험했기에 공신들이 두려울 수밖에 없었다. 신권은 극대화되고 왕권은 미약해졌다. 신하들이 하자는 대로 휘둘릴 수밖에 없는 처지였다.

하지만 극도로 몸을 사리고 살아야 했던 중종에게도 기회가 오고 있었다. 중종반정의 3대 공신인 박원종朴元宗, 유순정柳順汀, 성희안成希顔이 연달아 세상을 떠난 것이다. 중심축이 사라진 공신세력들은 흔들렸으며 중종에게도 조금씩 숨통을 틀 수 있는 기회가 왔다. 때마침 이 타이밍에 그런 중종을 구원할 인물이 나타났으니, 그가 바로 조광조다.

중종을 흑역사에서 건져내다

중종이 신하들의 위세에 눌려 살아야 했음을 보여주는 단적인 예가 있다. 신하들의 뜻에 따라 진심으로 사랑했던 부인과 강제로 이혼당한 것이다. 중종의 정비인 단경왕후端敬王后 신씨慎氏의 아버지는 신수근慎守勤이었는데, 그의 누이가 연산군의 왕비였다. 신수근은 연산군을 옹호하고 반정에 참여하지 않았기 때문에 반정공신들에 의해 죽임을 당했다. 후에 단경왕후 신씨가 아버지의 복수를 할까 두려웠던 무리들은 그녀를 쫓아내 버렸다. 아무런 잘못도 없는 아내가 반정 일주일 만에 강제로 쫓겨나는 것을 지켜만 봐야 했던 중종은 반정 일등공신 박원종의 조카딸을 순순히 새 왕비로 맞아들일 수밖에 없었다.

그렇게 10년이 흘렀다. 그런데 마음에 묻고 살아야 했던 단경왕후 신씨의 복위 문제가 갑자기 조정의 뜨거운 이슈로 불거진다. 단경왕후 신씨를 폐위시키고 새로 맞은 왕비인 장경왕후章敬王后 윤씨尹氏가 아들을 낳은 뒤 요절한 것이다. 그리고 곧 신씨를 복위시켜야 한다는 박상朴祥과 김정金淨의 상소가 올라왔다. 1년 전 중종은 국가의 현안에 대해 다양한 의견을 올리라는 구언求言을 지시한 적이 있었는데, 그 명에 따른 상소 중 하나였다.

"폐비께는 아무 죄도 없었습니다. 다만 그 부친의 죄 때문에 아무런 잘못도 없는 왕비를 쫓아낸 것은 유교적 가치관에 맞지 않습니다. 또한 아무리 공신이라 하여도 신하된 자가 강제로 왕비를 내쫓을 수는 없는 일입니다. 지금이라도 지난날의 잘못된 점을 되돌리시어 복위시켜 주십시오."

"이 상소의 주장은 매우 그릇된 것입니다. 그 아비 신수근은 대역죄인이었고, 그의 핏줄이 그대로 중전의 자리에 있는 것은 국가 사직을 위태롭게 하는 것이었습니다. 이런 사정으로 부득이 폐위시킬 수밖에 없었던 것을 잊으시면 안 됩니다."

"그러하옵니다, 전하. 이런 불충한 상소를 올린 자들은 분명히 다른 뜻이 있는 게 틀림없습니다. 박상과 김정을 속히 처벌하셔서 나라의 기강을 바로 잡아주십시오."

그동안 암묵적으로 쉬쉬해오던 금기를 정면으로 건드린 주장에 중종은 당황했고 신하들 사이에는 갑론을박 논쟁이 벌어졌다. 왕에게 간쟁하는 중요한 역할을 맡았던 대간은 공신들의 입장에 서서 그 상소가 국가의 안위를 위협하는 주장이라며 오히려 상소한 자들을 처벌해야 한다고 주장했다. 가뜩이나 원하지도 않던 강제 이혼을 당하여 서러움을 겪었던 중종의 입장을 대변한 그 상소가 국가의 안위를 위협하는 주장이라니, 중종은 참으로 기가 막혔을 것이다. 그렇다고 그 말에 반대할 수도 없는 노릇이었다. 상소의 주장대로 신씨를 복위한다면 정면으로 공신들에게 맞서게 되는 꼴이기 때문이다. 이번에도 중종은 굴욕을 느끼며 대간의 주장대로 박상과 김정을 유배 보내야 할 처지였다. 중종의 흑역사에 또 하나의 암울한 에피소드가 추가되려는 찰나, 갑자기 한 영웅이 나타나 중종을 괴롭히던 악당들에게 강렬한 하이킥을 날린다. 조광조가 등장한 것이다.

상사도 생각하지 못한 것을 생각하라

"박상과 김정은 전하께서 구언하신 바에 따라 상소를 올린 것입니다. 정당한 경로를 통해 올린 상소는 이유여하를 막론하고 마땅히 그 언로가 보장되어야 합니다. 그런데 그것을 앞장서서 수호해야 할 대간이 오히려 그 자유를 탄압하는 것은 있을 수 없는 일입니다. 나라의 언로가 막히면 국가의 존망도 위태로워집니다. 처벌을 받아야 하는 자는 박상과 김정이 아니라, 오히려 그들을 탄압한 대간입니다."

조광조가 공략한 포인트는 그들과 똑같이 단경왕후 신씨 복위의 정당성을 논하는 프레임에 갇혀있지 않았다. 임금이 자유로운 발언과 소통이 보장된 구언을 지시하였고, 박상과 김정은 그것에 따라 상소를 올린 것이다. 그런데 내용이 잘못되었다고 해서 처벌하는 것은 원칙과 명분에 맞지 않다는 것이었다. 지금도 언론의 자유가 매우 중요한 것처럼, 조선시대에도 언론의 자유는 이상적인 유교정치를 구현하기 위한 중요한 수단이었다. 그런 언론의 자유를 누구보다 앞장서서 지켜야 할 대간이 오히려 언론을 탄압하는 데 앞장섰다는 날카로운 지적이었다. 언론 탄압을 넘어 아예 말살시켰던 연산군의 폭정에 반대한다는 명분으로 반정을 일으킨 공신들이었기에 이 원칙에 있어서는 어떠한 반론도 있을 수 없었다. 중종은 눈앞이 환해지는 것을 느꼈다. 또다시 공신들에 의해 굴욕을 맛보아야 했던 순간에 조광조의 활약으로 되치기를 날린 것이다. 그날로 조광조는 중종이 최고로 신임하는 신하가 되었다.

조광조는 상사가 어려움에 처했을 때 상사도 생각하지 못했던 논리를 들고 나와 상황을 반전시켰다.

삼성의 반도체 신화를 이끌었던 진대제 전 정보통신부 장관은 이런 말을 한 적이 있다.

"내가 생각한 대로 빈틈없이 일을 해오는 직원에게는 A를 준다. 하지만 나조차 생각하지 못했던 일을 해오는 직원에게는 A$^+$를 준다."

상사가 시키는 일을 잘하는 사람은 나무랄 데 없는 직원이고, 상사가 지시할 일까지 미리 예상하고 하는 사람은 좀 더 뛰어난 직원이며, 조광조처럼 아예 상사가 생각하지도 못했지만 정말 필요한 일까지 하는 사람은 최고의 부하 직원이다.

'코끼리를 생각하지 마'라는 유명한 말이 있다. 코끼리를 생각하지 말라고 하면 오히려 코끼리에 대한 생각이 내 머리를 가득 채우게 된다. 바로 프레임의 힘이다. 우리는 정해진 틀에만 박혀서 정작 문제의 본질을 놓쳐버리게 될 때가 많다. 상사의 생각을 뛰어넘기 위해서는 회사에서 배운 것을 잘 숙지하되 새로운 방법을 끊임없이 고민해야 한다.

어느 회사의 마케팅팀에서 한창 차기 제품 광고를 어떻게 할지 치열한 논의 중이었다. TV 광고를 어떻게 하면 좋을지 갑론을박이 일어났다. 좀 더 비싸더라도 지상파 TV 광고가 안정적이라는 의견과 케이블 TV가 오히려 더 효과가 좋다는 의견이 팽팽하게 엇갈렸다. 서로 자기 의견만 옳다고 우기고 있는데 불쑥 신입사원이 끼어들어 말한다.

"왜 꼭 TV에서 광고해야 하나요? 유튜브에서 광고하면 안 되나요?"

본질은 제품을 많이 파는 데에 있다. 그것을 위해서라면 그동안 해왔던 프레임을 벗어나 모든 대안을 생각해 낼 수 있는 발상이 필요하다. 하지만 그것은 단순히 머리가 좋다고 되는 것은 아니다. 평소에 많은 공부와 경험을 해야 한다. TV만 알고 유튜브는 다뤄본 적도 없는 사람은 그런 대안을 제시할 수가 없다.

상사는 부하 직원들보다 훨씬 많은 경험이 있는 사람이다. 그만큼 공부하고 경험을 쌓아서 그 자리까지 올라간 사람이다. 기본적으로 부하 직원보다는 아는 것이 많다. 그런 상사들이 생각하지 못했던 것을 생각하려면 역시 많이 공부하고, 접하는 것 외에는 방법이 없다. 창의적인 사고는 그냥 거저 나오는 것이 아니다. 상사보다 공부를 더 많이 해야 한다.

조광조는 관직에 출사한 33세가 되기까지 많은 공부를 했고 자신만의 철학을 갖고 있었다. 그러한 기본 실력을 바탕으로 자신에게 기회가 왔을 때 정확히 문제의 본질을 이해하는 상소를 올림으로써 중종의 구세주가 되었다.

사랑이 어떻게 변하니?

중종은 조광조와 함께 경연經筵[75] 자리를 갖는 것을 즐겼다. 경연은 임금이 신하와 함께 학문에 대해 토론하는 것이지만, 국정을 협의하거나 교육하는 장이기도 했다. 중종은 조광조의 이야기가 시작되면 얼굴빛을 가다듬고 그의 이야기를 들으며 밤이 가고 날이 새는 줄도 몰랐다. 조광조는 중

---

[75] 고려·조선시대에 임금과 신하들이 함께 학문이나 기술 등을 논하거나 국정을 협의하던 자리다.

종을 유교정치에 입각한 성군으로 만들고 싶었고 중종도 그런 조광조의 노력에 화답하니 이상적인 군신 관계를 보여주는 것 같았다.

하지만 좋았던 시절은 서서히 지나가고 권태기가 점차 오고 있었다. 아무리 좋은 말도 계속 들으면 힘든 법이다. 중종은 밤낮으로 계속되는 조광조의 교육과 잔소리가 슬슬 듣기 힘들어지기 시작했다. 엄마는 자식 잘되라고 사랑의 마음으로 잔소리를 하지만, 아이는 점점 그 소리가 듣기 싫어지고 어느 순간에 삐뚤어지기 시작한다. 그렇게 중종과 조광조의 관계도 어긋나기 시작한 것이다.

조광조는 한다면 하는 사나이였다. 내 자식 무슨 수를 써서라도 최고의 대학에 보내고 말리라는 결심을 한 엄마처럼, 옳다고 확신하는 일에는 거침이 없었다. 대표적인 사례가 소격서昭格署 폐지였다. 소격서는 도교의 제천행사를 주관하는 관청이다. 중종이 보기에는 그리 대단한 곳도 아니고 조선 왕실에서 대대로 지켜온 전통을 하루아침에 폐지한다는 것이 별로 마음에 들지 않았다. 하지만 조광조는 도교가 이단이므로 마땅히 폐지해야 한다는 강경한 입장이었다. 더욱이 이런 작은 것도 실천하지 못하면 어떻게 성리학적 가치관을 올바르게 세울 수 있겠냐며 중종을 강하게 압박하고 나선다.

"아니, 소격서가 뭐 그리 대단한 곳이라고 그렇게 난리들인 거요?"

"전하, 어찌 성리학의 명분으로 백성들을 교화하는 나라에 도교의 이단이 있을 수 있습니까? 그리고 하늘에 제사를 지내는 것은 오직 명나라 천자天子만이 할 수 있는 일입니다. 한낱 제후국인 조선에서 어찌 하늘에 제사를 지낸단 말입니까? 소격서를 폐지하는 것이 옳다 생각합니다."

"싫소. 예전부터 왕실에서 관례적으로 해오던 일일뿐이고, 선왕들께서도 굳이 건드리지 않으셨던 일이오. 성군이셨던 세종대왕이나 성종대왕께서도 이것은 내버려 두셨소.

"전하, 그분들이 성군이셨으나 유일한 오점이 소격서를 폐지하지 않은 점입니다."

중종은 말문이 턱 막혔다.

'조광조 이 자가 선왕까지 모독하는 것인가. 마땅히 임금의 잘못은 신하의 잘못이고, 신하의 공로는 임금의 공로라고 해주는 게 군신 간의 도리이거늘, 감히 세종대왕과 내 아버지인 성종대왕까지 모욕하다니…!'

중종은 화가 머리끝까지 치밀었지만 억지로 참고 있었다.

"피곤하니 물러가시오."

"즉시 윤허해 주시지 않으면 소인도 물러가지 않겠습니다."

조광조는 이 문제를 새벽까지 따지고 들었다. 마치 의사 진행 방해 행위인 '필리버스터Filibuster'를 연상케 하는 끊임없는 조광조의 간언에 옆에서 듣고 있던 도승지도 지친 나머지 코를 골기 시작했다.

"그래, 내가 졌다. 소격서를 폐지하도록 하라."

마침내 조광조는 소격서 폐지의 윤허와 함께 개혁의 명분을 얻어냈다. 하지만 동시에 중종의 신뢰를 잃어버린 날이기도 했다. 조광조는 본인의 개혁이 또 한 걸음 전진했다고 기뻐했지만 중종은 이제 그가 넌더리나기 시작했다. 사사건건 간섭하고 지적하는 연인에게 점점 사랑이 식어가듯, 그렇게 중종의 마음도 식어갔다.

상사를 존중하라. 당신 눈엔 그가 무능해 보일지라도!

그렇게 아슬아슬하던 관계가 결국 파국에 이르게 된 결정적인 계기는 위훈삭제僞勳削除[76]였다. 중종반정에 참여한 공신은 실제로 30명 정도다. 하지만 친한 사람들끼리 서로 공신으로 임명해 주고 그 혜택을 골고루 나눠 먹었던 탓에 공신에 책봉된 수는 무려 107명이었다.

조광조는 소격서 폐지에 이어 위훈삭제를 중요한 개혁 사항으로 보았다. 하지만 중종은 이것을 허락하지 않았다. 어쨌든 자신을 왕으로 만든 세력이 아닌가. 그들의 지위를 격하시키는 것은 곧 자신이 왕이 된 근거를 격하시키는 것이나 마찬가지라고 본 것이다. 그러자 조광조의 편을 들며 동조한 대간이 함께 나서서 그 주장이 받아들여지지 않으면 전원 사직하겠다고 중종을 압박했다. 이에 중종은 19명을 삭제하는 선에서 타협하고자 했으나 조광조는 물러서지 않았고 기어이 76명의 위훈을 삭제하는 윤허를 받아내고야 만다.

조광조는 또다시 개혁 성공을 이뤄낸 것에 환희를 느꼈지만, 나흘 뒤 중종은 훈구대신들을 앞세워 조광조를 체포한다. 중종이 직접 주도한 기묘사화己卯士禍가 일어난 것이다. 조광조는 중종이 내린 사약을 마시고 허무하게 세상을 떠나고 만다.

공신들의 틈바구니에서 숨도 못 쉬며 지내던 중종은 자신을 대변해 시원하게 말을 쏟아내는 조광조를 만나 숨통이 트이는 것을 느꼈다. 하지만

---

[76] 중종반정 때 공을 세운 정국공신靖國功臣 중 자격이 미비하다고 평가받는 사람들을 가려내고 그들에게 주었던 공신의 명칭을 박탈, 토지와 노비를 환수한 사건을 말한다.

4년 뒤, 조광조가 또 다른 방식으로 자신을 옭아매고 있는 것을 느꼈다. 자신의 생각이 옳다며 왕을 가르치려 드는 모습에서 공신들이 주던 동일한 위압감을 받은 것이다. 어느새 대간과 많은 신하들이 조광조와 한 통속이 되어 왕권을 위협한다고 느꼈을지도 모른다.

성리학적 명분에 입각한 개혁의지가 충만했던 조광조의 결정적인 실수는 자신이 옳다는 확신에 가득 찬 나머지 중종의 신뢰가 무너지고 있음을 느끼지 못했다는 점이었다. 안타깝게도 중종은 조광조의 강한 의지를 모두 채워줄 만큼 큰 그릇은 되지 못했던 군주였다.

직장 생활을 하다 보면, 어떻게 저 자리까지 갔을까 의심될 정도로 무능해 보이는 상사를 만날 수도 있다. 실력도 없으면서 성격까지 안 좋다면 정말 최악일 것이다. 하루하루 나를 피 말리게 만들고 정신병이라도 생기게 만드는 상사라면, 하루빨리 도망가는 게 상책일지 모른다. 월급 받는 것도 중요하지만 내 목숨과 건강이 우선이다. 그럼에도 직장을 계속 다녀야만 한다면 차선책을 고민해야 할 것이다.

무능한 상사 밑에 뛰어난 부하 직원이란 여러모로 안타까운 조합이다. 하지만 그런 상사를 만난 자신의 신세를 한탄하며 스트레스만 받기보다는 어떻게든 긍정적인 생각을 가져보는 자세가 훨씬 유익하다. 무능한 상사라도 나의 발전을 위한 타산지석으로 삼는 것이다. 그렇게 무능하고 최악인 상사가 어떻게 그 자리까지 올라갔을지 관찰해 보자. 오너의 가족도 아니면서 그렇게 살아남았다면 그 버티는 비결이야말로 그에게 배울 점이다.

회사의 인사 시스템이 잘못되었다고 생각하고 싶기도 하겠지만, 사실 대부분의 경우는 그런 상사조차도 분명히 한 가지 장점은 가지고 있다. 대인관계를 잘할 수도 있고, 정보력이 뛰어날 수도 있다. 추진력 하나만큼은 기가 막힐 수도 있고, 심지어 윗사람의 비위를 탁월하게 잘 맞춰주는 재주가 있을 수도 있다. 뭐가 되었든 직장 생활을 하는 데에 필요한 능력이 있기에 그 자리까지 올라간 것이다. 사내정치만 잘하는 사람이라고 비난할 필요도 없다. 사내정치도 아무나 하는 것이 아니다. 그것도 직장에서 살아남는 실력이다.

중요한 것은 그런 무능한 상사에게도 배울 만한 점이 있는지 찾아보아야 나에게 발전이 있다는 점이다. 99가지가 마음에 안 들어도 한 가지 배울 구석이 있다면 그것이라도 배우는 편이 속으로 욕만 하고 지내는 것보다 낫다. 혹시라도 정말 열에서 백까지 다 최악이고, 배울 것이 전혀 없는가? 그렇다면 자신은 절대 저 백 가지를 닮지 않겠다고 결심하자. 그렇게라도 배울 것을 만들지 않으면 직장에서 보내야 하는 내 인생과 시간이 너무나 아깝다.

상사가 무능해 보이더라도 그가 나의 상사로 있는 이상 함부로 들이받거나 무시해서는 안 된다. 상사는 한 개인으로서가 아니라 회사가 임명한 직위로서 그 자리에 있는 것이다. 그리고 다시 한 번 상기해 보도록 하자. 상사와 부하 직원은 서로를 이용해야 한다는 사실을 말이다. 상사는 부하 직원의 실력을, 부하 직원은 상사의 지위를 이용하여 상생해야 한다는 것은 정말 중요한 말이다.

중종과 조광조는 처음에는 그렇게 서로를 돕고 이용하며 함께 성장해 가는 관계였다. 하지만 어느 순간 조광조는 자신만이 옳다는 자기 확신에 빠져버렸다. 그리고 자신이 옳다고 믿는 그 길로 중종을 질질 끌어서라도 데려가고자 했고 이 지점에서 중종은 자신의 권위가 무너지는 것을 느꼈다. 그리고 마침내 그를 버리기로 결심했다.

남들만큼 빠르게 못 가더라도, 괜찮다

누구보다 출세가 빨랐던 조광조였지만 역사의 무대에서 쓸쓸하게 퇴장하는 것도 누구보다 빨랐다. 많은 위인들을 보면 공통점이 있다. 시련과 고난의 시간을 반드시 겪었고, 마침내 그것을 극복하고 일어섰다는 점이다. 하지만 조광조의 삶을 보면 특별히 고난의 흔적이 보이지 않는다. 그는 과거 시험도 거치지 않은 채 33세의 나이에 특별 추천을 받아 이례적으로 높은 벼슬인 종6품에 제수되었다. 그해 정식으로 과거에 급제하여 사간원 정언正言이 되었고 마침 그때 단경왕후 신씨의 복위와 관련한 논쟁이 일어나 중종의 눈에 들 수 있었다. 이후 승승장구하며 특진에 특진을 거듭한 결과 불과 4년 뒤 37세의 나이로 종2품인 사헌부 대사헌大司憲의 자리에 오른다. 지금으로 치면 검찰총장이다.

실패를 맛보지 않고 젊은 나이에 크게 성공했기 때문일까. 그는 거침없는 자신감으로 거세게 개혁을 밀어붙였다. 그리고 끝내 중종의 역린을 건드려 인생의 첫 번째 좌절을 맛보게 되었고 그것이 동시에 인생에서 맛보는 마지막 실패가 되고 말았다.

조광조의 빠른 출세는 그에게 오히려 독이 되었다. 잠깐 넘어지더라도 땅을 짚고 옆을 돌아보는 여유도 가졌다면 그토록 과격하게 중종을 몰아붙이는 일은 없었을지 모른다. 그러나 실패를 몰랐던 그는 지금의 성공이 계속 이어질 줄만 알았을 것이다.

함께 입사한 동기가 특진을 거듭하더니, 난 아직도 일개 팀원인데 그 동기는 이미 팀장이 되었다. 나보다 인정도 더 많이 받고 월급도 더 많이 받는 것 같다. 순간 자신이 직장에서 패배자가 된 것처럼 느껴진다. 이 와중에 내가 진급이 누락되는 경우가 발생할 수도 있다. 그때의 상실감과 분노는 당해보지 않은 사람은 알 수 없을 것이다. 그렇다면 나의 직장 생활은, 심지어 인생은 실패한 것인가?

회사마다 제도나 분위기가 다르겠지만 어떤 회사는 부장이 되고 나서 몇 년 안에 임원이 되지 못하면 자연스럽게 회사를 나가야 한다. 임원이 된다는 것은 정말 실력뿐만 아니라 천운도 따라야 한다. 초고속 승진을 거듭하여 남들보다 빨리 부장이 되었는데 임원이 되지 못한다면, 그 말은 남들보다 빨리 회사를 나가야 한다는 이야기다. 명예퇴직의 칼바람을 가장 빨리 받게 될지도 모를 일이다. 그때가 되면 오히려 빨리 승진한 게 후회될 지도 모른다. 임원이 되고 1년 만에 퇴직하는 사례도 꽤 흔하다.

높은 자리에 올라가면 권한이 커지는 만큼 책임도 함께 커진다. 실무자일 때보다 더 뛰어난 실력과 판단력으로 팀원들을 잘 이끌어야 한다. 예전에 함께 상사 욕을 하던 팀원들은 이제 자기들끼리 모여서 본인을 술자리 안주로 삼을 것이다. 한국 사회에서 팀원들보다 어린 나이에 팀장이 된 경우라면 그것으로 인한 스트레스도 제법 클 것이다. 왕관을 쓰려면 왕관의 무게를 견뎌야 한다고 했다. 내 스스로나 주변 환경에 있어, 그 무게를 견딜 준비가 전혀 되지 않은 상태에서 빨리 위로 올라가는 것은 오히려 독이 될 수도 있다.

실력과 내공이 있는 사람이라면 빨리 승진하고 출세하는 것은 물론 좋은 일이다. 다만 그러지 못했다고 해서 내 직장 생활이, 내 인생이 실패한 것은 아니라는 이야기다. 우리가 직장을 다녀야 하는 기간은 길다. 몇 년 회사 다니다 그만둘 것인가? 그게 아니라면 조금 천천히 가도 된다. 빠르게는 아니더라도 더 멀리 가기 위해 다시 한 번 숨을 고르고 뛰어보자.

인생에 있어 성공은 중요한 요소다. 누구나 성공하고 싶어 하지 실패하고 싶어 하지 않는다. 젊어서 고생은 사서도 한다고 했지만 굳이 일부러 고생하고 싶지는 않은 것이 인지상정이다. 다만 일찍 고생을 경험한 사람이 인생의 시련을 견디는 내성이 더욱 강해지는 것은 분명한 사실이다. 그리고 좀 더 지혜롭게 사람들을 대한다. 반대로 일찍 성공한 사람은 자신감이 너무 충만한 나머지 결국 자기 스스로를 그르치게 되는 경우가 종종 발생한다. 그런 면에서 조광조는 공부 잘하고 자신감 넘치는 모범생이었는지는 몰라도 인생 공부는 부족했다.

조광조처럼 상사를 감동시켜라!

조광조는 결국 실패했지만, 실패하지 않았다. 그의 뜻은 후세에 남아 사림 세력의 정신적 지주가 되었기 때문이다. '짧고 굵은' 인생이 목표라면 조광조와 같은 삶도 결코 나쁘지는 않을 것이다. 하지만 우리는 짧고 굵은 직장 생활을 원하지 않는다. 그의 성공 포인트와 실패 지점을 함께 살펴보고,

'길고 굵은' 직장 생활을 하기 위해 적용하는 지혜가 필요하다.

　조광조는 중종이 공신세력에 둘러싸여 왕으로서의 권위를 보이지 못하던 때에 그를 곤경에서 구해줌으로써 깊은 신임을 얻었다. 특히 **중종 본인도 생각하지 못했던 부분을 정확하게 지적하여 그의 속을 시원하게 만들어주었다.** 상사의 신임을 얻는 방법에는 여러 가지가 있다. 성실하고 공손한 태도, 빠른 눈치, 술자리 매너 등등. 하지만 그 모든 것은 일단 실력이 뒷받침될 때 빛을 발한다. 특히 상사가 생각하지도 못한 번뜩이는 아이디어로 업무에 큰 성과를 보여준다면 전폭적인 신뢰를 받게 될 것이다. 상사의 지시를 충실하게 수행하되 거기서 더 개선할 수 있는 부분은 없는지 발칙한 고민도 끊임없이 해보자. 상사는 우리보다 많이 알고 많이 경험한 사람이다. 그래도 최소한 내가 맡고 있는 업무에 대해서는 상사보다 더 많이 알려고 노력해야 한다. 조광조는 평소에 갈고 닦은 실력을 토대로 중종이 원했던 아이디어를 정확히 제시함으로써 탄탄대로를 걷게 되었다.

　그렇게 처음에는 서로를 진심으로 이해하고 동반성장을 도모했던 이상적인 모습의 임금과 신하였다. 하지만 둘의 관계는 어긋나기 시작한다. 지칠 줄 모르는 조광조의 잔소리에 중종은 서서히 지쳐갔다. 역대 왕들도 시도한 적 없었던 소격서 혁파革罷를 주장하더니, 중종의 왕권 정당성과도 연관된 위훈삭제 문제까지 건드린다. 조광조로서는 조선의 유교적 명분 사회를 만들고 가짜 공신들이 취한 부당한 이권을 박탈하기 위한 당연한 개혁적 조치였다. 하지만 안타깝게도 중종은 조광조의 그 모든 뜻을 담아낼 만큼 인물이 되지 못했다. 뛰어난 신하 조광조는 어느새 공신들처럼 중종을 숨 막히게 하는 존재가 되어버린 것이다. 조광조는 **자신의 속도보다 느리게**

따라오는 윗사람을 떠밀기에 급급했고 그가 처한 상황과 권위를 존중하지 않았다.

내 눈에는 다소 무능한 상사로 보일지라도 그가 상사의 지위에 있다는 사실만으로도 존중해 주어야 한다. 그에게서 배울 점은 없는지 찾아서 존중할 수 있는 포인트를 만들어야 한다. 그렇게 상사와 손을 잡고 함께 한 걸음씩 걸어갈 때 오랫동안 회사 생활을 할 수 있다.

결국 중종은 조광조를 버렸다. 최고의 스타 정치인에서 하루아침에 역적 죄인으로 몰락한 것이다. 그의 드라마틱한 추락은 실패의 경험 없이 너무 일찍 성공 가도만 달리는 것이 마냥 좋은 것은 아니라는 교훈을 준다. 조광조의 빠른 성공은 빠른 몰락의 원인이 되었다. 인생의 3대 불행으로, '초년 출세, 중년 상처喪妻, 노년 빈곤'이라는 말이 있다. 물론 성공하면 좋다. 하지만 너무 이른 성공은 자기 자신을 지나치게 과신하게 만들어서 좀 더 성숙해질 기회를 빼앗아간다.

실패를 많이 겪어본 사람은 시련에 대한 내성과 인내심이 많다는 장점이 있다. 직장에서 나의 위치가 어디쯤인지 돌아보라. 앞서고 있는가? 그렇다면 자만하지 말고 좀 더 주위를 돌아보는 여유를 갖자. 인생은 언제든지 한방에 훅 갈 수도 있다. 조금 뒤쳐진 것 같아 불안한가? 우리의 직장 생활은, 그리고 인생은 아직도 긴 시간 남아 있다. 초조해하지 말자. 빨리 올라갔다가 빨리 내려오는 것보다는, 천천히 올라가더라도 계속 그 자리에서 잘 버티는 게 낫다. 지금 우리는 버틸 수 있는 하체 근육을 기르는 중이다.

조광조는 상사의 속을 시원하게 뚫어주는 뛰어난 아이디어로 상사를 감동시켰다. 평소에 꾸준히 실력을 쌓았던 것이 원동력이었겠지만, 어쨌든 상사의 눈에 들어온 것은 단 한순간이었다. 그렇게 성공의 탄탄대로를 달렸지만 그 성공에 도취한 나머지, 이후에는 자기 생각대로만 달려가기 시작했다. 자신의 기대만큼 못 따라오는 상사를 타박하며 몰아붙였다. 그가 실패의 아픔을 조금이라도 알고 있었더라면 조금 더 유연하게 처신하는 지혜를 발휘할 수 있지 않았을까? 아무리 뛰어난 부하 직원이라도 역시 상사와 함께 걸어가야 직장에서 성공한다는 점을 배우게 된다. 설령 그 걸음이 조금 느릴지라도 말이다.

직장인 조광조에게 배운다!

1. 상사가 지시한 업무에서, 나만의 관점과 능력으로 개선할 부분은 없는지 고민해 보자.
2. 내 주위의 실력이 뛰어난 상사부터 다소 부족한 상사까지, 그들에게서 배울 점을 세 가지씩 적어보자.
3. 당장의 성공이 아닌, 내 인생 전체에 대한 장기 성공 로드맵을 만들어보자.

남곤

너무 잘난 후배를 둔 선배의 비애

그는 원래 정의의 수호자였다

사림 세력의 정신적 지주로 추앙받던 조광조를 죽음으로 몰아넣고 간신으로 낙인찍힌 비운의 인물이 있다. 바로 남곤南袞[77]이다. 그는 사림 세력이 지정한 공공의 적 1호였기에 기득권 세력이었던 훈구파勳舊派로 생각되기도 하지만, 사실 그는 사림의 대부 김종직 밑에서 공부하였고 조광조의 스승인 김굉필의 친구였던 사림파였다. 한때 연산군에게 바른말을 하다가 목숨을 잃을 뻔도 했던 그가 어쩌다 역사의 간신으로 이름을 남긴 것일까?

1471년성종 2년 한양에서 태어난 남곤은 어려서부터 문장으로 이름을 날렸다. 김종직의 제자로서 뛰어난 자질을 보이던 그는 24세의 나이로 과거에 급제해 출셋길을 달리기 시작하였고, 유급휴가를 줄 테니 공부에만 매진하

---

77 남곤1471~1527은 조선 중종 때 문신이다. 뛰어난 문장력으로 순탄한 벼슬길을 걸었으나, 조광조가 중종의 총애를 받으며 신진세력의 리더가 되자 그와 적대적 관계가 되었다. 조광조가 왕이 된다는 주초위왕走肖爲王의 글을 유포하였고, 결국 기묘사화의 주역이 되어 조광조를 숙청하는 데 앞장선다.

라는 사가독서인賜暇讀書人[78]으로 선출되기도 한다. 장래가 촉망되는 인재들만 누리는 특혜였던 만큼 관료로서 실력을 인정받고 있었던 것이다.

정의감과 열정으로 불타오르는 젊은 관료였던 남곤은 왕에게 옳은 말을 해야 하는 간관의 직위에 임명되기도 했다. 적당함은 없었기에 옳다고 믿는 일은 용기 있게 간언을 하다가 감옥에 갇히기도 하고 벼슬이 강등되기도 했다. 심지어 연산군의 미움을 받아 곤장을 맞고 유배를 가기도 한다. 중종반정이 일어나지 않았다면 충신으로 이름을 남기고 역사 속으로 사라졌을지도 모른다.

하지만 중종반정 이후 조정으로 돌아온 그는 특유의 뛰어난 문장 실력을 인정받았고 대사헌과 대제학 등 고위직에 임명되며 대체로 순탄한 벼슬 길을 이어갔다. 조광조를 만나기 전까지 말이다.

잘난 후배와의 어긋난 인연

훗날 둘의 만남은 악연으로 치부되곤 하지만, 처음부터 그런 것은 아니었다. 조광조가 단경왕후 신씨 문제로 상소를 올렸을 때 남곤은 그의 편에서 적극 옹호해 주었고, 남곤이 관료의 인사권을 다루는 이조판서에 있을 때에는 후배였던 조광조가 6품에서 바로 4품으로 파격 승진할 수 있도록 적극 추천하기도 했다. 그만큼 남곤은 조광조의 능력을 높이 평가하였지만 둘의 가치관과 정치노선이 달랐던 탓에 조금씩 관계가 멀어진다.

---

[78] 조선시대 때 인재양성을 목적으로 젊은 문신들에게 휴가를 주어 학문에만 전념하도록 한 제도다. 오늘날의 석좌 제도나, 기업에서 시행하는 연수제도 등도 이와 유사한 제도라 할 수 있다.

남곤이 온건개혁파였다면 조광조는 급진개혁파라 할 수 있었다. 남곤의 눈에는 조광조가 너무 아슬아슬해 보였고, 조광조의 눈에는 남곤이 기득권 세력에 아부하는 자로 보였다. 또한 조광조는 유교경전을 연구하는 경학經學만을 중시했던 반면, 남곤은 그것뿐만 아니라 시와 문장 즉 사장詞章도 중요시했다. 즉 조광조가 윤리만 배우면 된다고 했을 때, 남곤은 국영수도 중요하다고 이야기한 셈이다.

안타까운 점은 조광조는 자신이 옳다고 믿는 것만이 참된 진리요, 타협할 수 없는 명제였다는 점이다. 자신의 의견이 절대적으로 옳으므로 다른 의견을 이야기하는 사람들은 모두 소인배로 몰아버렸다. 조광조를 따르는 무리들은 남곤을 '남소인'이라 부르며 조롱하였을 정도다. 한때 잘나가던 남곤은 처음에 자신이 키워준 조광조의 세력이 점점 커지고 자신을 무시하는 지경에 이르자 배신감에 치를 떨었을 것이다. 하지만 조광조가 중종의 위세를 업고 있었기 때문에 마음속에서 그에 대한 미움만 키워갈 뿐이었다.

조광조를 몰아내는 데 앞장서다

조광조를 신뢰했으나 결국 진절머리가 난 중종은 마침내 그를 버리기로 결심한다. 그 명분을 제공한 결정적인 계기가 남곤이 주도하여 은밀히 진행된 '주초위왕走肖爲王' 사건이다. 주走와 초肖의 글자를 합하면 조趙가 되는데, 즉 '조광조가 왕이 된다'는 내용의 글이 유포된 것이다. 나뭇잎에 꿀을 발라 벌레가 그 부분만 갉아먹도록 만들어, 마치 나뭇잎에 저절로 주초위왕이라는 글씨가 생겨난 것처럼 꾸몄다는 일화가 전해진다. 이것이 실제인지 과학적으로 증명된 바는 없지만 어쨌든 분명한 사실은 남곤이 조광조를 몰아내는 사건의 주모자였다는 점이다.

위훈삭제 사건으로 더 이상 조광조에 대한 마음이 남아 있지 않던 중종은 남곤 등 일부 신하들에게 밀지를 내려 조광조를 체포하도록 강력하게 지시한다. 그리고 조광조를 위시하여 그들을 따르던 신하 70여 명에게 사약을 내린다. 이 일련의 사건이 기묘사화己卯士禍다. 남곤은 조광조를 죽이기까지 하는 것은 옳지 않다며 반대했으나 결국 중종의 강력한 의지를 꺾을 수 없었다. 그리고 조광조를 죽였다는 세간의 비난은 모두 남곤에게 집중된다.

남곤은 기묘사화를 주도한 공으로 좌의정이 되고, 마침내 최고 관직인 영의정의 자리까지 올랐다. 신하로서 누릴 수 있는 최고의 영예를 가지게 된 것이다. 하지만 그의 명예는 완전히 땅에 떨어지고 말았다. 대대손손 간신이라는 오명을 벗지 못하게 되었다. 본인도 그 점을 잘 알고 있었던 것 같다.

"세간에서 나를 어떻게 보고 있는가?"

"소인 됨을 면치 못할 것이라고들 합니다."

주변인들에게 그런 답변을 듣자 그는 그동안 쓴 글들을 모두 불태워버렸다. 자신의 문장이 후세에 전해지면 그것으로 또 비난을 받게 될 것이라고 생각했기 때문이다. 또한 죽을 때도, 헛된 명성으로 세상을 속였으니 장례는 간소하게 치러달라고 유언한다.

잘난 척하며 자신을 무시하던 애증의 후배 조광조를 몰아내고, 드디어 최고임원의 자리까지 올랐지만 동시에 많은 것을 잃었다. 안타까운 것은 남곤은 뛰어난 실력을 갖추고 중종의 신임도 받고 있었기에, 시간이 흐르면 충분히 그 자신도 영의정이 될 수 있는 인물이었다는 점이다. 하지만 좀 더 빨리 출세하는 대신 정치가로서, 유학자로서, 또 문장가로서 쌓았던 모든 명예를 잃어버리고 말았다.

후배는 나의 업무 파트너일 뿐이다

직장에서 선후배와의 관계는 매우 중요하다. 후배는 선배를 통해 많은 업무를 배우고, 직장 생활의 고민을 나누기도 한다. 직장 연차에 따른 위계질서가 살아있는 한국 사회에서는 선후배의 관계에 따라 직장 생활이 편해지거나 힘들어지기도 한다. 자신과 잘 맞는 선배를 만나는 것만큼이나 좋은 후배를 만나는 것도 직장 생활에 있어 중요한 운이다.

남곤은 조광조보다 먼저 '조선'에 입사한 선배였다. 게다가 남곤은 조광조보다 나이도 11살이 더 많았다. 사사건건 견제해 오는 정도전 같은 선배를 둔 하륜의 처지도 딱했지만, 어마무시하게 치고 올라오는 조광조 같은 후배를 둔 남곤도 직장 생활이 고달팠을 것이다.

결국 그들은 직장 선후배를 넘어 경쟁자가 되더니, 끝내 서로를 짓밟는 상황까지 치달았다. 조광조는 선배 남곤을 존중하기는커녕 무시했고, 남곤의 마음속에는 화가 커져갔다. 결국 그들 관계의 종말은 파국이었다. 조광조는 죽고, 남곤은 그를 죽인 간신으로 역사에 이름을 남긴 것이다.

직장 생활을 하다 보면 다양한 성격을 가진 '비호감' 후배들을 만날 수 있다. 내가 선배에게 그랬듯이 내 후배도 나에게 좀 싹싹하게 대하면 좋겠는데, 붙임성도 없어 보이고 자기만 잘난 듯 행동한다. '쟤는 대체 왜 저래?'

라는 생각이 들기도 한다. 하지만 후배는 내 부하 직원도 아니고, 친구도 아니라는 사실을 인정하자. 그는 단지 함께 일하는 업무 파트너, 곧 직장 동료일 뿐이다.

'싹싹하다'라는 말 자체에는 선배의 권위 아래에 후배가 들어오기를 바라는 마음이 담겨 있다. 후배가 나보다 늦게 들어왔기 때문에 내 권위 아래에 두겠다는 생각부터 버려야 한다. 내가 단순히 연차가 높기 때문이 아니라, 내가 후배보다 아는 게 더 많기 때문에 나에게 기댈 수밖에 없도록 만들어야 한다.

똑똑하고 나보다 잘나가는 것 같은 후배라도 그것이 후배의 실력에서 기인한 것이라면 그 실력 그대로 인정해 주도록 하자. 감정은 최대한 배제하고 후배에게라도 배울 게 있다면 배우겠다는 생각을 가지고 대하자. 우리는 아마추어가 아니다. 함께 일을 하기 위해 모인 직장에서 월급 받는 프로들이다. 알량한 자존심은 사치일 뿐이다. 다만 중요한 것은 절대 나의 자존감을 잃지 않는 것이다. 후배와 나를 비교할 필요는 없다. 내가 자격지심을 갖는 순간, 나의 직장 생활은 힘들어지기 시작한다.

어차피 우리가 직장에서 보내야 할 시간들은 길게 남아 있다. '주초위왕' 사건의 주모자가 된 남곤처럼 너무 조급해진 나머지 억지로 후배를 끌어내리려 애쓸 필요도 없다. 함께 일하는 업무 파트너로서 후배에게 도와줄 게 있으면 도와주고, 얻을 게 있으면 얻으면 된다. 나는 나대로 성실하게 직장 생활을 해나가는 것이 중요하다. 직장 생활은 빨리 가는 게 중요한 게 아니라 오랫동안 멀리 가는 것이 더 중요하다.

07

멘토와 함께 하다,

이준경

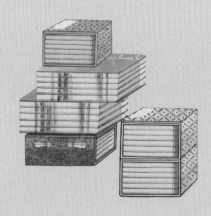

성명 : 이준경李浚慶

출생 : 1499년, 한양

주요 경력 : 영의정, 좌의정, 우의정, 병조판서

주요 프로젝트 : 사림의 평화적 정권교체, 선조 왕위 옹립

추천인(직업) : 명종조선 13대 임금

한 줄 자기소개

– 조직 생활은 혼자만 잘났다고 잘할 수 있는 것은 결코 아닙니다.
많은 동료와 선후배들의 도움이 필요하고, 저 또한 도움을 줄 수
있어야 합니다. 그들에게서 하나라도 더 배우고 자신의 성장 계
기로 만드는 능력이 정말 중요하다고 생각합니다. 특히 조광조
선생은 제 인생에 있어 매우 훌륭한 멘토였고, 그분의 장점뿐 아
니라 단점에서도 많은 것을 배우며 제 것으로 만들었습니다. 더
나아가 저도 그분처럼 멘토가 되어 동료들과 함께 성장하는 길을
추구하였습니다. 혼자만의 성공과 출세보다는 모두가 함께 성공
하는 것, 그것이 바로 저의 철학입니다.

시련과 함께 성장한 어린 시절

명종의 치세治世 기간은 권력욕에 사로잡힌 문정왕후文定王后[79]와 외척들이 권세를 남용하고 심각한 부정부패를 저질러 조선사회가 크게 어지럽던 때였다. 그 유명한 '임꺽정의 난'[80]이 일어난 것도 이때의 일이다. 하지만 훈구파의 시대가 저물면서 상대적으로 깨끗한 정치세력이었던 사림士林의 시대가 온다. 기득권이 움켜쥐고 있던 거대한 권력이 자연스럽게 사림으로 넘어가는 시기였다. 이전에 사림 세력이 성장할 때마다 무오사화, 기묘사화 등 수차례의 숙청으로 인해 참혹한 피를 뿌리며 후퇴해야 했지만 마침내 그들의 시대가 온 것이다. 자칫 큰 혼란에 빠질 수도 있었지만 이때의 권력 이동은 차분하게 이루어진다. 그리고 그 역할과 중심에는 당대의 존경받던 멘토 이준경이 있었다.

이준경은 무오사화가 발생한 1년 후인 1499년연산군 5년 홍문관弘文館[81] 수찬修撰 이수정李守貞의 아들로 태어났다. 무오사화는 조선이 창업한 이래 처음 있었던 사화士禍로서 연산군에 의해 수많은 사림 정치인들이 죽임을 당한 사건이다. 사림이 처음 정계에 진출하게 된 것은 성종이 훈구파의 세력이 비대해지는 것을 막기 위해 그들을 적극 등용하면서부터였다. 주로 언론기관으로 진출하여 이래라 저래라 간언을 쏟아내는 사림이 연산군에게

---

79 문정왕후1501~1565는 조선 11대 왕 중종의 왕비이자 13대 왕 명종의 어머니다. 명종의 대왕대비 자격으로 8년간의 수렴청정을 끝낸 후에도 죽을 때까지 막강한 권력을 휘둘렀다.

80 16세기 중반 백정 출신이었던 임꺽정이 주동하여 일어난 농민들의 난이다. 난이 진압되기까지 3년의 시간이 걸렸으며, 명종 때 어지러운 정치와 탐관오리의 발호로 백성들의 삶이 매우 피폐하였음을 잘 보여주는 사례다.

81 홍문관은 사간원, 사헌부와 함께 언론言論 삼사三司라 한다. 집현전이 혁파된 후 그 기능을 이어받아, 학술과 언론 기관의 역할을 수행하였다. 수찬은 홍문관에 속한 정6품 벼슬이다.

는 눈엣가시와 같았다. 마침 사림을 대표하던 김일손이 사관史官으로 일하면서 썼던 사초史草, 즉 역사 기록의 내용이 알려져 문제되는 일이 발생한다. 세조가 조카 단종의 왕위를 빼앗고 죽음에 이르게까지 했던 일을 비난하는 내용이 수록되었던 것이다. 이것을 빌미로 연산군이 사림에 대한 무자비한 숙청을 단행하는데 이 사건이 바로 무오사화였다.

그리고 6년 뒤에는 연산군이 어머니 죽음의 비밀을 알게 되어 일으킨 갑자사화가 발생한다. 연산군의 생모인 폐비 윤씨가 죽임을 당했을 때 사약을 들고 간 사람이 바로 이준경의 할아버지인 이세좌李世佐였다. 그 결과 이세좌와 아버지 이수정은 죽임을 당하고, 이준경과 그의 형인 이윤경李潤慶도 유배에 처해지게 된다. 이준경이 불과 6세 때 벌어진 일이다.

다행히 3년 뒤 중종반정이 일어나면서 연산군은 폐위되고 유배에 처해졌던 이준경은 자유의 신분이 되지만 시련은 이것으로 끝난 게 아니었다. 멸문지화를 당한 그의 집안은 지독한 가난에 시달려야 했다. 7살의 이준경이 남의 집에 의탁하여 살아야 했을 때, 한겨울에 집주인이 실수로 불을 낸 일이 있었다고 한다. 다행히 몸은 빠져나왔지만 유일하게 한 벌 있던 겨울 솜옷이 타고 말았다.

"이를 어쩌면 좋아… 이 엄동설한에 어린 아이가 얼마나 견뎌내기 힘들꼬…"

주위 사람들이 안타까워하며 한마디씩 하자 어린 이준경은 오히려 위로하며 말했다.

"옷에 이와 벼룩이 많아서 항상 괴로웠어요. 그런데 이렇게 불에 타버렸으니 오히려 다행인 것 같습니다. 저는 정말 아무렇지도 않으니 너무 걱정하지 마세요."

7살짜리 어린 아이가 한 말이라고 믿기 어려울 정도지만 그만큼 어릴 때부터 겪어야 했던 시련과 아픔이 이준경을 단단하게 키워내고 있었음을 짐작하게 한다.

멘토와 함께 시련을 극복하다

이준경은 사촌형 이연경李延慶[82]에게 가르침을 받았는데 그는 조광조와 동문이었다. 이연경을 통해 조광조의 도학道學에 대해 듣고 배우게 된 그는 19세 때 조광조를 직접 찾아가 만나기도 했다.

하지만 조정에서 기득권 세력에 맞서 수많은 개혁을 추진하며 활약하던 조광조를 진정한 영웅으로 여기던 이준경을 또 다시 좌절에 빠트린 사건이 발생한다. 조광조가 출사한 지 불과 4년 만에 기묘사화 사건으로 죽고 만 것이다. 이 사건으로 이준경은 깊은 좌절에 빠져 학문을 접고 만다. 무엇보다 그는 그토록 조광조를 총애하던 중종이 한순간 비정하게 돌변하여 그를 죽여버렸다는 사실이 믿어지지 않았다. 이준경에게 정치에 대한 깊은 회의감을 느끼도록 만들기에 충분한 사건이었던 것이다. 하지만 방황하던 이준경을 다시 붙잡아 준 것은 어머니와 이연경이 건네는 따뜻한 충고였다.

"억울하게 돌아가신 너의 아버지, 또 조광조 선생을 생각하면 내 마음도 너무나 원통하다. 하지만 이렇게 마음잡지 못하고 방황만 하는 것을 진정

82　이연경1484~1548은 조선 중기의 학자다. 갑자사화로 해남에 유배되었다가 중종반정 후 풀려났다. 현량과 실시로
　　관직에 나가 조광조의 개혁정치를 도왔으나 기묘사화로 관직에서 쫓겨난 뒤 충주로 내려와 은거했다.

그분들이 원하시겠느냐. 못다 이룬 뜻을 준경이 네가 이어가는 것이 그나마 조금이라도 그분들의 죽음을 헛되지 않게 만드는 것이다. 이제 그만하면 되었으니, 그분들의 뜻을 네 마음속에 깊이 새기고 절대 잊지 마라. 그리고 다시 시작해 보아라."

"나의 생각도 네 어머니와 같다. 내가 조광조 선생이 돌아가신 후 낙향하여 후학을 양성하는 삶을 살기로 결심하고 너를 가르쳤던 것은 이런 나약한 모습을 보고 싶어서가 아니다. 조광조 선생을 함께 찾아뵙고 인사드렸을 때 그분의 뜻을 마음에 잘 새겨 학문에 정진하겠노라 하지 않았었느냐."

그들의 진심 어린 조언에 이준경도 다시 마음을 잡고 공부에 전념하였고, 33세의 나이로 문과에 급제하게 된다. 이준경은 조광조를 자신의 멘토로 삼아 그 뜻을 이어가되, 그가 지나치게 급진적인 정치로 실패했던 것을 거울삼아 본인은 유연하고 신중한 관료가 되기로 결심한다. 많은 시련에도 불구하고 오뚝이처럼 다시 일어나 마침내 관료가 될 수 있었던 것은 조광조와 이연경이라는 정신적 멘토의 존재가 그에게 용기를 불어넣었기 때문이었다.

직장에서 멘토를 만드는 것은 직장 생활에 여러모로 큰 도움을 준다. 직장에는 내게 도움이 될 만한 상사나 선배들이 반드시 있다. 심지어 동료나 후배라 하더라도 그들에게서 정말 배울 만한 것이 있다면 그를 나만의 멘토로 삼아야 한다. 특히 아무것도 모르는 신입사원 때 보고 배울 멘토가 있다는 것은 정말 큰 힘이 된다. 업무 방식, 상사와 동료를 대하는 태도, 소통 능력, 심지어 보고서나 이메일을 쓰는 방법까지 모두 그들로부터 배울 점이다.

멘토로부터 직접적인 조언을 듣는 것도 중요하다. 특히 상사나 선배들은 나보다 오랫동안 직장 생활을 한 사람들이다. 나보다 많은 어려움에 부딪쳐 보았고 그 시간들을 지혜롭게 극복한 경험을 가지고 있다. 남의 돈을 받아먹으며 살아야 하는 직장 생활이기에 내 뜻대로 안 되는 일은 너무나 많다. 직장 생활을 하면서 전에 겪어본 적 없는 뜻밖의 난관에 부딪치게 되는 것은 누구나 마찬가지지만 처음에는 어떻게 대처해야 할지 몰라 당황스러울 것이다.

그럴 때 시행착오를 줄일 수 있는 방법은 멘토의 조언을 적극적으로 구하고 듣는 것이다. 가능한 많은 조언을 들은 뒤 가장 현실적이고 적절한 대안을 선택하면 위기 극복에 큰 도움이 된다. 멘토로부터 배울 것은 이것뿐만이 아니다. 그들의 직장 커리어와 걸어온 삶의 궤적을 통해 나의 미래를 그려볼 수도 있다.

어떤 회사에 두 명의 선배가 있다. 한 선배는 본사에서 치열하게 일하여 상사의 인정을 받았고 원만한 대인관계를 토대로 마침내 임원의 자리까지 올랐다. 다른 선배는 일찌감치 해외파견을 지망하여 수십 년을 해외 근무만 했다. 어떤 커리어가 더 성공하고 실패했다고 말할 수 없다. 성공의 기준은 주관적인 것이다. 치열한 과정을 거쳐 모두가 선망하는 임원의 자리에 오른 그 선배도, 해외에서 일하며 두둑한 해외 근무수당으로 많은 돈을 저축한 그 선배도, 적어도 자신이 만족한다면 성공했다고 볼 수 있다. 그들의 다양한 커리어를 보고 더 선망되는 진로가 있다면 그것을 벤치마킹하면 된다.

좋은 상사를 만나는 것 못지않게, 좋은 멘토를 만나는 것도 성공적인 직장 생활로 이끄는 중요한 팁이다. 상사는 내가 선택할 수 없지만 멘토는 내가 선택할 수 있다는 것도 매력적이다. 하루하루가 치열한 직장에서 나의 성장을 돕고 힘이 되어주는 멘토를 만나게 된다면, 불운하게만 느껴지던 직장 생활일지라도 한 줄기 빛을 만난 기분이 들 것이다.

훗날 이준경이 선조를 왕위에 올리고 난 후 가장 먼저 한 일이 있다. 자신의 멘토 조광조를 영의정에 추증하도록 하여 그의 명예를 회복시키는 일이었다. 그는 관직 생활 내내 멘토 조광조의 가르침과 정신을 마음속에 담아두었다. 이것은 이준경이 살아가면서 겪어야 했던 숱한 시련 속에서도, 오로지 한 길로만 걸을 수 있게 만들어주는 원천이자 힘이었다.

선조를 군주로 추대하다

이준경은 공정한 업무처리와 뛰어난 통찰력, 좌고우면左顧右眄하지 않는 성품으로 조정 내의 많은 신망을 얻게 된다. 심지어 명나라에 있는 사람들에게까지 그의 대단한 명성이 퍼질 정도였다. 명종이 세자도 세우지 않은 상태에서 34세의 젊은 나이로 갑자기 승하하여 조정이 큰 혼란에 빠졌을 때 마침 조선을 방문했던 명나라 사신이 그 소식을 듣고는 통역관에게 질문을 던졌다.

"조선 국왕께서 후사도 없이 승하하셨다고 들었소. 나라의 혼란이 클 터인데 지금 조정을 이끌고 있는 재상은 누군가요?"

"아실지도 모르겠으나 동고 이준경 대감이라는 분입니다. 나라 안팎의 신임을 받고 있는 분이지요."

"아! 동고 선생의 명성은 나도 들은 바가 있소. 그분이 조정의 중심에 있다면 당신 나라는 걱정할 필요 없겠소이다."

실제 명종의 갑작스런 죽음은 조정에 큰 혼란을 가져왔다. 관료들은 차기 왕이 누가 될지 신경을 곤두세우고 어느 줄에 서야 할지 알아보느라 분주히 움직였다.

하지만 명나라 사신의 말처럼 이 시기 영의정이 이준경이라는 점이 다행이었다. 사익을 위해 마음만 먹으면 얼마든지 자기 뜻대로 차기 국왕 선정에 개입할 수도 있었지만 그는 이 혼란을 최대한 빨리 안정시켜야 한다는 정승으로서의 책임에만 몰두했다.

명종이 승하할 때 임종을 지킨 신하는 영의정 이준경과 영부사領府事 심통원沈通源[83]이었다. 명종의 외척인 심통원은 명종이 승하하면 자신의 뜻에 맞는 임금을 세울 계획을 가지고 있었다. 만약 심통원이 홀로 명종의 유지를 받았다면 스스로 임금을 세우고 공신이 되어 전횡을 저지를 가능성이 컸던 것이다. 하지만 명종이 유언도 남기지 못한 채 죽음에 임박하자, 이준경은 재빨리 왕비인 인순왕후仁順王后 심씨沈氏가 결정을 내리도록 재촉하였다. 그리고 생전 명종의 뜻을 받든 왕비의 교지를 받아 하성군河城君을 왕으로 옹립한다. 그가 바로 선조다.

하성군을 태운 가마가 궁궐로 향하자 많은 신하들이 그 뒤를 따랐다.

---

83 심통원1499~1572은 조선 중기의 문신이다. 왕의 외척으로 윤원형尹元衡 등과 권력을 남용하여 뇌물을 받았다는 삼사三司의 탄핵을 받아 선조 즉위년에 관직이 삭탈되었다.

슬쩍 숟가락을 얹어 공신이 되어보겠다는 속셈이었다. 가마가 궁궐에 도착하자 그들은 자신의 이름을 두루마기에 적어 올린다. 하지만 이준경은 그 두루마기를 보자마자 불태워버린다.

"지금 이 대업에 있어 공신된 자가 어디에 있다는 말이오."

사실 선조 즉위의 최고 공신은 누가 봐도 이준경이었다. 하지만 공신들의 권력남용과 부정부패로 나라가 크게 어지러워졌던 과거를 잘 알고 있었던 그는 자신부터 같은 잘못을 되풀이하지 않고자 했다. 이렇게 외척과 공신들에 의해 좌지우지되던 지긋지긋한 역사는 단절된다. 나중에 임진왜란을 거치며 무능한 군주로 후세에 낙인찍히긴 했지만 외척과 공신으로부터 자유로운 군주 선조의 즉위는 새로운 시대를 알리는 것이었다. 이준경이 그 중심을 잡고 있지 않았더라면 현실이 되지 못했을 수도 있었던 일이다.

가십거리가 될 만한 일은 만들지 마라

이준경이 만약 임금의 뜻임을 내세워 자기 마음대로 왕을 세웠다면 다시 권력투쟁이 일어났을 것이다. 하지만 철저하게 사심에 따라 움직이지 않고 사익을 취하지 않았기 때문에 큰 혼란 없이 정국을 안정시킬 수 있었다. 이준경은 결코 꼬투리 잡힐 만한 일은 하지 않았고 항상 대의에 따라 공정하게 일을 처리하고자 노력했다.

이처럼 강직했던 그의 성품을 보여주는 많은 일화가 전해진다. 그는 관직이 올라갈수록 많은 인사청탁이 들어왔지만 그때마다 정중하게 거절하고 돌려보냈다. 한번은 평안감사로 일할 때 또 어떤 고위직 인사로부터 청탁이 들어왔다. 한 무인을 채용해 달라는 청탁이었다.

'이분의 청탁을 거절하기는 정말 어려운데, 이를 어쩐다⋯. 그래, 이렇게 하자.'

그 무인이 관아에 찾아오자 하인을 시켜 방으로 데려오라고 한다. 다만 바로 데려오지 말고 관아 내에서 빙빙 돈 후 데려오라는 이상한 지시와 함께였다. 무인이 이준경의 방에 도착하자 이렇게 물어본다.

"여기까지 오시느라 수고하셨소. 채용 임명 전에 간단히 한 가지 확인해 보고 싶은 것이 있는데, 지금 있는 방이 관아 내 어디에 있는지 설명해 볼 수 있겠소?"

"저 그것이⋯."

너무 빙빙 돌아서 온 탓에 그는 제대로 답변을 할 수 없었다. 이준경은 그를 돌려보내고는 청탁자에게 이렇게 말한다.

"방향 감각도 제대로 없는 인물이라 추천해 주신 무인은 채용이 어렵습니다."

이 이야기가 주변에 알려지자 청탁이 크게 줄어들었다고 한다. 또 이준경이 영의정으로 있었을 때 한 관직의 후보로 자신의 아들이 명단에 오른 것을 보았다.

"내 아들이라 내가 잘 아는데, 이 일을 맡기에는 한없이 부족한 사람이다."

이준경은 이렇게 말하며 그 명단에 있는 아들 이름을 북북 그어버렸다고 한다.

사람들은 직장 내에서 발생하는 일들에 대해 가십을 만들고 이야기하는 것을 좋아한다. 직장이 존재하는 한 아마 뒷담화는 영원히 존재할 것이다. 누가 술 먹고 실수한 이야기, 옆 팀 부하 직원이 상사에게 들이받은 이야기, 어떤 상사가 편애하는 직원을 특진시킨 이야기 등등 소재는 무궁무진하다. 그것은 직원의 사생활에 관한 것일 수도 있고, 상사의 의사결정이나 직원의 업무와 관련된 것일 수도 있다.

우리는 그런 가십의 대상이 되지 않도록 평소에 주의를 해야 한다. 내가 상사든 부하 직원이든 마찬가지다. 우선 부하 직원의 입장에서 본다면 이준경은 불미스러운 일로 사람들의 입에 오르내리지 않았다. 사실 위대한 청백리로 인정받는 황희나 뛰어난 정승 하륜도 부정 사건에 연루되어 곤욕을 치른 바 있었다. 그때마다 임금은 그들을 애써 변호해 주기 위해 진땀을 흘려야 했다.

종종 가십거리가 되는 부하 직원을 둔 상사는 피곤하다. 일단 내 부하 직원의 이야기가 회사 내에 떠돌면 신경이 곤두설 수밖에 없다. 자신의 관리 역량에까지 부정적인 이야기가 나올까 조바심이 든다. 하지만 이준경과 같이 스스로 주위를 살피고 돌보는 부하 직원을 둔 상사는 업무 이외의 일로 신경을 쓸 필요가 없다. 자연스럽게 그를 더 신뢰하게 되며 더 많은 일을 믿고 맡길 수 있게 된다.

상사로서 이준경은 정상적인 루트를 통해 관직을 추천받은 아들에 대해서까지 엄격히 처신하여 자신이 공정하게 일한다는 것을 세상에 보여주었다.

일단 한번 상사의 결정에 사사로운 이익이나 감정이 끼어 있다는 의심이 들기 시작하면, 그렇지 않은 다른 의사결정에 대해서도 의심의 눈초리로 바라보게 될 것이다. 상사가 의사결정을 할 때 부하 직원들은 그것이 조직을 위해 가장 효과적이고 합리적이기를 기대한다. 하지만 그 기대를 저버리는 결정을 하면 조직 내에는 불만의 싹이 트게 된다. 예컨대 어떤 직원의 실력이 부족함에도 그 상사가 편애하여 특진시켰다는 가십이 돌기 시작하면 그 팀의 팀워크에 상당한 타격이 올 것이다. 혹은 부하 직원에게 좋지 않은 감정이 있다고 그가 제출하는 보고서마다 별 것 아닌 꼬투리를 잡아 계속 반려한다면 그 상사의 평판에 부정적인 영향이 생길 것이다.

직장 생활을 오래 유지하는 기본 중의 하나는 꼬투리 잡힐 만한 일을 만들지 않는 것이다. 그 이유는 명확하다. 나의 평판에 직접적인 영향을 주기 때문이다. 평판이 악화되면 현재 직장 생활도 상당히 피곤해지겠지만 나중에 이직하게 될 때도 큰 문제가 될 수 있다. 이직하려는 회사에서 평판 조회를 했을 때 나의 안 좋은 평판 때문에 이직이 막혀버릴 수도 있는 것이다. 사람 일은 어떻게 될지 모른다. 그렇기에 평소 자기관리의 중요성은 아무리 강조해도 부족하지 않다.

조선의 영원한 멘토가 되다

선조 시대의 조정은 이제 훈구파들이 거의 사라져, 사림의 독무대가 된 것이나 마찬가지였다. 정치세력 간에 서로를 죽고 죽이기까지 하던 갈등은 모두 사라지게 될 것처럼 보였다. 하지만 그러한 기대와 달리 또다시 새로운 갈등의 시대가 열리고 있었다. 이번에는 사림 내부에서 동인과 서인의 붕당이 형성되어 당파싸움이 시작된 것이다.

이준경은 이전부터 이러한 조짐을 알아채고 있었다. 새롭게 조정에 진출한 젊은 사림들은 급진적인 개혁을 주장하며 온건노선을 걷는 신하들을 비판하였고, 서로에 대해 군자와 소인을 운운하며 편 가르기하는 일도 종종 발생하였다.

이준경은 이미 영의정에서 물러나 명예롭게 은퇴한 상황으로, 많은 신하들의 존경을 받는 큰 어른이었다. 그는 자신이 곧 죽음에 임박했음을 깨닫자 선조에게 마지막 네 가지를 당부하는 유언을 올린다. 첫째, 학문에 힘쓰고 아랫사람을 포용력 있게 대할 것. 둘째, 아랫사람을 대할 때 위의威儀를 가질 것. 셋째, 군자와 소인을 분간할 것. 넷째, 사사로운 붕당을 깨뜨릴 것이었다.

이제 갓 20세가 된 선조는 아무래도 아랫사람을 대하는 태도에 미숙한 점이 있었다. 첫 번째와 두 번째 유언은 이러한 선조의 단점을 직접적으로 지적한 것이어서 선조 입장에서는 당황스러웠을 것이다. 하지만 이준경을 각별히 아꼈던 선조로서는 그가 하는 말을 귀담아듣고 그를 옹호해 주었다. 조정에 큰 논란을 일으킨 것은 세 번째와 네 번째 유언이었다. 특히 스스로를 군자로 여기고 다른 신하들은 소인이라 폄하하던 신진 사림들의 격렬한 반발을 일으켰다.

"사람은 죽음에 이르면 선한 말을 하는데, 이준경은 죽을 때 악한 말을 한다."

신진 사림의 대표주자였던 율곡栗谷 이이李珥가 이처럼 강하게 비판할 정도였다. 하지만 불과 4년 뒤 그가 걱정했던 일이 정확했음이 현실로 나타난다. 실제 동인과 서인으로 갈라지는 붕당이 출현한 것이다. 많은 사람들이 꼰대의 얼토당토않은 지적질이라며 분개했지만 사실은 미래를 정확히 내다본 조언이었음이 드러났다. 나중에야 이이도 자신의 잘못을 크게 반성하며 붕당의 심화를 막기 위해 노력하지만, 이미 붕당 간의 정쟁은 거스를 수 없는 대세가 되어버렸다.

좋은 멘토는 후배가 듣기 싫은 말이라 해도 그에게 필요한 조언이라면 한다. 물론 꼰대도 후배가 듣기 싫어하는 말이라도 한다는 공통점이 있다. 그렇다면 멘토와 꼰대를 구분짓는 차이점은 무엇일까. 가장 큰 차이는 자기의 경험을 절대시하느냐, 객관화하느냐의 차이일 것이다. 꼰대는 자기만의 경험과 성공 모델이 세상의 전부라고 착각한다. 그들의 말이 항상 변하지 않는 레퍼토리인 "내가 너만 할 때는 말이야…", "내가 그거 해봐서 아는데…"로 시작하는 이유다. 하지만 멘토는 자신의 경험이 절대적이라고 생각하지 않는다. 직장 후배와 경험을 공유하되 그것이 후배의 상황에 맞는지 스스로 적용해 볼 수 있도록 하고 여러 대안을 함께 고민할 수 있도록 도움을 준다.

무엇보다 결정적인 차이는 후배를 진심으로 걱정하는 마음일 것이다. 이준경은 그저 좋은 덕담을 유언으로 남기며 죽을 수도 있었다. 선조에게는 시대의 명군이요, 신진 사림들은 개혁의 기수라고 칭송하며 죽었다면 율곡 이이에게 그런 험한 말을 들을 이유도 없었다. 굳이 세상을 떠나는 순간까지 상대방이 듣기 싫은 말을 했다가 사후에 불필요한 곤욕을 치를 이유가 있을까. 하지만 그는 비겁하지 않기로 결심했고 쓴소리를 아끼지 않았다.

진심으로 임금과 후배 신하들을 염려하였기 때문이다.

내가 누군가에게 좋은 멘토로 기억된다면 그것은 매우 자랑스러운 일이다. 내가 직장 생활을, 더 나아가 인생을 헛되게 살지 않았다는 뚜렷한 증표가 되기 때문이다. 누군가를 나의 멘토로 삼아 그의 적극적인 조언과 도움으로 성장을 했다면, 이번에는 내가 누군가의 멘토가 되어 받은 만큼 돌려주도록 노력해야 한다. 멘토가 되겠다는 다짐을 통해 다시 한 번 자신을 돌아보는 계기로 삼을 수 있다면 그것 또한 자신을 위해 좋은 일이다.

훗날 조선을 아비규환의 전쟁터로 만든 임진왜란이 발발하자, 항간에 이런 소문이 돌았다고 한다.

"이준경 정승께서는 늘 부채를 가지고 다니셨대. 겨울에도 큰 부채를 가지고는 항상 동쪽으로 부채질을 했었다지? 그분이 부채질을 할 때마다 현해탄에는 바람이 거세게 불고, 풍랑이 일어나서 왜놈들이 바다를 건너올 수 없었다는 거야. 정승이 돌아가시니 더 이상 부채질을 하지 못하게 되었고, 그것 때문에 왜놈들이 조선을 공격할 수 있게 되었다는구만. 우리 백성들을 위해서라도 좀 더 오래 사셨어야 했는데…. 그랬다면 이 정도로 참혹한 피해를 당했겠어? 그분이야말로 진정으로 우리 백성들을 걱정하고 아껴주던 분이셨지."

임진왜란이 일어나기 20년 전에 세상을 떠난 이준경을 이렇게 전설로나마 불러내어 위안을 얻을 만큼 그는 조선의 큰 어른이자 멘토였다.

이준경처럼 멘토를 만들어라!

이준경은 6세 때 연산군에 의해 아버지를 억울하게 잃었으며, 자신도 연좌제로 유배를 당하고 지독한 가난에 시달려야 했다. 아버지를 빼앗아간 사화는 마음속으로 모시던 스승 조광조 또한 죽음으로 내몰았다. 그로 인해 한때 출사의 꿈을 포기하기도 했었지만 끝내 다시 일어섰다. 조광조가 성공 가도만 달리다 한 번의 시련으로 목숨까지 잃었던 것과는 달리, 이준경은 태어나자마자 시련과 불운의 연속이었다. 하지만 그러한 시련이 있었기에 강직하면서도 유연한 성품을 가질 수 있게 되었다.

이처럼 이준경이 단단하게 성장할 수 있었던 요인은 여러 가지가 있겠지만 **그의 마음속에 자리한 스승이자 멘토가 큰 역할을 했다.** 특히 조광조의 못다 이룬 꿈을 펼치겠다는 의지를 가지면서도 그가 현실 정치에서 실패한 원인을 분석하여 자신에게 적용하였다. 훗날 이이 등 신진 사림으로부터 너무 온건하다는 비판을 받기도 하지만, 그것은 지나치게 급진적이어서 실패했던 조광조로부터 얻은 교훈이 있었기 때문이었다. 조광조가 실패했던 한계는 극복하면서도 도학사상은 온전히 계승하여 자신의 정치철학 근본으로 삼았다.

직장 생활에 도움을 주는 좋은 멘토를 만날 수 있다면 큰 행운이다. 또한 누군가에게 한 가지라도 배울 점이 있다면 나의 멘토로 삼을 수 있어야 한다. 그들의 오랜 경험을 통해, 심지어 그의 실패했던 경험을 통해서도 나에게 닥친 난관을 극복할 수 있는 소중한 팁으로 적용해 볼 수 있다.

좋은 멘토 덕분에 내가 성장할 수 있었다면 이번에는 **나를 필요로 하는**

사람에게 좋은 멘토가 됨으로써 그것을 갚아야 한다. 이준경은 죽기 직전까지도 임금과 남겨진 신하들을 위해 쓴소리를 아끼지 않았다. 진정으로 그들을 아끼고 염려하는 마음이 있었기 때문이다.

꼰대가 되지 말고 멘토가 되자. 내 경험을 강제로 주입시키지 말자. 아끼는 후배에게 경험에서 우러나오는 진심어린 대안을 제시해 주고 스스로 일어날 수 있도록 힘을 불어넣어 주자. 멘토로서 내 삶의 궤적이 누군가에게 의지가 되고 표본이 된다면 나의 직장 생활, 또 인생은 분명 의미 있는 것이라 할 수 있겠다.

이준경이 멘토로 인정받을 수 있었던 중요한 이유는 철저한 자기관리에 있었다. 불필요한 가십거리를 만들지 않았고 덕분에 사람들 입방아에 오르내리지 않았다. 항상 공정하게 일을 처리하고 의사결정을 내렸다. 그랬기에 사람들은 모두 그를 믿고 따랐으며 존경하였다.

나의 사소한 실수 하나가 상사를 고개 들지 못하게 만들 수도 있고 나의 사사로운 의사결정 하나가 팀 전체의 사기를 떨어뜨릴 수도 있다. 자기관리를 잘하는 것은 결국 나의 평판과 직결되는 사안이다. 직장에서 좋은 평판을 유지하는 것은 매우 중요하다. 좋지 못한 평판이 언제 내 앞길을 가로막을지 모른다는 생각을 해야 한다. 이준경만큼은 아니더라도, 최소한 자신이 책임질 수 있는 범위 내에서 자신의 행동을 절제할 줄 알아야 한다.

논어에 '삼인행필유아사'三人行必有我師라는 말이 있다. 세 사람이 같이 가면 그중에 반드시 나의 스승이 있다는 말이다. 고작 세 명만 있어도 내 스승이 있을진대, 수많은 사람이 모이는 거대한 조직인 직장 내에 나의 멘토가 될 만한 사람도 분명히 한 명은 있을 것이다. 아직 발견하지 못했다면 오늘 당장 나의 멘토를 찾아보자. 직장 생활은 혼자 하는 것이 아니다. 다른 사람의 도움을 받아야 하는 것은 숙명이다. 나의 멘토로부터 도움을 얻고, 언젠가 나도 다른 사람에게 도움을 줌으로써 갚아야 한다. 직장 생활은 그런 것이다.

직장인 이준경에게 배운다!

1. 멘토로 삼을 사람이 있는지 주위를 살펴보고, 그들의 좋은 습관을 관찰하여 똑같이 따라 해보자.
2. 후배와 대화할 때 내가 성공한 경험이 절대적 진리라는 생각은 버리고 소통하자.
3. 누군가를 뒷담화하는 자리에 있게 된다면, 가급적 그 대화에는 끼지 말자.

08

오늘도 은퇴를 꿈꾼다,

이황

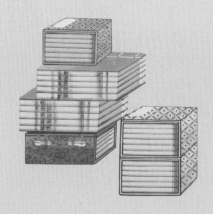

성명 : 이황李滉

출생 : 1501년, 경상도 안동

주요 경력 : 예조판서, 대제학, 성균관 대사성

주요 프로젝트 : 조선 성리학 집대성, 성학십도 저작, 도산서당 건립

추천인(직업) : 명종조선 13대 임금

한 줄 자기소개

- **워라밸Work-Life Balance이 중요한 시대에, 회사에서 일을 잘하는 것 못지않게 자기계발도 게을리 하지 않는 사람이 진짜 인재라고 할 수 있습니다.** 저는 공부가 너무 좋아서 자기계발도 꾸준히 하다 보니, 어느새 조선 최고의 성리학자가 되었습니다. 일로도, 스펙으로도 최고의 인재라는 인정을 받아 지금도 스카우트 제의가 많이 들어오고 있습니다. 하지만 빨리 은퇴하고 제가 하고 싶은 공부에만 매진하는 것이 저의 소박한 꿈입니다.

착한 범생이, 이황

퇴계退溪 이황은 조선 성리학의 대가로서 율곡 이이와 쌍벽을 이루는 인물이다. 그는 조선의 대표적인 사상가이자 학자의 이미지를 가지고 있지만 사실은 관료로도 뛰어난 실력을 보여주었다.

그가 살았던 시기는 연산군의 폭정과 중종반정, 훈구공신들의 부정부패 등 혼란의 연속이었다. 무오사화로 시작된 사화의 연속으로 왕이 신하를 죽이고, 신하가 신하를 죽이고, 심지어 신하가 왕을 내쫓기까지 하는 어지러운 시국이었다. 이에 조식처럼 뜻있는 많은 지식인들은 출사를 포기한채 재야에 은거했고, 인재가 사라진 조정에는 간신들이 넘쳐나 부정부패로 얼룩졌다. 이이가 어떻게든 현실 정치에 몸담아 세상을 바꿔보려 했던 것과 다르게, 이황은 끊임없이 관직을 버리려 했다. 덕분에 이황은 관직 생활을 하면서 79번이나 사임하는 독특한 이력을 갖게 된다. 반복된 관직 임명과 사임은 그 시대상과 이황 개인의 성격과도 연관이 있을 것이다. 학자가 아닌 직장인으로서 이황이 보여준 삶의 처세술은 어떠했을까?

이황은 1501년연산군 7년 정국이 어수선했던 시기에 안동에서 태어났다. 그의 아버지 이식李埴은 대사헌, 형조판서, 예조판서 등을 역임한 문신이었으나 이황이 태어난 지 7개월 만에 세상을 떠났다. 이러한 유년기 배경은 편부모 결손 가정에서 자랐다는 점에서 당시 임금이었던 연산군과 미묘하게 닮아 있다. 다만 연산군은 궁중의 암투 속에서 외로움을 견디며 성장해 결국 폭군의 길을 걷게 되었지만 이황은 어머니의 엄한 교육과 동시에 많은 애정을 받고 자랐다는 점이 달랐다고 할 수 있다.

그는 어려서부터 온유하고 감수성이 풍부해 공감 능력도 높았다고 한다. 여덟 살 때 그의 형이 손을 베여 피가 나는 일이 있었는데 이황이 형을 껴안고 크게 우는 것을 본 어머니가 물었다.

"다친 너의 형도 울지 않는데 네가 왜 우는 것이냐?"

"형이 울지는 않지만 얼마나 아프겠습니까?"

이황은 이처럼 심성이 착한 아이였기에 어머니는 도리어 걱정이 많았다. 나중에 관직을 맡게 되더라도 조그만 지방의 수령 정도만 맡고 중앙의 큰 직책은 욕심도 내지 말라고 늘 그에게 말하곤 했다. 이 조언이 높은 벼슬에 큰 관심을 갖지 않았던 이황의 삶과 무관하지 않을 것이다.

열두 살 때부터 숙부인 이우李堣[84]에게서 학문을 배운 이황은 학문에 뛰어난 자질을 보였는데 그는 진심으로 공부를 좋아하는 범생이였다. 지나친 독서로 건강을 해쳐 평생 소화장애 같은 질병에 시달릴 정도였다. 단순히 과거에 합격하기 위한 공부가 아니라 진정한 학문 탐구를 위한 공부를 한 그는, 주역에 심취하고 상당히 난해한 학문이었던 심학心學[85]의 대표 서적인 《심경心經[86]》을 탐독하고 연구한다. 이는 후일 주리론主理論[87]으로 대표되는 퇴계학파退溪學派의 근본을 이루게 된다.

---

84 이우1469~1517는 조선중기 때 문신이다. 중종반정에 참여한 공으로 정국공신靖國功臣 4등에 녹훈되었다. 부모 봉양을 위해 외직을 희망하여 진주 목사로 부임하기도 했다.

85 마음을 우주 만물의 근본으로 보는 사상이다. 이것을 연구한 조선 성리학자 이론 가운데 마음을 이치와 기질의 결합이라 보는 이황의 심합이기설心合理氣說과 마음을 곧 기질이라 한 이이의 심즉기설心卽氣設이 있었다.

86 송나라 진덕수眞德秀가 경전과 도학자들의 저술에서 심성 수양에 대한 격언을 발췌하고 당대 유학자들의 논의를 주석으로 더해 편찬한 책이다. 이황이 특히 진지하게 연구하여 말년에도 이 책을 읽는 것으로 하루를 시작했다고 한다.

87 조선성리학의 양대 철학으로 이황의 주리론主理論과 이이의 주기론主氣論을 들 수 있다. 이기이원론理氣二元論을 바탕으로 하는 성리학에서 이황은 우주만물의 궁극적 실재가 이理로서 기氣보다 더 우위에 있다고 본 반면, 이이는 우주만물의 존재 근원을 물질적인 기氣라고 보았다.

관직 임명과 사임을 반복하다

이이가 13세의 나이로 처음 진사시에 장원급제를 했던 것과는 달리 이황의 과거 합격은 상대적으로 매우 빠른 편은 아니었다. 그가 일반적으로 과거를 준비하는 다른 선비들처럼 입시에 목숨을 걸었던 것은 아니었기 때문이다. 24세 때는 세 차례 연속으로 낙방을 하기까지 했다. 그러던 어느 날 늙은 종이 자신을 달리 부를 호칭이 없어 '이 서방'이라고 부르는 것을 들었다. 이에 충격을 받은 이황은 과거 준비에 적극적으로 매진하여 28세에 진사시를 합격하고 마침내 34세에 문과에 최종 합격하여 관직 생활을 시작한다.

이황은 외교문서를 담당하는 승문원 부정자 관직을 시작으로 호조정랑, 형조정랑, 홍문관 교리, 성균관 대사성 등 여러 관직을 거친다. 특히 임금과 국정을 토론하는 경연에서 높은 수준의 학문과 덕을 보여 많은 칭송을 얻게 된다. 하지만 이황은 천성적으로 관료보다는 학자가 더 어울리는 인물이었던 데다 출세에 연연하지도 않았다. 거기에다 명종 때 발생한 을사사화乙巳士禍[88]로 삭탈관작削奪官爵, 즉 관직에서 쫓겨나는 일을 겪게 된다. 이황은 죄가 없다는 여론이 비등하여 곧 복직되기는 하지만 5년 후 진심으로 아끼고 사랑하던 형 이해李瀣[89]가 억울하게 죽는 일까지 발생하자 중앙정치

---

[88] 중종의 제1계비 장경왕후章敬王后의 외척인 윤임尹任 일파의 대윤大尹과 제2계비 문정왕후文定王后의 외척인 윤원로尹元老·윤원형尹元衡 일파의 소윤小尹 세력이 갈라져, 외척 간에 권력투쟁이 벌어졌다. 장경왕후의 아들인 인종이 즉위하여 대윤이 득세하나, 8개월 뒤 인종이 승하하고 문정왕후의 아들인 명종이 즉위하면서 소윤에 의해 대대적인 대윤 숙청이 발생하였다. 이때 많은 사림 세력이 큰 피해를 당했는데, 이 사건을 을사사화라 한다.

[89] 이해1496~1550는 대사헌, 대사간, 예조참판 등을 역임한 문신이다. 대사헌으로 있을 때 이기李芑를 우의정으로 발탁하는 것에 대해 반대했다가 그의 원한을 사게 되었다. 명종 즉위 초 소윤小尹이 득세했을 때 이기의 심복인 이무강李無彊의 탄핵을 받고 귀양 가던 중 병사하였다.

에 더욱 흥미를 잃고 만다. 무엇보다 형의 죽음은 그에게 큰 충격으로 다가왔다. 이래저래 당시의 조선 조정은 이황이 즐겁게 직장 생활을 할 만한 곳은 아니었던 것이다.

이러한 근무 환경에 처한 직장인 이황이 취했던 대처는 두 가지였다. 관직을 맡는 동안은 최선을 다해 일하되 동시에 자기계발을 게을리 하지 않는 것, 그리고 끊임없이 관직을 사임하겠다고 임금에게 요청한 것이다. 실제로 그의 관직 생활은 임명과 사임의 연속이었다.

꾸준한 자기계발이 이황을 만들었다

이황은 관직에 등용된 이후에도 틈만 나면 공부했다. 뛰어난 젊은 인재에게만 주어지는 혜택인 사가독서인으로 선발되었을 때는 말 그대로 독서만 했다. 오로지 독서에만 집중하는 그의 자세에 대해 독서당 관리들이 칭송할 정도였다. 평소 관직에 있을 때도 책을 놓지 않았던 이황이지만 잠깐 관직을 내려놓고 고향에 돌아왔을 때는 더욱 학문 연구에 몰두한다. 그리고 그가 깨우친 성리학의 심오한 원리를 바탕으로 활발한 저술 및 편찬 활동을 하는데, 《천명도설후서天命圖說後敍》, 《주자서절요朱子書節要》, 《계몽전의啓蒙傳疑》 등이 그때 세상에 내놓은 책들이다.

사실 이황이 관직을 완전히 은퇴한 후에 본격적인 학문 연구를 시작한 것으로 오해하기 쉬우나 그는 세상을 떠나기 1년 전까지도 예문관 대제학을 마지막으로 계속 관직을 맡았다. 관직을 연이어서 맡았던 것은 아니지만 첫 관직부터 마지막 관직까지 약 40년에 걸친 기간 동안에도 끊임없이 학문 연구에 매진했던 것이다.

그렇다고 공부하느라 맡은 업무의 책임을 소홀히 했던 것도 아니다. 한 일화로 단양 부사 발령을 받았을 때 그곳 백성들은 3년 전부터 심한 가뭄으로 큰 어려움에 처해 있었다. 그는 부임하자마자 이 문제부터 해결하고자 저수지 건설을 추진했다. 성공적으로 프로젝트를 끝낸 후 더 이상 가뭄이나 홍수가 발생하지 않아 백성들 사이에 명성이 자자했다. 단 9개월의 임기였지만 다시 풍기군수로 임직하여 떠나게 되었을 때 단양 백성들이 가지 말라고 뛰쳐나와 붙잡을 정도였다.

좀 더 나은 삶을 위해 자신의 역량을 키우는 것을 자기계발이라 한다면, 유교정치와 수양을 표방하는 조선에서는 성리학 공부야말로 최고의 자기계발이었다. 특히 학자이면서 곧 정치인이자, 관료였던 조선 사대부들에게 있어 학문은 출세의 도구이자 생계수단인 동시에 자기계발의 수단이기도 했다. 그런 점에서 본다면 이황은 맡은 일에 최선을 다하면서도 자기계발에 엄청난 노력을 기울인 셈이다. 지금으로 치면 종종 야근해야 할 정도로 바쁜 직장 생활 와중에 열심히 공부해서 전문 자격증 시험까지 합격한 대단한 직장 동료라 할 수 있다. 자신의 일과 자기계발을 모두 소홀히 하지 않고 더 나아가 즐기기까지 한 이황의 자세는 분명히 본받을 점이 있다.

힘들게 공부하여 마침내 취업 경쟁률을 뚫었다. 이제 직장에 들어왔으니 더 이상 공부할 필요는 없을 거라 생각한다면 큰 오산이다. 회사는 여전히 직원들이 공부하기를 원한다. 그래서 어떤 회사는 어학 학원비를 지원해주기도 하고 특정 자격증을 따면 수당을 주기도 한다. 물론 공짜로 해주는 것은 아니다. 직무에 맞는 능력을 계속 계발하도록 유도하여 더 많은 성과를 내주기 바라는 것이다.

자기계발은 우선 자신의 업무와 관련된 것부터 하는 것이 좋다. 가령, 엑셀을 많이 다루어야 하는 업무라면 일단 엑셀 책부터 사보는 식이다. 영어 실력이 중요한 업무라면 영어 공부도 좋다. 지금 맡은 업무 실력을 더 향상시킬 수 있다면 무엇이든 지금 당장 시작해야 한다. 링컨은 이렇게 말했다.

"나무를 베는 데 한 시간이 주어진다면 도끼날을 가는 데 45분을 쓰겠다."

날이 빠진 도끼로 한 시간 동안 나무를 베는 것보다 날이 잘 선 도끼로 15분 만에 나무를 베는 것이 나의 업무 성과나 정신건강을 위해서라도 훨씬 현명하다. 내 실력을 업그레이드하고 더 많은 성과를 내기 위해 투자하는 45분을 결코 아까워해서는 안 된다.

자기계발이 중요한 이유가 한 가지 더 있다. 직장을 언제 그만둘지 모르는 미래의 상황을 대비하기 위함이다. 평생직장이라는 말은 이제 옛날이야기다. 직장은 영원히 나의 삶을 보장해 주지 않는다. 더 이상 정리해고나 명예퇴직이 남의 이야기가 아닌 것이다. 아무런 생계수단의 준비가 되어 있지 못한 상태에서 갑자기 퇴사하게 된다면 그것만큼 절망적인 일이 또 있을까. 뜻하지 않은 상황에 대비하여 여러 개의 보험을 들어두는 것만큼 뜻하지 않은 퇴사에 대비하고 나 자신의 가치를 유지하기 위해 지속적으로 투자하는 것은 정말 중요하다.

이황은 예비 은퇴인이었다. 언제든지 관직을 그만두어도 고향에 세운 도산서당에 내려가 교육을 할 수도 있었고 왕성한 저작활동을 할 수도 있었다. 그것이 가능했던 이유는 평소에 투자한 자기계발 덕분이었다. 그랬기에 이황은 오히려 자신과 잘 맞지 않는 관직 생활을 이어가기보다 빠른 은퇴를 꿈꿨다. 현재 직장 생활을 위해서나, 또 그 이후의 삶을 위해서나 자신의 자리에 안주하지 않는 자세는 매우 중요하다.

이황이 비난받았던 이유, 잦은 퇴사

을사사화 등 계속적인 정쟁은 이황의 관직 생활을 지치게 만들었다. 더구나 그는 건강이 좋지 못한 편이었고 학문에만 집중하고 싶다는 열망이 강했다. 그래서 기회만 되면 임금에게 관직 사임을 요청했다. 그러다 다시 조정의 부름이 오면 마지못해 다시 관직을 받아들였다가 얼마의 시간이 흐르면 다시 사임하는 패턴이 반복되었다.

사실 이처럼 끊임없는 관직 출사와 사임의 반복은 당대에도 비판의 대상이 되었다. 이황이 사임을 요청할 때마다 임금은 더 높은 직책을 주어 그를 붙잡으려 했다. 이에 다른 신하들 사이에서는 그가 사퇴를 빌미로 더 높은 자리에 오르려 한다는 비아냥이 나올 정도였다. 이황 스스로도 세간에 그런 비판이 많다는 것을 알고 있었다. 명종에게 사직을 청하면서 올린 상소에서도 그 점을 인정하였다.

"세상 사람 중에는 신을 이해하지 못하는 자가 많아 어떤 사람은 '세상을 깔보며 자신만 편하게 지낸다' 하기도 하고, 어떤 사람은 '거짓을 꾸미며 명예를 바란다'고 의심하기도 하며, 어떤 사람은 '신자臣子의 의리가 임금의 명을 지체해서는 안 되는 것이다'고 책하기도 하고, 어떤 사람은 '어리석고 저속한 사람이 망령되어 옛 시대의 의리로 핑계를 댄다'고 기롱하기도 합니다."

_명종실록 명종 13년 8월 5일

훗날 이황을 스승으로 모시는 남인의 반대파였던 북인의 영수 정인홍은 광해군에게 올린 상소에서 "과거로 벼슬길에 나왔으나 완전히 나아가지도, 완전히 물러나지도 않은 채 우물쭈물 세상을 비웃으며 스스로를 중도로 여겼습니다"라며 그를 신랄하게 비판했다.

아무리 위대한 유학자이자 정치인으로 존경받던 이황이지만 이처럼 자주 관직을 사임하는 것은 당시로서도 마냥 좋게 받아들여질 만한 일은 아니었다.

이러한 이황의 모습을 오늘날 비교한다면 잦은 퇴사나 이직과도 유사한 모습이 있다. 물론 이황은 조선 관료라는 사실은 변함이 없고 관직만 그만두거나 직책만 바뀌는 것이므로 현대인의 그것과 동일하게 볼 수는 없을 것이다. 하지만 분명한 것은 잦은 퇴사와 이직은 나의 직장 생활 커리어에 흠집을 남길 수 있다는 사실이다.

우리는 때로 회사에 대한 불만으로 가득할 때, 강력한 메시지를 전달하기 위한 수단으로 퇴사를 고려하기도 한다. 물론 조정 내에서 영향력이 컸던 이황의 사임 행위는 당시 부패한 신하들에게 전하는 일종의 정치적 메시지였다는 의미라도 있다. 하지만 내가 이직한다고 해서 전달되는 메시지가 있기는커녕 회사는 눈 하나 깜빡 하지 않는다. 회사 입장에서 당장 불편할 수는 있겠지만 전체 조직이 돌아가는 데에 딱히 큰 문제가 있는 것은 아니다. 사람은 얼마든지 새로 뽑아서 채우면 그만이다. 순간적인 감정에 휩싸인 섣부른 판단으로 이직이나 퇴사를 결정한다면 그것은 결국 나에게 손해만 될 뿐이다.

물론 이직이 필요할 때는 해야 한다. 다만 신중하게 해야 한다. 논리적으로 생각하면 열 번이고 스무 번이고 이직이 가능할 것처럼 보이지만 현실은 그렇게 만만하지 않다. 더 좋은 직장으로 옮길 수 있는 기회는 흔하게 오지 않는다. 임원급으로 스카우트될 정도의 최상급 인재가 아니라면 더욱 그럴 것이다. 지금과 비슷하거나 좀 더 작은 규모의 회사로 이직할 가능성이 좀 더 현실적이다. 그나마도 이직이 반복된다면 선택의 폭은 점점 줄어들 것이다. 더구나 작은 회사로 옮기게 될수록 근무환경이나 복리후생 제도가 열악해질 확률이 높다. 당연히 업무 만족도도 크게 떨어질 것이다.

잦은 이직은 직장 생활의 수명을 단축시킬 수도 있다. 어떤 회사는 '3번 이상 이직하지 않은 자'라는 구체적인 조건으로 경력자를 구하기도 한다. 이직이 잦은 사람을 선호하지 않는 이유는 상식적이다. 이직률이 높으면 조직의 생산성이 떨어진다. 또 이직을 자주하는 사람은 조직에 대한 충성도나 스트레스에 대한 내성이 낮을 것이라는 인상을 주기에 충분하다. 무엇보다 당사자는 부인하겠지만, 지금까지 자주 이직을 해왔으니 이 회사에서도 또 금방 이직할 것이라는 편견을 고용주는 갖지 않겠는가.

내가 얻거나 포기해야 할 것을 동시에 올려놓고 깊이 고민했음에도 역시 이직하는 게 옳다는 결론에 도달하면 그땐 이직하는 것이 맞다. 다만 이직은 정말 불가피한 상황이 아니라면 아껴놓았다가 사용하는 비장의 카드가 되어야 한다. 또 부득이 이직을 하게 되더라도 반드시 이직할 곳을 확정한 뒤 퇴사해야 한다. 당장 아무리 힘들어도 대안도 정해놓지 않은 채 무턱대고 퇴사하는 우를 범해서는 안 된다. 이황은 바로 관직을 그만두더라도 고향에 내려가 할 수 있는 일들이 많았다는 점을 잊지 말자.

스스로를 객관적으로 평가하라

이처럼 이황이 툭하면 관직을 그만두자 마음이 애끓는 사람이 있었다. 바로 그의 고용주인 명종이었다. 명종은 이황을 많이 아꼈기 때문에 그가 사임하고 고향에 내려가 있을 때도 계속해서 불러 곁에 두고자 했다. 하지만 이황은 그때마다 계속 정중히 사양만 할 뿐 부름에 응하지 않았다. 이전에도 관직 임명과 사임이 계속 반복되긴 했었지만 이번에는 그 기간이 길어져 벌써 7년 가까이 고향에 눌러 앉고 있었다. 명종은 이황과 같이 유능하고 강직한 신하가 너무나 그리웠고, 또 필요했다. 하지만 이번에도 또다시 사양하고 오지 않자 낙담할 수밖에 없었다.

"유생들에게 〈초현부지탄招賢不至嘆〉이라는 제목으로 시를 지어오도록 일러라."

현자를 초빙하여도 오지 않으니 한탄스럽다는 명종의 마음이 드러난 시 제목이었다. 그러고는 은밀히 화공을 도산서원으로 보내 그가 사는 곳을 그려오도록 하고 이황이 지은 책인 《도산기陶山記》와 《도산잡영陶山雜詠》을 그 그림 위에 쓰도록 했다. 그렇게 병풍을 만들어 방에 두고는 이황을 그리워했다. 이황을 생각하는 명종의 마음은 이 정도로 지극했던 것이다.

신하된 자로서 임금의 부름을 계속 거절할 수만은 없어 나중에는 결국 관직에 다시 나가게 되지만, 이황은 자신의 뜻을 좀처럼 쉽게 굽히지 않았다. 그는 자신이 그만 물러나야 하는 이유를 이렇게 설명하며 명종의 부름을 정중히 사양하였다.

"소인에게 관직은 더 이상 어울리지 않습니다. 첫째, 어리석음을 감추고 벼슬하는 것은 옳지 않습니다. 둘째, 병으로 일은 못 보면서 녹봉祿俸을 받는 것은 옳지 않습니다. 셋째, 헛된 명성으로 세상을 속이는 것은 옳지 않습니다. 넷째, 잘못된 줄 알면서도 벼슬에 나가는 것은 옳지 않습니다. 다섯째, 직무를 다하지 못하면서 물러나지 않는 것은 옳지 않기 때문입니다."

사실 병으로 인해 직무를 보기 어렵다는 사실 외에 다른 이유는 이황의 지나친 겸손으로 보인다. 그는 누구보다 지혜롭고 명성이 높은 인물이었다. 명종의 입장에서는 이황의 다소 억지스런 변명으로 들렸을 것이다. 하지만 이황 스스로가 자신을 냉정하게 평가해 볼 때는 그렇지 않았다. 사람은 보통 자기 자신을 평가할 때 실제보다 후하게 평가하려는 경향이 있다. 하지만 이황은 야박하게 보일 만큼 자신의 업무능력과 역량을 객관적으로 평가하여 더 이상 벼슬을 하기에 적합하지 않다고 생각한 것이다. 이것이 그가 은퇴를 준비하는 첫 번째 단계였다.

이황은 은퇴를 빨리하고 싶어 했지만, 100세 시대를 살고 있는 우리는 충분한 노후 준비가 되었다고 여겨지지 않는 한 은퇴의 시점이 최대한 늦게 오기를 바란다. 은퇴 시점이 언제이든 간에 이황처럼 우리도 은퇴 이유를 객관적이고 냉정하게 판단해 보는 지혜가 필요하다.

나를 객관적으로 평가했을 때 은퇴해야 하는 상황이 되었다는 말은, 동시에 회사가 더 이상 나를 필요로 하지 않는다는 말과 동일할 것이다. 이런 객관화 과정을 통해 나에게 부족한 점은 무엇인지, 또는 내가 잘하고 있는 점은 무엇인지 파악해야 한다. 그리고 그것을 중심으로 부족한 점을 보완하거나 더욱 계발하는 노력을 해야 하는 것이다.

혹시 이황처럼 좋지 못한 건강 문제로 빠른 은퇴가 염려된다면 지금부터라도 건강관리에 신경을 써야 할 것이다. 시스템 개발 능력이 나의 강점이라면 하루가 다르게 변하는 기술 산업 경향에 주목하여 새로운 개발 능력을 배워야 한다.

'오늘 다니던 직장을 그만두어야 한다면 무엇을 할 수 있을까?'

스스로에게 물었을 때, 지금 당장은 젊으니 어디든 재취업할 수 있을 것이라는 자신감이 있는가? 그렇다면 10년 뒤에는 어떨까? 혹은 20년 뒤에는? 그때에도 내가 직장을 그만두었을 때 할 수 있는 일이 있을까? 단순히 근사한 식당 하나 차리면 될 것이라고 막연하게 생각하고 넘어가지 말자. 자영업도 아무런 준비 없이 쉽게 덤빌 수 있는 것이 아니다. 냉정하게 내가 할 수 있는 일이 무엇인지 진지하게 고민해 보아야 한다.

사실 이황은 정말 인정받는 능력자였다. 그토록 끊임없이 그만두겠다고 했음에도 임금은 그를 끊임없이 붙잡았다. 지금 내가 이황처럼 직장을 그만두겠다고 했을 때 회사는 어떤 반응을 보일까? 나를 붙잡으려고 설득할지, 혹은 기다렸다는 듯이 퇴사 절차를 밟을지 여부는 결국 나의 실력과 역량에서 결정될 것이다. 회사가 붙잡는 인재가 되기 위해서는 내일이라도 당장 은퇴할 수 있다는 마음을 가지고 자기계발을 해야 한다.

이황처럼 은퇴를 준비하라!

조선의 모든 선비들이 선망했던 관료의 지위를 언제든지 버릴 수 있다고 여긴 이황의 처세는 오늘날의 관점으로 볼 때도 다소 독특해 보인다. 하지만 아이러니하게도 그가 관직을 내려놓으려고 하면 할수록 그의 관직 수명은 오히려 더 연장되었다. 거의 40년간이나 관직에 있었으며 세상을 떠나기 1년 전에야 비로소 완전한 은퇴를 했던 이황은 회사가 붙잡고자 하는 실력 있는 인재였으면서, 동시에 당장 은퇴를 해도 무방할 만큼 준비된 '예비 은퇴인'이었다. 그 점에서 어떻게 직장 생활의 수명을 연장시킬 수 있을지, 또한 은퇴 이후를 대비할 수 있을지 힌트를 얻게 된다.

이황은 공부하는 것을 정말 좋아했다. 관직에 있을 때든, 고향에 내려와 있을 때든 책에서 손을 놓는 것을 멈추지 않았다. 심지어 지나친 독서로 건강을 해칠 정도였다. 그는 **멈추지 않는 자기계발을 통해 자신의 실력을 끊임없이 업그레이드했다.** 물론 관직에 있는 동안 자신이 해야 하는 책무에도 결코 소홀하지 않았다. 자기 일은 제대로 하면서도 자기계발을 병행했던 것이다. 그는 성리학의 대가로 인정받게 될 정도로 자신의 실력을 끌어올렸다. 직장을 다니는 동안 자기계발은 계속되어야 한다. 최소한 나의 업무 영역에서만큼은 상사보다도 많이 알겠다는 각오로 공부해야 한다. 단순히 업무에 관한 지식을 늘리기 위함이 아니라 나의 업무 성과를 극대화시키기 위함이다. 꼭 업무와 관련된 것이 아니더라도 나의 관심사가 있다면 그것에 대해 자기계발하는 것도 필요하다. 내가 더 잘할 수 있고 즐길 수 있는 일을 하며 살 수 있다면 그것보다 더 좋은 인생이 어디 있겠는가. 조금이라도 더 빠른 시기에 자신의 진짜 적성을 찾아보고자 노력하는 것은 직장인으로서 좀 더 롱런할 수 있는 길을 제시해 줄 수도 있다.

평소 자기계발이 중요한 또 한 가지 사실은 만에 하나 갑작스런 퇴사를 대비한 일종의 보험이 될 수 있기 때문이다. 인생의 앞날은 누구도 알 수 없다. 언제라도 회사를 그만두게 될 수 있기에 **은퇴를 미리 준비한다는 생각으로 나 자신에 대한 객관적인 평가를 해보아야 한다.** 이황은 임금에게 은퇴 의사를 밝힘에 앞서서 왜 자신이 은퇴해야 하는지 스스로를 냉정하게 살펴보았다.

우리도 스스로에 대한 객관화 과정을 통해 강점과 약점을 분석해 보고 나의 진짜 가치가 어느 정도인지 평가할 수 있어야 한다. 회사가 나를 계속 채용해야 하는 이유에 대해, 또 얼마나 오래 직장에서 나의 효용가치가 유지될지 생각해 보는 것이다. 그러한 객관적이고 냉정한 평가 아래 긴장감을 가지고 자기계발에 힘써야 한다. 당장 은퇴할 수도 있다는 생각으로 미리 은퇴를 준비한다면 오히려 나의 은퇴 시기는 늦추어 질 것이다.

직장을 다니면서 언젠가 한번은 부딪치게 될 고민이 바로 이직이다. 이황은 현대의 관점에서 봤을 때 잦은 이직이라고 봐도 무방할 정도로 자주 관직에 임명되었다가 사임하는 과정을 반복하였다. 당대에도 이에 대한 논란이 있었고 반대파에 의해 공격을 받는 빌미가 되었다. **잦은 이직은 커리어에 좋은 영향을 주기 어렵다.** 이직에 대한 선택의 기로에 섰을 때, 그 과정은 매우 신중하게 이루어져야 한다. 이직은 언제든지 내 상황을 해결해 줄 만병

통치약이 아니라 인생에 있어 단 몇 장밖에 없는 쿠폰으로 여겨야 한다. 어떤 회사든 자주 이직하는 사람을 선호하지 않는다. 연봉, 복리후생, 회사내 관계 및 인맥, 업무 만족도 등 모든 것을 고려하여, 그럼에도 불구하고 이직이 낫다고 생각될 때 행동으로 옮겨야 한다. 이직의 기회가 많지 않다는 생각으로 신중하게 결정하라는 말이다.

우리는 항상 사표를 가슴에 품고 살아간다. 그것은 내가 회사를 그만두겠다는 것일 수도 있지만, 반대로 회사가 나에게 요구하는 것이 될 수도 있다. 아직 충분히 준비되지 못한 시점에 회사가 더 이상 나를 고용해야 할 이유가 없다고 선언해 버리는 불상사는 없어야 한다. 그렇기에 우리는 지금 당장 은퇴해도 잘 살 수 있을 정도로 미리 준비해야 한다. 내가 나의 의지로 사표를 낼 것인가, 혹은 사표 제출을 강요당할 것인가. 그 주도권을 누가 쥘 것인가의 문제는 지금부터 내가 어떻게 준비하느냐에 따라 달렸다.

직장인 이황에게 배운다!

실천
TIP

1. 나의 업무와 관련하여, 필요한 자기계발이 무엇인지 적어보자. 그리고 오늘부터 바로 시작하자.
2. 지금 다니는 회사가 나를 계속 채용해야 하는 이유가 무엇일지 적어보자. 그리고 그 이유가 앞으로 몇 년 동안이나 더 유효할지 생각해 보자.
3. 이직하고 싶은 이유와 조건을 생각해 보고, 그 조건에 부합하는 회사로 이직할 기회가 오기 전까지는 이직을 신중하게 생각하자.

09

위기 속에서 기회를 찾다,

유성룡

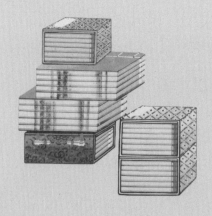

성명 : 유성룡柳成龍

출생 : 1542년, 경상도 의성

주요 경력 : 영의정, 좌의정, 우의정, 이조판서, 병조판서,

　　　　　평안도 도체찰사

주요 프로젝트 : 임진왜란 승전, 이순신 등 S급 인재채용, 징비록 저술

추천인(직업) : 선조조선 14대 임금

한 줄 자기소개

- **저는 위기에 강한 남자입니다.** 제가 속한 조직에 어려움이 닥쳤
을 때 그 조직을 떠나는 것이 쉬운 방법은 될 수 있겠지만 저의
도전 정신과는 어울리지 않습니다. 저는 오히려 그 위기를 제대
로 대면하면서 어떻게 동료들과 힘을 모아 문제를 해결해야 하는
지를 고민하는 것이 더 옳다고 생각합니다. 단순히 도전정신과
강한 정신력만이 전부는 아닙니다. 꾸준히 쌓아온 저의 창의적인
아이디어와 실력이 더해져, 어떤 어려움도 극복할 수 있다고 자
신합니다.

임진왜란을 극복한 명재상

모든 위인들이 일평생을 순탄하게만 살다 떠난 것은 아니다. 하지만 유성룡의 직장 생활은 특히 고난의 연속이었다. 그가 재상으로 있는 동안 발발한 임진왜란으로 인해 조선은 개국 이래 최악의 위기에 직면해 있었다. 그런 상황 속에서도 계속된 당쟁으로 인해 수없이 많은 공격을 견뎌야 했던 것이 그의 첫 번째 불운이었다. 그리고 유성룡을 견제하고 괴롭히던 못난 리더 선조를 상사로 모셔야 했던 것이 그의 두 번째 불운이었다. 선조는 국난 극복을 위해 무게 중심을 잡아주기는커녕 자신의 목숨을 건사하는 것에만 급급한 행태를 보인다. 비록 임진왜란의 승리를 위해 어쩔 수 없이 유성룡을 중용했지만 그런 자신에게 바른 소리를 하며 아픈 곳을 쿡쿡 찌르는 그와의 관계가 그리 편할 리 없었다.

유성룡은 이런 어렵고 힘든 환경에서 모든 것을 던져버리고 고향에 낙향할 수도 있었다. 하지만 그는 그러지 않았다. 끝까지 그 자리에 남아 자신의 책임을 다했고 결국 임진왜란을 극복하는 데 큰 공을 세웠다. 임진왜란이라는 커다란 위기에서 자신의 기회를 만든 남자, 유성룡이 후세에도 뛰어난 이름을 남기게 된 이유다.

1542년중종 37년 황해도 관찰사 유중영柳仲郢의 아들로 태어난 유성룡은 어릴 적부터 학문적 자질이 뛰어났다. 이황 아래에서 수학했던 그는 여러 제자들 중에서도 단연 두각을 드러냈는데 이황은 유성룡을 '하늘이 낸 사람'이라며 크게 칭찬하기도 했다. 이황의 제자들 중 누구도 이 정도의 칭찬을 받은 이가 없었고, 후에 유성룡은 이황의 학문을 잘 계승하여 퇴계학파의 중심인물이 된다.

25세 때 과거에 급제한 후 관직 생활을 시작한 유성룡은 뛰어난 자질을 보이며 여러 주요 보직을 두루 거치게 된다. 여기에는 이황이 특별히 아낀 제자였다는 후광도 한몫하였을 것이다. 특히 높은 직위는 아니지만 관리 추천권이 있어서 출세 코스라고 불리던 이조전랑吏曹銓郎[90]을 두 차례나 역임한 사실에서 그가 얼마나 인정받는 인재였는지 짐작할 수 있다.

그가 관직 생활을 시작한 시기는 붕당이 출현한 시점과 겹친다. 훈구파를 몰아낸 사림은 자기들끼리 이념과 이해관계에 따라 편을 가르기 시작하더니 급기야 정치판에서 투쟁하는 모습이 점점 극악해져만 갔다. 그 모습을 본 유성룡은 노모를 봉양해야 한다는 이유를 들며 잠시 낙향을 하기도 했다. 하지만 인재가 필요했던 선조의 계속되는 부름에 결국 조정으로 복귀하고, 2년 뒤에 우의정에 올라 정승이 되었다. 하지만 그로부터 오랜 시간이 지나지 않은 1592년, 조선을 피로 물들게 한 임진왜란이 발발한다.

평화로운 시절에도 정승은 나라의 정세를 돌보고 책임져야 하는 막중하고 어려운 자리다. 하물며 국가의 존망이 걸린 전쟁을 책임져야 하는 정승으로서의 압박감은 상상을 초월했을 것이다. 전쟁으로 인해 조선이라는 국가 조직 전체뿐만 아니라 유성룡 개인의 인생에도 큰 위기가 닥쳐왔을 때, 그는 이 시련을 어떻게 극복했을까?

---

90 이조의 관리인 정5품 정랑과 정6품 좌랑을 합쳐 부른 말이다. 언론기관인 삼사三司의 관리 추천권이 있어 막강한 권한이 있었다.

전쟁에 대비하다

도요토미 히데요시豊臣秀吉가 전국을 통일하고 전쟁의 기운이 한반도에도 불어오기 시작했다. 이미 심상치 않은 국제정세를 느끼고 있던 유성룡이 먼저 추진한 일은 일본의 태도를 확인하고자 통신사를 파견한 것이었다. 동인인 김성일金誠—[91]과 서인인 황윤길黃允吉[92]이 함께 파견되었으나 귀국 후 선조에게 보고한 그들의 의견도 당파에 따라 갈린다.

"그래, 일본의 동태가 어떠해 보였소?"

"전하, 도요토미 히데요시는 매우 성정이 사납고 호전적인 인물이었습니다. 필시 가까운 시일 내에 왜구들이 몰려와 전쟁이 일어날 것으로 보이니, 적극적으로 준비를 해야 합니다."

"저의 생각은 그 반대입니다. 일본에 있는 동안 저는 어떤 전쟁의 기미도 보지 못하였습니다. 더구나 그는 쥐처럼 생겨서 우리가 두려워할 만한 위인이 되지 못합니다. 지금 황윤길은 지나친 침소봉대와 불필요한 걱정으로 민심만 동요시키고 있을 뿐입니다. 그러니 너무 지나치게 걱정하지 마시옵소서."

황윤길은 전쟁이 일어날 것을 확신했지만 김성일은 정반대의 의견을 제시한 것이다. 이 때문에 조정은 동인과 서인으로 의견이 갈라지고 양분되어

---

91 김성일1538~1593은 이황의 문하생으로 유성룡과 함께 공부한 친우親友다. 일본의 동태를 살피러 갔다 온 뒤 전쟁이 없을 것으로 보고했으나, 임진왜란이 발생하자 파직되었다. 그러나 유성룡의 변호로 공을 세울 기회를 얻어 경상도로 내려가 곽재우의 의병활동을 도왔다. 경상도 관찰사로 임명되어 김시민金時敏이 진주성을 지키는데도 도움을 주었다.

92 황윤길1536~?은 일본의 통신사로 다녀와 전쟁이 있을 것으로 보고했으나 이와 반대로 보고한 김성일과 엇갈렸다. 일본에서 돌아올 때 조총 2자루를 가지고 왔으나, 이를 실용화하기도 전에 임진왜란이 발생하였다.

혼란만 더 커지게 되었다. 유성룡은 동인이었지만 당론과 달리 전쟁이 일어날 것이라 확신하고 있었다. 유성룡은 김성일에게 따지듯이 물어보았다.

"그대의 의견이 황윤길과 다르니, 정말 전쟁이 터지면 어쩌려고 그러오?"

"나도 사실 전쟁의 조짐을 보기는 했소. 다만 불확실한 것을 가지고 황윤길이 저리 지나치게 강경하게 이야기를 하니 괜히 민심에 큰 혼란이라도 줄까 봐 걱정이 되었소. 나는 그게 우려되어 민심을 진정시키려고 그렇게 보고한 것이오."

모든 관리들이 한 마음으로 일치단결해야 하는 시점에도 조정은 당쟁으로 분열하며 우왕좌왕하고 있었다. 이런 상황에서 전쟁을 대비하여 유성룡이 준비한 것은 크게 두 가지였다. 먼저 뛰어난 인재를 적재적소에 배치하는 것이었는데, 그는 변방을 떠돌며 낮은 직위를 전전하던 이순신李舜臣을 전라좌수사로 임명해 일본의 침략을 대비하도록 했다. 당시 이순신은 종6품인 정읍현감이었는데 그를 한 번에 정3품인 전라좌수사로 임명한 것은 당시로서도 엄청난 파격 인사였다. 또한 전쟁이 일어나자마자 잠시 벼슬 없이 쉬고 있던 권율權慄[93]을 정3품인 광주 목사光州牧使로 파격 발탁하였다. 전쟁을 예견하고 그것을 대비할 인물로 이순신과 권율이 적임이라고 확신하였기에 가능한 일이었다.

다음으로 방위 체제를 새로 개편했다. 조선은 전통적으로 진관제鎭官制였으나 30여 년 전 있었던 을묘왜변乙卯倭變[94]을 계기로 제승방략제制勝方略制로

---

[93] 권율1537~1599은 조선 중기 때 활약한 명장이다. 금산군 이치梨峙싸움, 수원 독왕산성 전투, 행주대첩 등에서 승리했다. 임진왜란 7년간 군대를 총지휘한 장군으로 전공을 세웠다.

[94] 일본이 조선의 무역 제재 조치에 대해 반발하여 명종 1555년명종 10년에 전라남도 연안지역을 습격한 사건이다.

바꾼 바 있었다. 진관제는 평소 농사를 짓던 백성들을 소집하여 군사훈련을 시키고 현지 수령의 지휘 아래 독립적으로 싸우는 체제다. 다만 전시 비상 체제 외에는 효과를 기대하기 어렵고 백성들의 농사에도 지장을 줄 수 있는 것이 단점이었다. 제승방략제는 전시 상황이 발동되면 근처의 군사들이 한군데에 모여 중앙에서 파견된 장수의 지휘를 받는 방식이었다. 군사력을 집중시킬 수 있는 장점이 있었지만 중앙에서 지휘관이 오지 않으면 군대가 움직일 수 없고 갑작스런 침략에 무력하다는 단점이 있었다.

유성룡은 대규모 전면전이 벌어질 거라고 예견했다. 그리고 전시 비상체제에 적합한 진관제로 다시 바꾸어야 함을 강력히 주장했지만 불과 얼마 전에 바꾼 체제를 다시 개편하는 것은 혼란만 가중시킨다는 반대의견에 따라 받아들여지지 않았다. 하지만 이것이 패착이었다는 것은 실제 전쟁이 일어나자마자 바로 증명된다.

중앙지휘관 이일李鎰[95]은 일본군의 진격에 대응하라는 명령을 들었음에도 바로 움직이지 않고 한양에서 머뭇거리며 사흘을 허비한다. 전장으로 겨우 내려갔지만 모집 장소에서 기다리던 군사들은 이미 모두 흩어져 겨우 800여 명의 군사만 남아 있었고, 결국 전혀 준비되지 않은 상황에서 일본군에게 참패를 당했다.

사실 유성룡은 당시 여진족의 난을 진압하며 뛰어난 장수로 명성이 높았던 이일을 전쟁 발생 전에 미리 지방으로 보내놓아야 한다고 건의했었다. 하지만 명장은 한양에 있어야 한다는 선조의 안이한 생각 때문에 실행

---

95 이일1583~1601은 조선 중기의 무신이다. 여진족 이탕개尼湯介가 침입하자 이를 격퇴했고 임진왜란 때 명나라 원병과 함께 평양을 수복했다.

에 옮기지 못했다. 만약 이일이 먼저 변방에 도착해 착실히 군사훈련을 하며 왜적을 대비하는 시간을 가질 수 있었다면 임진왜란의 초기 전세는 크게 달라졌을지도 모를 일이다.

또한 유성룡은 각 지역에 성을 보수하도록 지시했으나 지방수령들은 상황의 심각성을 전혀 공감하지 못하고 있었다. 농사로 바쁜 백성들을 동원하면 생길 불만을 잠재우는 것도 쉽지 않았기에 이 계획도 흐지부지되고 만다. 그나마 이순신과 권율을 방어 책임자로 임명한 것만이 신의 한수가 되었을 뿐이다.

명나라 망명을 결사반대하다

마침내 일본과의 전쟁이 발발했다. 믿었던 장수 신립申砬[96]이 탄금대彈琴臺[97]에서 참패를 당하자 조정은 혼란에 빠지고 선조는 일부 대신들의 반대에도 불구하고 급히 피난길에 오를 준비를 한다. 한양과 달리 평양은 10만 명의 군대가 두 달 동안 먹을 수 있는 식량을 비축하고 있어 충분히 일본군과 싸워볼 만했다. 유성룡은 평양 고수론을 주장하며 이곳에서 맞서 싸울 것을 주장했다.

"어떻게든 평양에서 버티고 나면 반드시 기회가 올 것입니다. 이곳에서

---

96 신립1546~1592은 조선 중기의 무장이다. 북방의 여진족 이탕개의 난을 진압하고 두만강을 건너가 여진족의 본거지를 소탕하고 개선했다. 함경북도 병마절도사, 우방어사, 중추부동지사, 한성부 판윤을 지냈고 임진왜란 때 충주 탄금대에 배수진背水陣을 치고 적군과 대결했으나 패하여 전사했다.

97 충청북도 충주시 칠금동에 있는 명승지로, 임진왜란 때 신립이 군대를 거느리고 싸웠으나 전세가 불리하여 패하게 되자 강에 투신한 곳이다.

우리는 왜군에 맞서 결사항전을 해야 합니다."

하지만 공포로 인해 공황 상태에 빠져버린 선조는 아무런 말도 귀에 들어오지 않았다. 오로지 '어디로 피난을 가야 안전할까'라는 생각만이 머리에 가득했다. 조정의 여론도 분분했다. 윤두수尹斗壽를 비롯한 많은 신하들의 의견은 함경도로 가자는 것이었다.

"전하, 함경도 지역은 깊은 산과 골짜기가 많아 적은 병력으로도 방어에 유리합니다. 함경도로 피난 가시는 것이 좋겠습니다."

하지만 유성룡은 이 의견에 반대하고 나선다.

"이미 명나라에 원군을 요청했는데 북쪽으로 피난 가는 것은 도리에 맞지 않고, 왜적이 중간을 차단하게 되면 명나라와의 연락마저도 끊길 것입니다. 그리고 더 쫓기게 되면, 두만강을 넘어서 오랑캐 땅으로 들어가겠습니까?"

유성룡의 말을 들은 선조가 조심스럽게 말했다.

"그래서 하는 말인데… 아예 명나라로 망명하는 것은 어떻겠소? 명나라에서는 우리를 받아준다고 하는데… 도승지의 뜻은 어떤가?"

선조의 말에 도승지 이항복李恒福이 대답한다.

"네, 그렇다면 일단 의주로 가는 것이 좋을 것 같습니다. 만약 전세가 더욱 악화되어 조선 팔도가 모두 함락된다면 바로 명나라로 갈 수도 있을 겁니다."

여기서 결사항전하며 싸워도 모자랄 판에 망명이라니, 소스라치게 놀란 유성룡이 결단코 반대했다.

"전하, 그것은 절대 안 됩니다! 전하께서 조선 땅을 한 치라도 벗어나면 조선은 더 이상 우리 땅이 아닙니다. 앞으로 무슨 일이 있어도 명나라로 가시겠다는 그런 말씀은 추호도 하지 말아주십시오! 도승지 이 사람아! 아직 관동關東[98]과 관북關北[99] 땅이 그대로 있고 호남湖南에서 충의로운 인사들이 곧 벌떼처럼 일어날 텐데 어떻게 그런 말을 갑자기 할 수 있는 것인가?"

결국 유성룡의 단호한 반대로 더 이상 선조도 명나라 망명 이야기를 꺼낼 수는 없었다. 임금 앞을 나오는 길에 유성룡은 다시 한 번 이항복을 책망했다.

"이 사람아, 어찌 경솔하게 나라를 버리자는 의견을 내놓는가. 자네가 길가에서 임금을 따라 죽더라도 궁녀나 내시의 충성 정도밖에는 되지 않을걸세. 하지만 자네의 말이 지금 당장 시중에 퍼지기라도 하면 그때 이반된 민심은 어떻게 할 건가?"

유성룡의 합리적인 지적에 이항복도 자신이 경솔했음을 인정하고 사과할 수밖에 없었다. 유성룡은 최악의 상황에서도 최악의 판단은 내리지 않도록 정세를 엄중하게 직시하고 있었다.

위기 상황에서 기회를 찾아라

물론 유성룡이 아무런 대안도 없이 원칙만 고수하며 망명을 반대한 것은 아니었다. 특히 임금부터 겁에 질려 도망칠 궁리만 하고 있을 때, 그는 냉정한 판단으로 현실을 직시하였다. 전국 각지에서 의병이 일어나고 있었

---

98 지금의 강원도 지역이며 영동嶺東이라고도 한다.
99 철령鐵嶺 이북의 땅으로 함경도 일대를 지칭하는 말이다.

고, 무엇보다 자신이 발탁한 이순신과 권율의 실력을 믿고 있었다. 이순신의 수군이 활약하여 호남의 곡창지대를 잘 지키고 그 사이에 명나라의 원군이 조선을 도우러 온다면 충분히 전세를 역전시킬 수 있다고 확신한 것이다.

유성룡은 말만 앞서지 않았다. 그는 총사령관 역할이라 할 수 있는 평안도 도체찰사都體察使[100]로 임명되어 전란 극복에 행동으로 앞장선다. 군량미 확보에 힘쓰고 조선군을 다시 정비하는 한편 원군으로 들어온 명나라 군사와 함께 평양 수복 작전에도 참여한다. 그는 위기 속에서도 새로운 가능성과 기회를 찾았던 것이다.

아무런 문제나 이슈가 전혀 없이 꾸준히 수익을 내고 있는 회사가 있다면 그곳은 직장인들의 낙원일 것이다. 하지만 장담컨대 전세계에 존재하는 회사 중 그런 곳은 거의 없다. 연간 수천억 원을 버는 세계 제일의 회사라 할지라도 외부 환경 혹은 내부로부터 직면하는 문제는 항상 있게 마련이고, 심지어 심각한 위기로 연결되는 경우도 비일비재하게 많다. 잘 팔리던 제품에 하자가 발견되어 소비자 불매 운동이 일어날 수도 있고, 세계적인 경제위기로 침체에 빠질 수도 있다. 마치 임진왜란과 내부 당쟁으로 위기에 직면한 조선 정부처럼 내가 몸담고 있는 조직도 얼마든지 그런 상황에 당면할 수 있는 것이다. 조직이 동요할 때 내가 택할 수 있는 방법은 대략 세 가지로 생각해볼 수 있다. 나도 함께 동요하면서 우왕좌왕하거나, 그 조직에서 탈출하거나, 또는 냉정하게 상황을 판단하고 본인이 해야 할 일을 먼

---

[100] 전쟁이 났을 때 군무를 맡아보던 조선시대 최고의 군직軍職이다.

저 찾는 것이다.

회사가 흔들릴 때 오히려 그것이 나에게 찾아온 새로운 기회일 수 있다. 프랜차이즈를 운영하는 어느 회사에서 10년간 구매 업무를 맡았던 김 차장이 있다. 그는 자기 위에 너무 많은 상사들이 있다는 것을 제외하고는 본인의 업무는 크게 불만이 없다. 그런데 가맹점을 관리하는 영업부 일부 직원의 갑질 행위가 언론에 보도되면서 회사는 이미지에 큰 손상을 입었다. 대대적인 직원 물갈이가 일어났고 영업부에는 일손이 모자란 상황이 되었다. 구매 업무를 잘 해내고 있는 김 차장을 눈여겨보던 회사는 그에게 영업부로 옮겨서 일해볼 생각이 없는지 물었다. 안정적으로 근무하던 구매부를 떠나 혼란의 도가니인 영업부로 옮기는 것은 누가 보아도 리스크가 너무 컸다. 실추된 회사의 이미지를 다시 일으켜 세워야 하는 책임이 막중했던 것이다. 하지만 긍정적인 관점에서 보면 그곳은 기회의 땅이었다. 회사를 위기에 빠트렸지만 동시에 다시 회사를 일으킬 수 있는 원동력도 그 부서에 있었다. 고심 끝에 김 차장은 영업부에서 도전해 보기로 마음먹고 부서를 옮겼다. 그리고 그곳에서 위기 상황을 잘 수습했고, 구매부의 옛 상사들보다 더 빨리 임원으로 승진하게 되었다.

조직이 위기에 당면하게 되면 변화는 필연적으로 생기기 마련이다. 그 변화에 능동적으로 대응하는 사람은 남들이 보지 못하거나, 혹은 애써 외면했던 새로운 기회를 포착하고 자신의 것으로 삼는다. 변화는 곧 게임 규칙이 변한다는 것을 의미한다. 기존에 기회를 잡지 못했던 사람이 새로 바뀐 규칙에 누구보다 빨리 적응한다면 자신에게 유리한 상황을 만들 수도 있는 것이다.

누군가 말했다. '위기가' 기회를 만드는 것이 아니라, '위기만이' 기회를 만든다고. 우리는 끊임없이 변해야 살아남는다고 외치지만 정작 변화를 동반한 위기는 두려워한다. 무엇보다 위기를 두려워하지 않는 용기가 필요하다.

일본군이 파죽지세로 한양까지 점령했을 때 유성룡도 당연히 두려운 마음이 들었을 것이다. 하지만 큰 혼란의 상황 속에서도 그는 냉정하고 침착했다. 그리고 위기 속에서 다른 기회를 찾았다. 전국 각지에서 일어나고 있는 의병들의 열정에서, 착실히 전쟁을 대비해 온 이순신의 전투태세에서, 명나라가 원군을 보내올 것이라는 계산에서 반드시 기회가 있을 것임을 확신했다. 그의 용기 있는 확신은 틀리지 않았다. 조선이 임진왜란에서 결국 승리를 거둔 것은, 위기에서 기회를 찾아낸 유성룡이라는 리더가 있었기 때문이다.

나만의 아이디어로 승부하라

임진왜란을 승리로 이끈 유성룡이지만 사실 그 과정은 위기의 연속이었다. 하지만 유성룡은 위기를 만날 때마다 자신만의 독창적 아이디어와 전략을 통해 문제를 해결했다.

선조는 백성이든 나라든 일단 자기 목숨이 중요했다. 일단 살고 보자는 왕에게 명나라 망명은 절대 안 된다고 단호하게 반대했지만 그의 불안까지 완전히 잠재울 수 있는 것은 아니었다. 이에 유성룡은 여러 대책을 적극적으로 제시한다.

우선 만약 일본군이 의주까지 오게 되면 명나라로 망명하는 대신 배를 타고 강화도를 거쳐 남쪽으로 피난하자는 대안을 제시한다. 또한 일본이 의주를 지나서 명나라를 공격하면 일본군의 배후를 공략하는 전략도 함께 제시하여 선조가 앞장서서 전란극복에 힘쓸 수 있도록 의지를 북돋아 주었다.

마침내 명나라 원군이 조선에 도착했을 때, 조선이 당면한 가장 큰 문제는 군량 조달 문제였다. 명나라 군대는 3일치의 군량밖에 없었고 보급의 책임은 조선에게 있었다. 그 어려운 임무를 맡은 사람은 이번에도 유성룡이었다. 하지만 많은 군량이 비축되어 있던 평양성은 일찍감치 일본군에 함락되었고 그 위 정주성에는 비축된 군량이 없었다. 명나라 장수는 군량이 보급되지 않으므로 돌아가겠다고 위협까지 하는 상황이었다. 이때 유성룡의 아이디어가 또 한 번 빛을 발한다. 그는 우선 급한 대로 정주성 근처의 곡식을 한곳에 집결시킨다. 그리고 일본군의 손길이 닿지 않은 전라도와 충청도 아산의 곡식을 바닷길로 운반하도록 하였다. 임시방편이었지만 공명첩空名帖[101] 발급을 통해 자발적으로 곡식을 내놓도록 한 것도 효과를 보았다. 유성룡의 적절한 식량 보급 방안이 원동력이 되어 조명朝明연합군의 평양성 수복이라는 성과까지 이어질 수 있었다.

지금처럼 모든 것이 빠르게 돌아가는 시대에는 최신이었던 기술도 금방 낡은 것이 된다. 많은 기업들과 직장인들이 위기에 봉착하는 근본적 이유는 미처 준비하지 못해 지나치게 빨리 변하는 환경에 제대로 적응하지 못

---

[101] 수취자의 이름을 적지 않은 백지 임명장으로, 임진왜란 때 군공을 세우거나 국가에 곡식을 바친 자에게 대가로 주면서 생겨났다. 관직이나 관작을 임명하는 공명고신첩空名告身帖, 군역 또는 부역을 면제하는 공명면역첩空名免役帖, 천민에서 벗어나도록 해준 공명면천첩空名免賤帖 등이 있었다.

했기 때문이다. 마치 임진왜란 때 일본군의 조총에 무기력했던 조선군처럼, 새로운 방식에 뒤쳐진 사람들은 결국 낙오되고 만다. 위기를 기회로 만드는 힘은 변화에 대한 빠른 대응 능력에 있다. 임진왜란을 예상하고 거북선 개발을 했던 이순신과 그런 장군을 알아보고 맞는 자리에 임명한 유성룡의 능력이 빛을 발한 이유다.

나만의 기술 또는 창의적인 아이디어는 매우 중요하다. '열심히 최선을 다해야 해!'처럼 뻔한 구호는 듣기 좋은 덕담은 될지언정 현실적인 도움은 줄 수 없다. 유성룡처럼 위기 상황을 타개하여 기회로 바꾸는 실질적이고 창의적인 아이디어를 제시할 수 있는 능력이 필요하다. 이게 말로는 쉽지, 제대로 하기는 사실 굉장히 어려운 일이다.

무에서 유를 창조하는 아이디어 창출은 너무나 고통스러운 과정임을 누구나 알고 있다. 더욱이 과다한 업무로 항상 시간에 쫓기며 사는 직장인에게 창의적인 사고능력을 계발하라는 말은 사치로까지 들린다. 하지만 나의 직장 수명을 조금이라도 더 연장하겠다는 절박한 심정이 있다면 그것을 위해 하루에 조금씩이라도 시간을 투자하는 지혜가 필요하다.

우선 시사時事에 꾸준한 관심을 갖는 것이 중요하다. 세상이 어떻게 돌아가는지 기본적인 이해가 있어야 시장이 요구하는 좋은 아이디어가 나올 수 있기 때문이다. 특히 거래처 고객을 자주 만나야 하는 위치에 있다면 고객의 신뢰를 얻기 위해서라도 시사 공부는 필수다. 한 고객이 국회에서 통과되는 소득세 인상 법안이 자신의 현금 보유 능력에 얼마나 영향을 미칠지 궁금하다고 말을 꺼냈는데 그 앞에서 어색한 미소와 함께 말없이 고개만 끄덕거리고 앉아 있다면 어떻겠는가. 내가 평소에 미리 준비하지 못해서 고객의 관심사를 이해하지 못한다는 것도 슬픈 일이지만, 이것 때문에 고객이 나와 회사까지 얕잡아 보게 된다면 그것은 정말 바람직하지 못한 일이다.

아이디어 향상을 위한 좀 더 실질적인 방법으로 TED[102]와 같은 강의를 틈틈이 보는 것도 도움이 된다. 강의를 검색할 때 'Creative' 같은 단어로 필터를 걸어서 창의성과 관련된 강의를 집중적으로 들어보도록 하자. 아울러 실제로 아이디어를 짤 때 사용되는 브레인 스토밍Brain Storming은 좋은 아이디어를 모으는 방법으로 널리 알려진 것들 중 하나다. 아이디어가 필요한 대상에 대해 일단 생각나는 대로 적어가다 보면 기발한 아이디어가 생각날 수도 있다.

유성룡이 뛰어났던 이유는 단순히 열심히 일했기 때문이 아니다. 임진왜란을 이끄는 과정에서 창의적인 아이디어로 전황을 유리하게 전개시키는 능력을 보여주었기 때문이다. 좀 더 능력 있는 직장인으로 인정받고 싶다면 나도 그런 능력을 가져야겠다는 욕심을 내야 한다.

징비록, 실패에서 배우는 지혜

일곱 해 동안 벌어졌던 전쟁 끝에 마침내 일본군이 한반도에서 물러나던 날 유성룡 또한 관직에서 물러나 조정을 떠나게 된다.

전쟁 초기 공포에 질려 명나라로 도망갈 궁리에만 급급했던 선조는 자

---

102 'Technology, Entertainment, Design'의 약자로 미국의 비영리 재단에서 1984년에 운영을 시작한 강연회다. 다양한 취미, 과학, 국제적 이슈까지 다양한 분야의 강연회를 개최하며 18분 안에 이루어진다. '알릴 가치가 있는 아이디어Ideas Worth Spreading'를 강의하는 것이 목표이며 강연자들은 각 분야 저명인사나 노벨상 수상자도 있다.

신의 생각에 단호하게 반대를 표명하던 유성룡이 탐탁지 않았다. 속 좁은 상사였던 선조는 그 일을 계속 마음에 두고 있었던 것이다. 그러던 중 마침 정응태丁應泰[103]의 무고 사건이 발생한다. 명나라 장군 양호楊鎬와 갈등을 빚던 명나라 간신 정응태가 그를 모함하면서 조선이 일본과 결탁하여 명나라를 치려했다는 거짓상소를 황제에게 올린 것이다. 이를 빌미로 자칫 명나라 군대가 조선에서 회군하여 전황이 크게 불리해질 수도 있는 절체절명의 순간이었다. 다행히 이항복이 명나라로 가서 실상을 자세히 설명하여 무사히 해결했지만, 유성룡은 이때 적극 나서지 않고 소극적으로 대처했다. 먼 여정의 사신으로 가는 것과 명나라의 내분에 휩쓸리는 것이 부담스러웠기 때문이다. 7년이라는 긴 시간 동안의 전쟁 중에 안팎의 공격과 비난에 시달린 그도 많이 지쳤던 것 같다. 이것으로 인해 유성룡은 다시 반대파에게 탄핵을 당한다.

"영의정 유성룡은 정응태의 무고로 나라가 위기에 처했음에도 불구하고, 빨리 명나라에 가서 자초지종을 설명하고 수습하려 하기는커녕, 임금의 명을 거역하고 자신의 책임을 저버렸습니다."

"그뿐만이 아닙니다. 유성룡은 불구대천의 원수인 일본과 강화조약講和條約을 맺으려 했으니 이보다 더한 역적질이 어디에 있습니까?"

임진왜란이 끝나갈 기미를 보이자, 국난 극복에는 뒷짐만 지고 있던 자들이 들고 일어나 강화에 대한 책임까지 떠넘기며 온갖 탄핵과 모함을 쏟아냈다. 이에 선조도 기다렸다는 듯이 유성룡을 관직에서 물러나게 한다.

---

[103] 정응태는 명나라 사람으로, 1598년조선 선조31년에 명나라 신종神宗에게 '조선이 왜병을 끌어들여 명나라를 침범하려 한다'고 무고했다. 이때 이항복이 중국 사절이 되어 명나라에 건너가 사건을 무마했다.

1598년 선조 31년 11월 19일, 공교롭게도 이순신 장군이 노량해전에서 흉탄을 맞고 순국한 날이었다. 임진왜란 승리의 최고의 영웅 두 명이 역사의 무대에서 동시에 퇴장하는 순간이다.

이미 몸과 마음이 지친 유성룡은 조정을 떠난 후 다시는 돌아오지 않는다. 나중에 명예가 회복되고 다시 선조의 부름을 받지만 그는 응하지 않고 고향에 은거한다. 그곳에서 또 다른 업적을 남기는데, 《징비록懲毖錄》을 저술한 것이다. '징비懲毖'라는 말은 《시경詩經》[104]에 나오는 '내가 지난 잘못을 징계해서 후환을 경계한다'라는 구절에서 따온 말이다. 전쟁 중의 실패뿐만 아니라 미리 전쟁을 막지 못한 것에 대해서도 반성한다는 메시지를 담고 있다.

사실 유성룡은 누구보다 조선의 앞날에 대해 정확히 예견하였고 앞으로 벌어질 전쟁을 대비하는 데에도 앞장섰다. 그런 그가 오히려 과거의 실패에 대해 반성하는 글을 남겼다는 사실은 여러 면에서 시사점을 준다. 자신의 뛰어난 예지력豫知力을 자랑하며 조선의 앞날을 예측하는 글을 쓰거나 자신의 업적들을 나열하며 공을 드러내는 글을 쓸 수도 있었다. 하지만 그는 실패에 대한 글을 썼다. 자신이 이끌던 조정은 많은 실패를 경험했지만 후배들은 그 실패를 거울삼아 새로운 성공의 기회로 만들기를 바라는 그의 바람이 있었기 때문이다.

실패라는 거창한 말보다 우리가 평상시 종종 저지르는 '실수'라는 차원에

---

[104] 주나라부터 춘추시대까지 전하는 시 311편을 풍風·아雅·송頌 세 부문으로 나누어 기록한 유학 오경五經의 하나다.

서 생각해 보자. 사람은 누구나 실수를 한다. 직장인도 예외일 수 없다. 특히 신입사원은 어느 정도 실수를 눈감아줄 수는 있지만 같은 실수를 반복해서는 안 된다. 경험 부족으로 인해 발생한 실수는 용인할 여지가 있지만 같은 실수가 계속 반복된다면 그것은 곧 실력과 자세의 문제다. 또한, 실수하되 그 실수를 통해 반드시 얻는 게 있어야 한다. 많은 깨달음까지는 아니더라도 최소한 같은 실수는 하지 않아야 한다. 작은 실수의 반복은 큰 실패로 이어지게 된다.

또한 실수를 했을 때 그것이 자신의 실수임을 인정할 줄 알아야 한다. 그것이 교훈을 얻는 첫 단계다. 자기의 잘못을 인정할 줄도 모르는 사람은 발전 가능성이 작을 뿐만 아니라, 자기 평판에도 악영향을 미친다. "잘못했습니다"라고 한마디 하면 될 것을 끝까지 자기 잘못이 아니라고 잡아떼는 부하 직원만큼 상사를 열받게 하는 것도 없다.

물론, 잘못했다는 말 한마디로 그저 당장의 위기를 모면하려는 자세도 좋지 않다. 자신의 실수를 분명히 인정하고 부끄러움도 느껴야 한다. 그리고 다시는 같은 실수를 반복하지 않도록 노력해야 한다. 그래야 실수가 나에게 쓴 약이 되어 결국은 나를 성장시킨다.

자존심이 너무 높아서 자신의 실수를 인정하지 않으려는 사람들이 있다. 자기의 실수를 인정하는 순간 자신의 가치까지 절하된다고 착각한다. 하지만 자신의 실수를 인정할 줄 모르는 것 자체가 자신의 가치를 깎아내리는 일이다. 우리는 자존심이 아니라, 자존감이 높은 사람이 되어야 한다. 진정으로 자신을 사랑할 줄 아는, 자존감이 높은 사람은 그런 실수가 자신의 가치를 깎는다고 생각하지 않는다. 오히려 실수에서 배울 점을 찾아 자신을 더 성장시킴으로써 자신의 가치를 더 높일 수 있는 기회로 활용한다.

과거의 실패나 실수에 대해 후회하는 것이 아니라 반성하는 지혜가 필요하다. 단지 후회만 하는 것은 나에게 아무런 득이 되지 않는다. 이미 엎질러진 물 앞에서 발을 동동 굴려봐야 무슨 소용이 있을까. 빨리 엎어진 그릇을 바로 하고 다시 물을 담는 노력이 중요하다. 그리고 왜 물을 엎질렀는지 반성하고 다시는 그러지 않도록 주의하는 것이다.

유성룡이 징비록이라는 귀중한 유산을 후세에 남긴 것은 자신의 실패로부터 많은 사람들이 배울 점을 찾기를 바랐기 때문이다. 실패 또는 실수를 대하는 우리의 자세도 그래야 한다.

유성룡처럼 위기를 극복하라!

누가 뭐라 해도 임진왜란이라는 최악의 국난을 극복해낸 중심에는 유성룡이 있었다. 그의 최고 업적은 역시 권율과 이순신 같은 인재를 적재적소에 발탁한 사실이다. 특히 서인 이항복, 북인 김응남金應南[105], 남인 이원익李元翼[106] 등 당파에 구애받지 않고 능력 있는 인물들을 골고루 등용하여 국정에 대한 협조를 이끌어내려고 노력했던 것도 그의 업적이다. 어느 정도

---

105 김응남1546~1598은 조선 중기의 문신이며, 유성룡의 천거로 병조판서 겸 부체찰사兵曹判書副體察使가 되어 피난길에 오른 왕을 모시게 되었다. 또한 임진왜란 후의 혼란한 정국을 안정시키는 데 힘썼다.

106 이원익1547~1634은 선조와 광해군, 인조 대에 걸쳐 다섯 차례 영의정을 지낸 명신名臣이다. 임진왜란때 평안도 도순찰사로 임명되어 군의 질서를 확립하였으며, 평양 수복에도 큰 공을 세웠다. 남인 소속이었음에도 대북이 주도한 광해군 정권과 서인이 일으킨 인조반정으로 세워진 인조 정권에서도 영의정에 임명될 정도로 조정과 백성들의 큰 신망을 받았다.

전세가 회복된 후에는 훈련도감을 설치하여 잘 훈련된 군사들을 양성하기도 했다.

훗날 유성룡이 세상을 떠났을 때 많은 백성들이 '유 정승이 아니었다면 지금 우리가 여기에 있을 수 있겠는가'라며 슬피 울었다고 한다. 이처럼 그는 모두의 존경을 받는 정승으로 이름을 남겼던 인물이다.

유성룡은 **위기 가운데에서도 침착하게 기회를 찾았다.** 일본군의 엄청난 진격 속도에 혼란에 빠진 선조와 다른 신하들은 나라를 버리고 명나라로 망명할 생각을 하고 있었다. 심지어 이항복조차 그 생각에 동의를 표했다. 하지만 유성룡은 그 생각이 얼마나 위험한 것인지 일침을 날리며 강력히 반대했다. 대신 그는 평안도 도체찰사를 겸직하며 전쟁을 지휘했고, 이순신이 각종 모함을 받을 때에도 그를 살리고 엄호했으며, 명나라 원군의 군량 문제를 해결했다. 결국 그렇게 살린 기회를 통해 임진왜란 승리의 발판을 놓았다.

내가 몸담고 있는 조직이 크게 흔들릴 때 누구나 똑같이 동요하게 된다. 하지만 똑똑한 사람은 그 속에서도 새로운 기회를 포착한다. 게임의 판이 흔들린다는 것은 모든 규칙이 변한다는 의미이기도 하다. 그 상황에 재빨리 적응하는 사람이 새로운 기회를 얻게 된다. 일본군이 전혀 겪어본 적이 없던 의병이라는 새로운 저항세력의 출현을 유성룡은 기회로 본 것이 좋은 사례다.

유성룡이 **기회를 살릴 수 있었던 것은 그만의 독창적인 아이디어가 있었기 때문이다.** 그는 명나라로 망명할 계획은 일단 접었지만 여전히 불안해하는 선조를 위해 배를 타고 남쪽으로 피난 가는 새로운 안을 제시한다. 또한 해로를 통한 군량 조달로를 개척하고 공명첩을 발급하는 아이디어를 제시해 심각했던 군량 문제를 해결한다. 이 덕분에 조명연합군은 평양성을 수복하여 전세 역전의 첫걸음을 내딛었다. 막다른 골목에서 기회가 주어졌을 때 그것을 제대로 살리는 것은 다름 아닌 독창적인 아이디어다. 단기간에 가질 수 있는 능력이 아니기에 평소에 시간을 투자하여 꾸준히 연습하는 지혜가 필요하다.

유성룡은 자신의 실패를 거울삼아 《징비록》을 남긴다. 사실 그는 실패하지 않았다. 그가 진정 실패했다면 조선은 일본에 점령당해 식민지가 되었을 것이다. 그는 임진왜란을 승리로 이끌었음에도 자신이 놓친 것들을 돌아보는 데에 집중하였다. **실패의 경험을 통해 배우고자 하는 태도가 있었기 때문이다.** 그는 실패의 과정을 보며 후회만 하지 않았다. 반성을 통해 같은 실수를 반복하지 않고 오히려 성장하는 계기로 삼고자 했다. 자신의 실수를 인정하고 새로운 성장의 계기로 삼는 것, 직장인들이 필수적으로 갖추어야 할 자세이자 직장 생활의 팁이다.

인생이라는 긴 터널 안에서, 직장 생활을 하다 보면 누구나 위기가 찾아온다. 위기를 겪는 과정은 당연히 유쾌하지 않다. 하지만 위기를 대하는 태도의 차이가 가져오는 결과는 천차만별이다. 본인에게 다가온 위기 자체를 부정하지 말자. '피할 수 없다면 즐겨라'는 말은 뻔한 것 같지만 결코 뻔하지 않다. 저 문장대로 피할 수 없는 상황에서 실제로 즐길 수 있는 사람은 그리 많지 않기 때문이다. 위기를 긍정적으로 바라보고 오히려 즐기는 마음으로, 새로운 도전의 기회로 삼는 사람은 그 위기를 극복할 확률도 매우 높다. 그렇게 위기를 계속해서 넘기고 또 넘기다 보면 우리의 직장 수명도 그만큼 길어질 것이다.

직장인 유성룡에게 배운다!

1. 회사가 큰 위기에 부딪쳤다고 느껴진다면 재빠른 선택이 필요하다. 퇴사할지 또는 끝까지 회사에 남을지. 회사에 남기로 했을 때, 새로운 기회를 가질 수 있는 부서에서 일할 수 있는 방법을 찾는 것도 좋은 방법이다.
2. 하루에 10분이라도 꼭 뉴스를 보는 등 시사에 관심을 갖자. 특히 내가 일하는 업무와 관련된 뉴스나 TED 강의를 찾아 매일 몇 개씩이라도 챙겨 보도록 하자.
3. 오늘 실수한 일을 돌이켜보고 일기로 기록해 보자. 그리고 어떻게 하면 같은 실수를 반복하지 않을지 적어보자.

10

좋은 화법에는 힘이 있다,

이항복

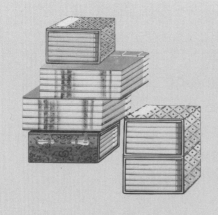

성명 : 이항복李恒福

출생 : 1556년, 경기도 포천

주요 경력 : 영의정, 좌의정, 우의정, 이조판서, 병조판서

주요 프로젝트 : 임진왜란 승전, 기축옥사 수습

추천인(직업) : 선조조선 14대 임금

한 줄 자기소개

– 적당한 유머는 관계의 벽을 허물고, 마음을 열도록 도와준다고 생각합니다. 딱딱하게 자기 할 말만 하는 것보다는 부드러운 말 한마디가 더 일을 잘 풀리게 할 때가 많습니다. 저는 어릴 때부터 이러한 화법의 힘을 깨달아, 말을 잘하는 법을 연습해 왔습니다. 그 덕분에 저는 항상 즐겁게 일을 하고 또 원만한 대인관계를 만들었습니다. 그렇게 얻은 좋은 동료들은 제가 직장 생활을 더 잘 해낼 수 있도록 도와주는 훌륭한 원동력입니다.

자유분방하고 마음이 따뜻했던 아이

이항복은 아버지가 고위직을 지낸 금수저 가문에서 태어났다. 하지만 '오성과 한음'으로 대표되는 많은 일화에서 그려진 것처럼 즐겁고 낙천적인 삶만 살았던 것은 아니다. 9세 때 아버지를, 16세에는 어머니마저 잃었다. 관직에 나가서는 조선 최대의 국난인 임진왜란 앞에서 그도 고난을 피할 수 없었으며 그치지 않는 당쟁으로 수많은 공격에 시달렸다. 말년에는 의붓어머니인 인목대비를 폐출하려는 광해군의 잘못에 대해 직언을 하다 함경도 북청으로 유배를 당했고 그곳에서 세상을 떠났다.

이처럼 이항복의 삶이 결코 순탄한 것은 아니었지만 그의 일생을 살펴보면 삶을 대하는 그의 자세만은 관조와 여유로 가득했음을 알 수 있다. 매 순간이 힘들고 스트레스로 점철된 삶을 사는 직장인들에게 이항복이 보여준 삶의 태도는 배울 점이 많다.

이항복은 1556년명종 11년 우참찬右參贊[107]이라는 고위직까지 오른 이몽량李夢亮의 4남4녀 중 막내로 태어났다. 이몽량은 성품이 온화하여 화를 내본 적이 없었다고 한다. 어머니 최씨는 아이들을 엄격하게 길렀으나 어려서 몸이 좋지 못했던 이항복에게만은 너그러운 편이었다. 따뜻한 집안 분위기에다 형과 누나들의 사랑을 독차지하는 막내로 자라면서 그의 자유분방한 성격이 형성된 것으로 보인다.

이항복은 어릴 때부터 씨름과 공차기를 잘했고 양반이 아닌 아이들과도 잘 어울려 다녔다. 기백과 의리가 넘치는 아이였다. 어머니가 새 저고리

---

107 의정부에 속한 정2품 벼슬을 말한다.

를 입혀주면 제대로 입을 옷이 없는 아이에게 줘버리고, 맨발인 아이에게는 신고 있던 신발을 벗어줘 버렸다.

"항복아, 이 어미가 정성스럽게 마련해 준 옷이며, 신발이며 그렇게 아무에게나 줘버리면 어떡하느냐?"

"어머니, 죄송합니다. 하지만 저보다 그게 더 필요한 사람에게 주었을 뿐입니다."

이항복이 이렇게 어른스럽게 대답할 때마다 어머니는 그의 도량에 감탄할 수밖에 없었다. 다만 15세가 되도록 학문에는 관심을 갖지 않고 놀러 다니기에만 정신이 팔린 그의 모습에 걱정이 커져갔다. 하루는 어머니가 작정하고 그를 질책하자, 크게 혼쭐이 난 이항복은 반성하고 학문에 전념하기 시작한다. 다음 해 어머니가 병환으로 세상을 떠나지만 이항복은 어머니의 말씀을 새기며 깊은 슬픔을 극복했고 학업에 매달린 끝에 20세의 나이로 진사시에 합격한다. 그리고 마침내 25세 때 문과에 급제하여 관직에 진출하게 된다.

실력과 말솜씨를 겸비하다

이항복은 흔히 재치 있게 농담 잘하고 말솜씨가 뛰어난 위인으로 기억되지만 관리로서 업무 능력도 출중한 인물이었다. 그가 선조의 눈에 들게 된 결정적 계기는 기축옥사가 발생했을 때였다. 정여립의 모반 사건이 일어나 여기에 연루된 많은 인사들을 선조가 친히 국문할 때, 이항복도 문사랑

問事郎[108]이라는 직책으로 함께 참여했다. 그는 글 쓰는 것이 민첩해 듣고 적는 것에 한 치의 오차도 없었다. 또한 죄를 논할 때 공평하게 하고 억울함이 없도록 처리하여 많은 죄인들이 죽음을 면하였다. 나중에 선조는 신하를 모아놓고 강연을 진행한 적이 있는데 그때 이항복을 앞에 불러놓고 이때 그의 일 처리를 거론하며 뛰어난 인재라고 크게 칭찬해 주었다. 그는 공적을 인정받아 공신이 되고 승정원承政院 동부승지同副承旨로 승진한다.

호조참의戸曹參議로 근무하게 되었을 때는 재정을 정밀하게 조사하여 불필요한 비용을 절감시키기도 했다. 그러자 겨우 한 달 만에 창고가 가득 차는 일이 벌어졌다. 이 일로 인해 호조판서였던 윤두수는 이항복에게 선비로서 돈과 곡식을 다루는 데도 통달한 재주를 가졌다며 그의 능력을 높이 샀다는 일화도 전한다.

이항복이 가장 활약했던 때는 역시 임진왜란 때였다. 의주까지 피난 가는 선조를 곁에서 모시며 고난을 함께 했으며, 특히 임진강을 건널 때는 몸을 아끼지 않는 충성을 보여 선조를 크게 감동시켰다.

임진왜란 이후 이항복은 다섯 차례나 병조판서를 맡는다. 군사에 관계된 모든 일을 이항복이 도맡아 하였으며 명나라 군대의 원조를 약속받는 등 전란을 수습하는 데 큰 활약을 펼쳤다. 잠시 물러났던 일본군이 다시 쳐들어와 정유재란丁酉再亂[109]이 발생하자 명나라군이 다시 파병되었다. 이항복은 이미 철두철미한 준비를 통해 명나라군의 편의를 제공하였으며, 여분으로 베 만 필을 비축하여 비상시 용도로 쓸 수 있도록 해주었다. 이를

---

108 죄인의 범죄 사실을 밝히기 위하여 최초 조서를 작성하고 읽어주는 일을 맡은 임시 벼슬이다.
109 임진왜란 휴전 교섭이 결렬되자 1597년선조 30년에 가토 기요마사加藤淸正가 군대를 끌고 다시 쳐들어와 일으킨 전쟁이다. 도요토미 히데요시가 철군 명령을 남기며 세상을 떠나자 일본군도 완전히 철수하였다.

본 명나라 지휘관은 어려운 일이 있을 때마다 이항복을 기다려야겠다고 말하며 그를 칭찬할 정도였다.

정응태의 무고 사건으로 조선이 큰 위기에 처했을 때 크게 활약한 인물도 이항복이었다. 자칫 명나라 군대가 회군할 수도 있는 상황에서 이항복이 급히 명나라에 파견되었고 다행히 적극적인 해명이 받아들여져 정응태의 파면과 함께 조선은 위기를 넘길 수 있었다.

이항복의 실력을 더욱 돋보이게 해준 것은 역시 그의 뛰어난 말솜씨 덕분이었다. 촉망받는 젊은 관료들만 받는 특혜였던 사가독서를 한 뒤 여러 관직을 거쳐 이조전랑에 임명된다. 품계가 그리 높은 직위는 아니지만 관리 추천권이 있어 권한이 막강한 자리였다. 나중에 동인과 서인의 붕당이 갈라지는 계기도 바로 이 이조전랑의 자리를 놓고 벌어진 분쟁 때문이었다. 그런 자리였던 만큼 많은 인사청탁이 들어왔지만 이항복은 들은 척도 하지 않았다. 이러한 강직한 자세는 훗날 정승이 되었을 때도 마찬가지였다. 한번은 청탁을 하려고 그에게 뇌물을 가지고 온 인사에게 이렇게 일갈하기도 하였다.

"보화가 많으면 집에 근심걱정이 많다는데, 여기까지 가져온 걸 보니 걱정거리가 정말 많나 봅니다. 그런데 굳이 그 걱정거리를 나한테까지 나누어 줄 필요가 있겠소? 본인 걱정은 본인이 알아서 합시다."

훗날 임진왜란이 끝나고 광해군이 왕위에 올랐을 때 계축옥사라고 하는 또 한 번의 살육이 벌어진다. 역적모의 혐의를 받는 많은 사람들이 잡힌 가운데 이춘복李春福이라는 사람도 고발을 당했다. 그런데 그를 잡으러 갔더니 이춘복은 없고 이원복李元福이라는 자만 있었다. 엉뚱한 사람이 잡혀

온 것을 알아챘지만 이미 그를 잡아온 마당에 그것이 실수라고 인정할 대신들은 없었다. 여차하면 무고한 사람이 처벌을 받을 상황이었다. 기가 막힌 상황을 알게 된 이항복은 이렇게 말했다.

"내 이름 이항복도 저 자와 비슷하니, 글월을 올려 나 자신을 변호해야만 무사하겠구려!"

이항복의 뼈 있는 농담에 결국 국문은 중지되고 이원복은 무사히 풀려날 수 있었다. 역적 사건에 대한 형법은 매우 엄격하여 말 한마디만 잘못해도 함께 엮어서 고초를 당할 수도 있는 상황이었다. 하지만 이항복의 재치 있으면서도 뼈를 때리는 말 한마디는 잘못된 상황을 정리하고 문제를 해결했다. 사람을 죽이기도 하는 것이 말이지만, 그의 말에는 사람을 살리는 힘이 있었다.

동료들을 즐겁게 해주는 사람

장난치는 것을 좋아했던 이항복은 모두를 웃게 만드는 유머를 종종 구사했다. 그의 해학과 기지를 보여주는 수많은 일화들이 있다.

이항복의 장인인 권율 장군은 임진왜란 때 행주대첩으로 유명한 전쟁 영웅이다. 하지만 그런 그도 종종 사위 이항복의 장난과 농담을 피해가지 못했다. 한번은 이항복과 권율이 더운 여름날 임금의 부름을 받고 궁에 들어가게 되었다.

"날씨가 몹시 더우니 장인께서 견디기 어려우실 것 같습니다. 버선을 벗고 신을 신으시는 게 좋겠습니다."

"그렇게 하는 게 좋겠지? 그러도록 하세."

자못 장인을 걱정하며 이항복이 권하자 권율도 그의 말에 따랐다. 그런데 대궐에 들어가자 이항복이 선조에게 아뢰었다.

"날씨가 더워 나이 든 재상들이 의관을 갖추고 서 있기가 힘들어 보입니다. 청하옵건데 신을 벗도록 윤허해주시면 조금이나마 그 괴로움을 이길 수 있을 것 같습니다."

"그것 좋은 생각이오. 그렇게 하시오."

선조의 허락이 떨어지자 영의정부터 갑갑한 신발을 하나 둘 벗기 시작했다. 다만 단 한 명 권율만 신을 벗지 못하고 이항복을 원망하듯 바라보며 어쩔 줄 몰라 하고 있었다.

"허허, 과인 앞이라 차마 신을 벗지 못하는 모양이구려. 내관은 와서 신 벗는 것을 도와드리도록 해라."

마침내 그의 신발이 벗겨지면서 맨발이 그대로 드러났다. 권율은 즉시 도포자락으로 발을 가리며 엎드리며 말했다.

"신이 이항복에게 속아 이리 되었나이다."

곧이어 자초지종을 알게 된 선조는 손뼉을 치며 크게 웃었고 여러 신하들도 함께 웃음바다를 만들었다. 자칫 왕 앞에서 무례한 장난일 수도 있었지만 평소 이항복의 기질과 성품을 잘 알고 있던 선조였기에 오히려 크게 즐거워했다. 무더위로 힘든 조정의 분위기를 즐겁게 만들어준 이항복의 재치였다.

시간이 흘러 임진왜란이 일어나 이항복이 선조와 함께 피난길에 올랐을 때였다. 길을 걷던 선조가 열매가 무르익은 오동나무를 보고는 무심코 말을 내뱉었다.

"열매가 동실하구나."

"보리 뿌리는 맥근^{매끈}하지요."

옆에서 선조의 말을 들은 이항복이 농담으로 맞장구쳤다. 오동나무 열매를 뜻하는 동실桐實과 발음이 같은 것처럼, 보리 뿌리를 뜻하는 맥근麥根이란 단어로 언어유희 농담을 한 것이다. 전쟁이 일어난 후 한 번도 웃음을 보이지 않던 선조도 오랜만에 크게 웃었다. 오늘날 아재 개그의 원조 같은 이 농담 한마디는 실의에 빠져있던 선조를 조금이나마 위로해 주었다. 힘들 때마다 한 번씩 자신을 웃음 짓게 해주는 이항복을 선조는 더욱 각별히 총애했다.

유머 있는 사람이 되라

유머는 사람을 기분 좋게 만들어줌과 동시에 자신의 호감도도 올려주는 힘이 있다. 위인들이 뛰어난 유머 감각을 보여준 사례는 쉽게 발견할 수 있는데, 유머 실력은 그들의 뛰어난 업무 능력을 한층 더 돋보이게 만들어준다.

이항복이 선조와 좋은 관계를 유지한 것은 뛰어난 실력과 더불어 재치 있는 말 한마디의 힘이 컸다. 이러한 유머의 힘은 오로지 위인들에게만 해당되는 사항은 아니다. 직장인들도 유머 능력을 갖추고 있다면 직장 생활에 여러모로 큰 도움이 된다.

웃는 얼굴에 침 못 뱉는다고 했다. 웃음은 신체로 표현할 수 있는 언어

중 최고라 할 수 있다. 적절한 유머를 통해 만드는 웃음은 조직에 활기를 불어넣는다. 또한 종종 발생할 수 있는 갈등이나 문제를 부드럽게 해소하는 데도 도움을 준다. 임진왜란이라는 답답한 상황 속에서도 이항복이 건네는 유머 한마디가 선조와 신하들을 웃게 만들었다. 문제 자체를 해결하는 것은 아니지만 침울한 분위기를 다시 쇄신시키고 조직원들에게 위로와 활기를 주었다. 웃음은 별도로 돈이 드는 일도 아니지만 그 효과는 무궁무진하다.

웃음이 갖는 긍정적인 역할 중 하나는 스트레스 해소일 것이다. 매달 받는 월급은 스트레스를 받는 대가라고 할 만큼 스트레스는 직장인이 피해 갈 수 없는 숙명이다. 하지만 힘든 직장 생활 가운데 던진 유머 한마디는 웃음과 함께 스트레스를 풀어준다. 또한 조직 내 긴장을 완화시키고 좀 더 편안한 마음으로 업무에 임할 수 있도록 도와준다. 이는 조직원들의 업무 생산성을 높이는 것과도 연결된다.

무엇보다 유머를 잘하는 사람에게는 인간미가 물씬 풍긴다. 사람들의 호감을 사면서 평판도 함께 올릴 수 있는 좋은 방법이다. 특히 포지션상 자칫 권위적으로 보이기 쉬운 상사들의 유머 기술은 부하 직원과 잘 소통할 수 있는 좋은 수단이 된다. 적당히만 잘 구사한다면 자신의 인간미와 공감 능력을 보여주고자 하는 상사들에게 유머만큼 효과적인 수단은 없다.

물론 시도 때도 없이 타이밍 못 잡고 남발하는 유머는 오히려 역효과를 일으킬 수도 있다. 유머를 잘하기 위한 조건 중 하나는 다른 사람의 말을 경청하고 분위기를 잘 살피는 것이다.

선조가 오동나무 열매를 보고 "동실하구나"라고 내뱉은 말 한마디를 이항복은 놓치지 않고 "뿌리는 맥근하지요"라고 대답해서 웃음을 유발했다. 상대의 말을 잘 들어주는 태도에서 좋은 유머가 나온다.

유머는 하루아침에 계발되는 능력은 아니다. 꾸준히 창의적으로 생각하고자 노력하고 무엇보다 긍정적이면서 쾌활한 마음가짐으로 사는 것이 중요하다. 당장은 유머를 잘할 자신이 없다면 잘 웃어주는 것부터 시작해 보자. 동료의 유머에 적극적으로 반응해 주는 것도 즐거움을 극대화하고 상대방을 기분 좋게 만들어주는 훌륭한 방법이다.

이항복이 때때로 던지는 가벼운 농담 한마디는 단순한 웃음을 넘어 즐겁게 일하는 조직 문화를 만들었다. 힘들고 지친 일터 안에서도 때때로 웃음이 넘치도록 하여 '동료'들이 다시 기운을 내어 일할 수 있는 분위기를 만들어준 것이다.

말 한마디로 영의정의 손주 사위가 되다

어릴 적 이항복의 집은 권율의 집과 담이 맞닿아 있었다. 이항복의 집에는 커다란 감나무가 하나 있었는데 그게 가지를 뻗어 권율 집의 마당 위까지 넘어가 있었다. 그러자 권율 집의 하인들이 그 가지에 달린 감을 계속 따 먹는 것이 아닌가! 어린 이항복은 자기가 좋아하는 감을 남의 집 하인들이 함부로 따 먹는 모습이 못마땅했다. 그는 무작정 권율의 집에 들어가서는 그의 아버지 권철權轍[110]의 방문 앞에 섰다. 그리고는 대뜸 방문의 종

---

[110] 권철1503~1578은 명종 때 우의정을 지냈고, 선조 즉위 후 좌의정과 영의정을 차례로 지냈다.

이를 뚫으면서 주먹을 불쑥 밀어 넣고는 권철에게 물었다.

"이 주먹은 누구의 주먹입니까?"

"그거야 너의 주먹이지."

"그런데 왜 대감님은 댁의 하인들이 우리 집에서 뻗어나간 감나무의 열매를 마음대로 따 먹는데도 아무 말도 하지 않고 그냥 내버려 두시는 겁니까?"

그냥 '하인들이 감나무 열매를 못 따 먹게 하십시오!'라고 따지면서 말할 수도 있었겠다. 아마 그랬으면 그냥 버릇없는 놈으로 치부되어 쫓겨났을지도 모를 일이다. 하지만 자기 주먹으로 비유를 들며 센스 있게 문제 제기를 하는 이항복의 말솜씨에 권철은 감탄이 저절로 나왔다.

권철은 사람 보는 눈이 있었다. 어린 이항복이 대성할 그릇임을 한눈에 알아보았고, 그의 사랑하는 손녀딸과 약혼을 맺게 한다. 나라의 정승을 지낸 명망가 권철의 손녀와 결혼하게 된 이항복. 매력적인 말솜씨로 주위에 좋은 사람들을 모이게 했던 이항복의 능력은 그가 결혼하게 된 일화에서부터 이미 증명된 것이다.

센스 있게 말하라

이항복이 구사하는 화법의 매력 중 하나는 다른 누군가에 대한 직설적인 공격을 피했다는 점이다. 자신의 생각을 부드럽지만 효과적으로 전달했다. 상대방이 스스로 깨닫도록 만들고 더 나아가 상대의 공감까지도 얻었다. 돌려서 말하되 핵심을 찌르는, 소위 뼈 때리는 화법의 달인이었다. 어릴 적 하인들의 잘못에 대해 권철에게 당당히 이야기하던 일화는 그 시작일 뿐이다.

홍여순洪汝諄[111]이라는 고위직 관리가 있었는데 탐욕이 많아 민가의 화초와 괴석怪石을 종종 착취했다. 그 이야기를 들은 이항복이 홍여순을 만났을 때 솔깃한 제안을 했다.

"우리 집에 정말 좋은 괴석 가산假山이 있는데, 한번 와서 보고 마음에 들면 가져가시구려."

홍여순은 그 말을 듣고는 기분 좋게 괴석을 가지러 이항복의 집에 갔지만 이항복이 말한 그 괴석 가산이라는 것이 무엇인지 어디에도 보이지 않았다. 궁금해하는 홍여순에게 이항복은 대뜸 남산을 가리키며 말했다.

"저게 바로 내가 말한 괴석이라오."

괴석에 대한 욕심으로 백성들에게 피해를 주는 그의 만행에 대해 에둘러서 지적한 것이다. 홍여순은 이항복에게 골탕 먹은 사실을 알고 크게 부끄러워하였다.

하루는 이항복이 비변사備邊司[112] 회의에 늦게 온 일이 있었다. 다른 신하들이 지각한 이유를 물으니 이렇게 대답했다.

"내가 오늘 집에서 일찍 나와 궁으로 오는 길이었네. 그런데 저 멀리 싸움 구경이 났기에 뭔가 해서 나도 고개를 들이밀고 보았지. 그런데 환관宦官

---

111 홍여순1547~1609은 선조 때 문신이다. 임진왜란이 일어나자 병조판서로서 선조를 호종하였고, 도중에 호조판서로 전임하였다. 성품이 간악하다는 탄핵을 받아 유배를 당하기도 했으나 임진왜란이 끝난 후 유성룡을 몰아내고 그가 속한 북인이 정권을 잡았다.

112 군국기무軍國機務를 관장한 문무합의기구文武合議機構로 1517년중종 12년에 설치되었다. 임진왜란 발생 후 모든 국가의 행정이 전쟁 수행과 직결되자, 그 기능과 권한이 더욱 강화되어 국방문제뿐만 아니라 주요 국정 전반이 논의된다. 조선 후기까지 존속되다가 흥선대원군이 집권한 후 폐지된다.

이 중의 머리털을 잡고, 중은 환관의 거시기를 잡고 서로 싸우고 있지 않은가! 그래서 구경하다 보니 늦었네."

그의 넉살에 신하들은 웃고 말았지만, 사실 그 농담에는 뼈가 담겨 있었다. 동인이니 서인이니 붕당으로 갈라져 서로 말도 안 되는 꼬투리를 잡고 싸우는 데 혈안이 된 행태를 환관과 중의 싸움에 빗대어서 비판한 것이다.

직장 생활을 하다 보면 말의 힘을 실감할 때가 많다. 일을 잘하는 사람보다 말을 잘하는 사람이 더 잘나가는 모습도 종종 볼 수 있다. 말은 커뮤니케이션을 통해 내가 원하는 것을 얻어내는 수단이다. 상황에 따라 직설적으로 말하는 것도 필요하지만 가능한 한 상대방의 마음을 얻을 수 있는 화법을 구사해야 한다. '아' 다르고 '어' 다르다고 했다. 상대방의 감정을 상하게 하지 않고도 내 생각을 효과적으로 전달하는 '말 센스'는 직장 생활에서 큰 위력을 발휘하곤 한다.

몇 가지 가벼운 사례를 들어보자. 상사라고 해서 부하 직원에게 강압적인 명령조로 지시하면 듣는 사람의 기분은 별로 좋지 않다. "보고서 가져와"라고 말하는 대신 "보고서 좀 가져다줄래요?"라고 말해보자. 말투 하나 바꿨을 뿐인데 지시에 따르는 상대방의 자발적 동의를 끌어내기 훨씬 수월하다. 중요한 것은 상대방이 보고서를 가져오도록 나의 목적을 달성하는 것이다. 어떻게 말하든 상사의 지시를 따르겠지만 상대방의 마음을 얻으며 지시하는 결과는 매우 큰 차이를 만든다.

또 "이 일 해봐"라고 단도직입적으로 지시하는 것보다는 "자네가 이 일을 정말 잘한다는 칭찬이 많던데?"라고 상대의 자존감을 부각시키며 지시하는 것도 말 센스다. 어차피 해야 하는 일, 자신의 실력을 인정받는다고 느끼면 더 열심히 그 업무에 임하게 될 것이다.

부정적인 문장보다 긍정적인 문장을 사용하는 것도 상대방의 마음을 여는 데 유용하다. '그게 아니고', '틀렸어', '아니야' 같은 말을 사용하면 상대방은 자연스럽게 방어적인 자세를 취하며 다른 아이디어 제시를 머뭇거리고 꺼리게 된다. 하지만 "다른 관점에서 보면 이렇지 않을까요?"와 같이 상대의 말을 긍정하면서도 자신의 의견을 덧붙이면 상대방도 자연스럽게 받아들이게 된다.

일을 하면서 문제가 생겼을 때 우리는 습관적으로 그 문제를 일으킨 사람에 대해 책임 추궁부터 하려는 경향이 있다. 재발 방지 차원에서 그것이 필요한 부분도 물론 있겠지만 가장 우선되어야 할 것은 문제 해결 그 자체가 되어야 한다. 누군가의 잘못으로 시작된 문제라 하더라도 그에게 책임을 따지기 이전에 문제 해결이 먼저라는 신호를 보내야 한다. 그 첫 단계는 감정적으로 말하지 않는 것이다. "당신 때문에 일이 이렇게 되었는데, 어떻게 할 건가?"라고 따지기 시작하면 정작 문제 해결은 요원해지기 시작한다. 이항복처럼 센스 있는 말로 부드럽게 설득하는 것이 가장 좋은데 그 핵심은 자신의 감정을 최대한 배제하는 데 있다. 문제점에 대한 객관적 사실을 그대로 전달하여 해결에 우선 집중하고 감정은 건드리지 않도록 주의해야 한다.

이항복이 홍여순에게 "그놈의 괴석이 뭐라고 백성들 괴롭히는가, 이 나쁜 사람아!"라고 직설적으로 비난했다면 어땠을까? 그는 자신의 잘못을 깨닫기 앞서 우선 나쁜 사람으로 불린 것에 대해 감정이 상했을 것이다. 홍여순은 여전히 자신의 잘못은 알아차리지 못한 상태로 서로의 관계만 틀어졌을 가능성이 크다. 일단 상대방과 함께 문제를 해결하는 데 집중하고 싶다면 이항복처럼 지혜롭게 말하는 센스가 필요하다.

좋은 동료를 곁에 두라

이항복의 유머 감각과 상대방을 배려하는 말솜씨는 그의 인간적 매력을 부각시켰다. 그리고 그의 곁에 좋은 동료들이 많이 모이도록 만들었다. 특히 이덕형李德馨[113]과는 죽을 때까지 깊은 우정을 나누었다. 그 유명한 '오성鰲城과 한음漢陰'[114] 이야기 때문에 흔히 어릴 때부터 친했던 사이로 생각되지만 사실 그들이 서로 알게 된 것은 23세 때 이항복이 성균관에 입학하고부터였다. 그런데도 어린 시절의 이야기가 만들어져 지금까지 전한다는 사실 자체가 그만큼 그들의 동료애가 깊었다는 반증이다. 그들의 우정은 단순히 서로에 대한 호감 정도를 넘어, 함께 협업하는 데도 긍정적인 영향을 주었다.

임진왜란이 발생하자 조정은 우왕좌왕했으며, 곧이어 선조가 피난을 떠

---

113 이덕형1561~1613은 1592년선조 25년에 예조참판에 올랐다. 임진왜란이 일어나고 청원사請援使로 명나라에 파견되어 원군 파병에 성공했으며 전쟁 후에는 행판중추부사行判中樞府事로 일하며 민심을 수습하고 군대 정비에 힘썼다. 광해군 즉위 후에 영창대군의 처형과 폐모론에 적극 반대하여 삭탈관작을 당한 후 병사하였다.

114 오성은 이항복이 받은 오성부원군鰲城府院君이라는 작위에서 왔고, 한음은 이덕형의 호號다. 두 사람이 실제 만난 것은 어른이 된 후지만, 두 사람의 우정이 매우 깊었기 때문에 그들의 어릴 적 이야기가 만들어져 후대에 전승되었다. 훗날 오성과 한음 설화가 널리 퍼지자, 고종이 "두 사람이 소꿉친구라는데 맞느냐?"고 물어보았고, 이덕형의 후손인 이명교가 "어릴 적부터 사귀었다고 하는 것은 민간에서 속되게 전하는 바입니다"라고 대답했다 한다.

난 뒤 일본군이 한양을 점령했다는 소식을 접하게 된다. 일본군의 막강한 전력을 이미 알고 있던 이항복은 명나라에 구원병을 요청해야 한다고 강력히 건의한다. 이것을 국가 주권과 직결된 문제로 인식한 신하들의 반대도 있었지만 사실 돌아가는 전황은 그것을 따지고 있을 형편이 되지 못했다. 조선군의 힘만으로 승리가 쉽지 않다는 현실을 이항복이 제대로 파악한 것이다. 그리고 그 정확한 판단에는 이덕형의 도움이 컸다. 마침 일본군의 적진을 살펴보게 된 이덕형이 그들의 전황을 있는 그대로 이항복에게 알린 것이다. 결국 병조판서를 맡고 있어 조선을 떠날 수 없었던 이항복을 대신해 이덕형이 청원사請援使로 명나라에 파견되어 구원병 약속을 받아오는 데 성공한다. 이항복과 이덕형의 협업 플레이가 국난 극복의 중요한 단초를 마련한 것이다.

누구에게나 직장 생활은 힘들다. 이 시간을 좀 더 잘 버틸 수 있게 해주는 힘은 가족보다도 더 많은 시간을 함께 보내는 직장 동료에게서 온다. 상사에게 깨져서 마음이 힘든 날, 동료가 어깨를 툭 치며 "소주 한잔 하러 가자"라며 건네는 한마디가 때로 큰 위로가 되기도 한다.

물론 나를 힘들게 만드는 동료도 있을 수 있다. 일을 제대로 안 해서 나에게 피해를 주기도 하고, 자기 일을 떠넘기는 이기적인 동료를 만날 수도 있다. 회사에 좋은 동료가 있다는 것은 직장 생활의 큰 축복이지만, 나쁜 동료도 만날 수 있다는 것을 염두에 두어야 한다.

또한, 직장 동료는 동료일 뿐 친구가 될 수 없다는 말도, 회사 다니는 기간 동안의 시한부 관계일 뿐이라는 말도 냉정하지만 일리 있는 말이다. 직장 동료에게 너무 의지하거나 반대로 너무 피해의식을 가질 필요도 없다. 다만 오늘 하루의 회사 생활도 잘 버틸 수 있게 서로의 버팀목이 되고 힘든 일도 함께 협업할 수 있는 든든한 동료가 곁에 있다면 그것만으로 감사한 일이다.

좋은 동료를 곁에 두려면 내가 먼저 좋은 동료가 되어야 함은 물론이다. 이항복과 이덕형은 서로에게 인간적인 매력이 있었다. 이항복은 재치 있는 말솜씨로 사람들을 즐겁게 하는 재주가 있었고 이덕형도 그의 장난에 웃으며 응수해 주었다. 그들처럼 일차적으로 자기 성향과 맞는 사람끼리 좋은 동료가 될 확률이 높지만 성향이 꼭 맞지 않더라도 얼마든지 좋은 동료가 될 수 있다. 누구라도 좋아할 만한 사람이 되는 것이다. 한 조사에 따르면 함께 일하고 싶은 동료 일순위로 '인간성 좋은 사람'이 꼽혔다고 한다.[115] 그 뒤로 '책임감이 강한 사람', '유머 감각이 있는 사람', '일을 잘하는 사람' 등이 순서를 이었다.

업무 능력도 중요하겠지만 인간미를 갖춘 사람이 좀 더 좋은 직장 동료로 평가받을 가능성이 높다. 하지만 단순히 사람 좋은 것만으로는 부족하다. 그것은 좋은 동료가 되기 위한 전제조건일 뿐이다. 업무적으로도 사소한 배려를 통해 좋은 동료가 될 수 있어야 한다. 동료의 업무 성과나 재능을 칭찬해 주기, 회의 등 약속 시간은 정확히 지키기, 나의 실수를 인정하기, 내 업무를 떠밀지 않기 등 동료를 배려하는 몇 가지 원칙을 정하여 지킴으로써 좋은 동료가 되기 위해 노력해야 한다.

서로 좋은 동료로서 원만한 인간관계를 유지한다면 직장 내 스트레스는

---

115 국민일보, 『함께 일하고 싶은 직장 동료…인간성>책임감>업무능력』, 2006년 3월 16일자

확연히 줄어든다. 그리고 업무 효율도 크게 향상된다. 이항복은 좋은 동료들과 함께 즐겁게 일했다. 이덕형으로부터 얻은 중요한 정보를 바탕으로 정확한 판단을 내려 국난 극복에 크게 기여하는 성과를 내기도 했다. 좋은 동료를 만들고, 또 내가 그들에게 좋은 동료가 되는 것은 직장 생활에 있어 매우 중요한 일이다.

이항복처럼 말하라!

　이항복의 관직 생활은 내내 불운할 수도 있었다. 그가 벼슬길에 나선 즈음부터 당쟁이 시작되어 서로에 대한 공격으로 조정은 내내 시끄러웠고 조선 최대의 전란인 임진왜란이 발생하여 국방장관인 병조판서의 무거운 직무를 감당해야 했다. 조금만 판단을 잘못 내려도 모든 비난의 화살이 자신에게 쏟아질 독이 든 성배와 같은 자리였다. 이 와중에 중심을 잘 잡아야 하는 선조는 자격지심에 빠져 툭하면 광해군에게 왕위를 넘기겠다는 거짓 양위 소동으로 신하들을 힘들게 했다. 선조가 세상을 떠난 후 어렵게 왕위에 오른 광해군은 불안한 정통성을 지키고자 이복동생 영창대군을 죽이고 의붓어머니 인목대비를 폐비시키는 패륜을 저질렀다. 이것을 비판한 이항복은 상대 당파의 공격을 받고 유배를 떠나 결국 그곳에서 죽음을 맞는다. 겉으로는 영의정의 지위까지 오르며 남부러울 것 없었던 삶으로 보였지만 그에게는 결코 순탄하지 않은 직장 생활이었다.

　하지만, 이항복은 즐겁게 일하는 길을 택했다. 그의 적절한 유머 한마디는 함께 일하는 사람들을 웃게 하고 조직에 활기를 불어넣었다. 심지어 일본군을 피해 피난 가는 와중에도 임금에게 농담을 던졌다. 그것은 실의에 빠진 임금을 다시 웃게 만들고 기운을 북돋도록 위로하는 농담이었기에 힘이 있는 말이었다. 누군가는 그런 그에게 농담은 선비가 취할 도리가 아니라고 비판했고, 그를 해학에만 능한 인물이라고 폄하하기도 했다. 하지만 다른 사람을 비난하고 공격하는 데만 혈안이 되어있던 다른 신하들의 근엄한 한마디보다 이항복의 실없어 보이는 농담 한마디에서 훨씬 더 따뜻한 인간미가 느껴진다.

이항복의 또 다른 매력이 있다. **같은 말을 하더라도 센스 있게 했다는 것이다.** 그는 잘못된 것을 그대로 보고만 있지 않았다. 하지만 그것을 직설적으로 공격하며 상대의 감정을 자극하지 않았다. 그의 말하기는 문제를 해결하는 데 우선순위를 두었으며, 자신의 그런 의도를 정확히 전달하는 것에 목적을 두었다. 우리도 누군가의 도움이 필요하거나 잘못을 바로잡아야 할 필요가 있을 때 상대방의 자발적 동의, 더 나아가 마음을 얻을 수 있는 말하기를 연습해야 한다. 역사적으로 말 한마디 잘못해서 설화에 시달린 사람들을 종종 볼 수 있지만 이항복은 자신의 말실수 때문에 화를 당한 적은 없었다.

이항복의 말에는 힘이 있고 인간미가 있었다. 많은 사람들이 그를 좋아하고 따랐다. **말 잘하는 그의 곁에는 자연스럽게 좋은 동료들이 모였다.** 특히 이덕형과의 깊은 동료애는 힘든 직장 생활을 견디게 하는 힘이 되었으며 업무적으로도 성과를 내는 데 도움이 되었다. 이항복과 이덕형은 서로 번갈아가며 영의정을 지내는 등 상생하는 좋은 동료의 전형을 보여주었다. 좋은 동료를 만나는 것은 직장 생활의 큰 축복이라 할 수 있다. 좋은 동료를 만나기 위해서는 내가 먼저 좋은 동료가 되어야 한다. 이항복처럼 따뜻한 인간미를 갖추고 업무적으로 배려한다면 자연스럽게 좋은 동료들이 내 곁에 모여들게 될 것이다.

　말 한마디가 갖는 위력은 엄청나다. 그것을 보여주듯 우리 조상들은 말에 대한 속담을 많이 남겼다. '말 한마디로 천 냥 빚 갚는다', '가는 말이 고와야 오는 말도 곱다', '발 없는 말이 천리 간다', '낮말은 새가 듣고 밤말은 쥐가 듣는다' 등 모두 말의 중요성을 강조한 속담들이다. 말 한마디로 사람을 얻을 수도 있고 잃을 수도 있다. 혼자서 살아갈 수 없는 세상이라면, 특히 직장이라면 이왕 상대방을 더 기분 좋게 해주고 세워주는 말을 더 많이 하는 것이 좋지 않을까? 생각 없이 던진 말 한마디로 화를 자초하는 사람들이 지금도 많은 것을 보면 이항복처럼 말하는 지혜가 오늘날에도 중요해 보인다.

직장인 이항복에게 배운다!

1. 동료가 재미있는 이야기를 할 때, 적극적으로 웃어주고 반응해 보자.
2. 동료 혹은 부하 직원에게 지시하거나 부탁할 때, 어떻게 말하면 상대방이 좀 더 기분 좋게 응할지 생각해 보자.
3. 좋은 동료가 되기 위한 방법을 고민해 보자. 많이 칭찬하기, 약속한 것은 반드시 지키기 등 사소한 것부터 시작해 보자.

말 한마디로 인생을 망치다

벼락출세를 하다

역사에는 오랜 인고의 시간을 견뎌내고 나서야 빛을 본 대기만성형 인물이 있는가 하면, 실력과 운이 겹쳐 사회에 나오자마자 출세한 사람도 많다. 하지만 빠르게 출세했다고 해서 그 삶이 모두 평탄하기만 했던 것은 아니다.

과거 급제 직후 중종의 눈에 들어 특진에 특진을 거듭했던 조광조는 결국 중종의 변심으로 사약을 받았다. 아홉 번이나 장원급제하며 천재로 명성을 떨친 이이는 붕당의 정쟁에 시달리다 49세 창창한 나이로 세상을 떠났다. 또한 29세에 조선 최고의 실권자가 되었지만 불과 4년 만에 실각하고, 34세의 젊은 나이로 세상을 떠난 홍국영도 있다.

남이南怡[116]도 20대에 국방장관이 되는 전무후무한 출세로 승승장구했지만 말 한마디 잘못한 죄로 억울하게 모함을 받아 허망하게 세상을 등진 비

---

[116] 남이(1441~1468)는 조선 세조 때 활약한 무신으로 이시애의 난과 여진족 정벌에 큰 공을 세워 적개공신敵愾功臣 1등의 포상을 받았고, 벼슬이 병조판서에 이르렀다. 그를 총애했던 세조가 죽고 예종이 왕위에 오른 뒤, 유자광의 역모 고변으로 사형에 처해졌다.

운의 인물이다.

남이는 당대의 대표적 명문가 출신이었다. 5대조가 조선의 개국공신이자 영의정을 지낸 남재南在[117]였으며 할머니는 태종의 넷째 딸 정선공주로 왕족의 핏줄까지 가지고 태어났다. 장인은 세조를 도와 쿠데타를 성공시킨 당대 최고권력자 권람權擥[118]이었다. 게다가 그는 금수저 출신이었던 것도 모자라 무예까지 출중한 완벽한 엄친아였다.

그의 최전성기는 1467년 일어난 반란인 이시애의 난을 평정하고 여진족을 진압했던 시기다. 전쟁터에서 수많은 화살을 맞고도 태연하게 싸움에 임하며 수백 명을 베었다는 이야기마저 전해지니 그가 얼마나 용맹스러운 장수였는지 짐작해 볼 수 있다. 세조의 절대적인 후원 아래 그의 관직 지위는 수직적으로 상승하여 마침내 27세의 나이로 지금의 국방장관인 병조판서에 오르게 된다. 하지만 너무 어린 나이에 잘나가면 주위에 시기하는 사람도 생기기 마련이다. 오만하고 독선적이라는 평판이 돌기 시작한 것이다. '남이는 대장이라 자칭하며 무사들을 멸시했다'는 기록도 있는 것으로 보아 실제 그리 겸손한 인물은 아닌 것으로 짐작된다.

말 한마디로 역모자가 되다

남이를 절대적으로 신임했던 세조가 승하하고 예종이 즉위하자 잘나가

---

117 남재1351~1419는 아우인 남은과 함께 이성계 세력에 가담하여 개국공신 1등에 녹훈되었다. 문장이 뛰어나고 산술에 능했던 것으로 전해지며, 영의정을 지냈다.

118 권람1416~1465은 1450년문종 즉위년에 장원급제하여 사헌부 감찰이 되었다. 수양대군과 함께 집현전 교리로 《역대병요歷代兵要》를 편찬하며 그와 가까워졌고 후에 수양대군이 세력을 키울 때 힘을 보탰다. 계유정난 때 김종서 등을 제거하여 세조 집권의 토대를 마련하기도 했다.

던 그도 주춤한다. 그다지 좋지 못한 평판으로 인해 남이를 탐탁지 않게 여기고 있었던 예종은 그를 비판하는 신하들의 의견에 따라 결국 병조판서에서 해임하고 겸사복장兼司僕將[119]으로 좌천시킨다.

한 달 뒤, 궁궐에서 숙직을 서던 남이가 혜성이 떨어지는 것을 보고 중얼거렸다.

"묵은 것을 없애고 새로운 것이 나타나는 징조로구나…."

별생각 없이 툭 내뱉은 이 한마디를 유자광이 듣고는 남이가 역모를 꾸미고 있다며 고발을 한다. 한 시대를 풍미했던 이 전쟁 영웅은 결국 말 한마디가 빌미가 되어 어이없는 죽임을 당하고 만다.

서자 출신이었던 유자광은 이시애의 난에서 남이의 휘하로 들어가 공을 세웠다. 이때 세종의 눈에 들어 상당히 높은 벼슬인 병조정랑兵曹正郎[120]까지 승진한다. 남이와 정반대인 흙수저 출신이라고 할 수도 있었지만 남이처럼 세조의 후광으로 출셋길을 달린 것이다. 세조가 승하하고 든든한 배경이 사라지자 본인의 살 길을 적극적으로 찾는데 그 방법이란 것이 자신의 옛 상사였던 남이를 역모자로 몰아 공신이 되는 것이었다.

남이가 그토록 빨리 몰락한 것은 역모 혐의를 받은 탓도 있겠지만 그의 거침없는 성품과 지나치게 자만하는 태도가 주위의 반감을 샀던 이유도 컸을 것이다. 세조가 마련한 술자리에서 만취해 이시애의 난 총사령관이었던 구성군龜城君 이준李浚[121]을 너무 총애하는 것은 옳지 않다고 왕에게 직설적

---

119 조선시대 국왕의 호위를 담당한 겸사복兼司僕의 지휘관으로 종2품 무관직이다.

120 국방을 관장한 병조 소속의 정5품 벼슬이다. 정랑은 실무를 관장하면서, 삼사 관직의 임명 동의권과 자신의 후임 추천권이 있어 권한이 매우 컸다.

121 이준1441~1479은 조선 전기 왕족 출신으로 이시애의 난을 평정하여 적개공신 1등이 되었다. 공신세력을 견제하고

으로 이야기할 정도였다. 세조는 남이를 신임했기에 너무 자만하지 말라고 충고하는 정도에 머물렀지만, 왕에게도 이런 태도를 보일 정도니 다른 신하들에게는 어느 정도였을지 짐작이 간다. 결국 평소 자신이 쌓은 업보 위에 얹어진 부주의한 말 한마디가 화룡점정을 찍어 자신을 몰락의 길로 내몰고 만 것이다. 심지어 이시애의 난을 진압한 뒤 백두산에 올라 "사나이 스물에 나라를 평정하지 못하면, 뒤에 누가 대장부라 칭하리오"라고 호기롭게 읊었던 시 한 구절도 '나라를 얻지 못하면'이라는 말로 왜곡되어 그가 역모자라는 증거로 채택되었다. 그가 실제로 역모를 꾀했는지 뚜렷한 증거는 없었지만 그 말 한마디가 증거가 되어 마침내 죽음까지 이르게 만든 것이다.

직장인에게 말은 생명이다

이준경은 끊임없는 자기 절제 노력으로 가십거리가 될 만한 꼬투리를 만들지 않았다. 그리고 불필요한 말로 사람들의 오해를 사는 일도 없었다. 반대로 남이는 불필요한 말과 행동으로 사람들 입에 오르내렸고, 그 거침없는 입이 화를 자초하였다. 자신의 출세를 위해 남이의 뒤통수를 호되게 때린 유자광의 비열한 처세도 비난의 대상이겠지만 어쨌든 결정적인 빌미를 만든 것은 남이 본인이다.

사람은 말을 하고 살아야 한다. 직장인도 예외일 수 없다. 문제는 그 말

자 했던 세조의 총애를 받아 병조판서를 거쳐 20대의 젊은 나이로 영의정에 올랐다. 성종이 어린 나이로 왕위에 오르자, 신하들은 그가 역모를 꾸민다는 탄핵을 올려 유배를 당하고 10년 뒤 그곳에서 죽었다.

때문에 자신이 더 돋보이게 되기도 하고 어떤 경우에는 패가망신까지 한다는 점이다. 나를 살리기도 하고 죽이기도 하는 말의 중요성은 아무리 강조해도 부족함이 없다.

말을 할 때는 일단 상대가 누군지 상황을 봐가며 해야 한다. 친한 동료 사이에 주고받는 시시껄렁한 농담을 거래처 고객에게 함부로 건넨다면 무례한 사람으로 낙인찍히기 딱 좋을 것이다. 어떤 사람에게는 칭찬으로 들리는 말도, 어떤 사람에게는 빈정대는 것으로 들릴 수 있다. 사실 남이가 '묵은 것을 없애고 새로운 것이 나타나는 징조'라고 말한 것은 '예종이 새로운 임금으로 즉위하여 새로운 시대를 열 것이다'라는 뜻으로 좋게 해석할 수도 있는 말이다. 하지만 남이에 대해 부정적인 인식을 가지고 있던 예종은 그의 말을 역모의 뜻으로 해석했다. 같은 말도 듣는 사람의 입장이나 관점에 따라 오해를 부를 수 있기 때문에 항상 듣는 상대를 먼저 보고 말해야 한다.

직장 생활을 하면서 많이 만나는 말 중에 하나가 바로 뒷담화다. 관계에 대한 시시콜콜한 불만이나 스트레스를 말로 푸는 일은 비일비재하지만 누군가를 함부로 험담하는 것은 조금 다른 문제다.

특히 상사에 대한 험담은 극도로 조심해야 한다. 내뱉을 때에는 즐겁고 중독성 있지만 그 결과는 마약처럼 치명적이다. 게다가 험담이라는 것은 언젠가 그 대상에게 반드시 전달된다는 점에서 아이러니한 속성이 있다. "이거 너한테만 하는 말인데…"로 시작한 말이 어느새 그 주변을 넘어 회사 전체가 알고 있는 기적을 체험하게 된다. 누군가의 험담을 들은 사람이 어디서 다시 퍼트리고 다닐지 알 수 없는 노릇이다. 자신이 그 말의 진원지라는 사실이 알려질까 불안해진다면, 이처럼 자기 약점을 스스로 만드는 어리석은 행위가 어디 있을까.

예전에는 큰 문제로 인식 못하던 성적인 농담이나 욕설도 이제는 스스로를 패가망신시키기 딱 좋다. '술 먹고 한 실수였다, 좋은 의도로 그랬다, 기억이 나지 않는다' 따위의 변명은 더 이상 통하지 않는다. 성희롱이나 폭언 때문에 회사에서 징계를 받거나 그만두게 되었다는 사례는 이제 너무나 흔한 일이 되었다. 이런 문제를 유발한 직원에 대해 회사가 적당히 덮고 넘어가 주던 시대는 지난 것이다.

상사와의 관계에 있어 평소 입버릇처럼 부정적인 말을 사용하는 것은 당연히 부정적인 인상을 준다. 상사의 지시에 대해 "못하겠는데요", "이거 해봐서 아는데 불가능합니다", "제 업무가 아닌데요?" 등의 말은 가능하면 입에 올리지 않는 것이 좋다. "그건 김 대리 잘못입니다" 처럼 자신의 책임을 동료에게 떠넘기는 말도 좋지 않다.

상사는 자신의 책임을 인정하고 같은 실수를 반복하지 않는 것을 더 좋아한다. 본인이 정말 잘못한 것이 없다면 정확한 근거를 가지고 이야기해야 한다. 별 근거 없이 옆자리 동료까지 핑계거리로 끌어들인다면 상사도 잃고 동료도 잃게 될 것이다. 무엇보다 "그럼 전 퇴사하겠습니다"라는 말은 진짜 퇴사할 때나 써야 한다. 밀당 또는 전략적 화법이라 착각하고 이런 말을 한다면 정말로 퇴사하는 날이 앞당겨질 것이다.

유창하게 말을 잘하는 것만큼 말실수를 하지 않는 것도 중요하다. 말을 할 때에는 항상 누군가가 듣고 있다는 것을 염두에 두라. 낮말은 새가 듣고, 밤말은 쥐가 듣는다고 했다. 그리고, 남이의 말은 유자광이 들었다.

11

될 때까지 한다,

김육

성명 : 김육金堉

출생 : 1580년, 한양

주요 경력 : 영의정, 좌의정, 우의정

주요 프로젝트 : 대동법 확대 시행, 화폐 유통

추천인(직업) : 효종조선 17대 임금

한 줄 자기소개

- **인내, 끈기, 집념. 저를 한마디로 요약해 주는 단어들입니다.** 회사를 위해 반드시 필요한 프로젝트를 맡게 된다면 십 년, 이십 년이 걸리더라도 끝까지 도전하여 마침내 이루어낼 자신감이 있습니다. 다만 그것은 저 혼자만의 힘으로 되는 것은 아닙니다. 저는 팀워크의 힘을 믿습니다. 소중한 동료들과 함께 힘을 모아 모두가 불가능할 것이라고 여기던 프로젝트를 반드시 성공시키고야마는 것. 그 성취감이야말로 회사에서 경험할 수 있는 가장 큰 보상이라고 생각합니다.

집념의 사나이, 김육

조선시대에는 뛰어난 업적을 남긴 관리들이 많이 있었다. 모두 좋은 정책을 많이 만들고 시행했기에 위인으로 그 이름을 남겼겠지만 사실 생각해보면 구체적으로 어떤 정책을 만들었는지 바로 생각나는 위인은 그리 많지 않다. 하지만 평생을 하나의 정책에 올인하고 그것으로 자신의 브랜드를 만들어낸 집념의 사나이가 있다. 조선 중기에 시행된 가장 혁신적인 조세 정책으로 평가받는 대동법大同法[122]이라고 하면 생각나면 인물, 김육이 바로 그 주인공이다.

유교사회에서 통상 사용되었던 기본 세법은 조용조租庸調 정책이었다. 조租는 논밭에서 나오는 수확량의 일부를 세금으로 내는 전세田稅인데 당시 토지 1결당 4두만 받는 영정법永定法 시행으로 관례화되어 있었다. 사실 이것은 백성들에게 큰 부담이 되는 것은 아니었다. 용庸은 군역이나 부역처럼 국가가 필요시 동원령을 내려 노동력을 제공받는 것인데 대신 군포와 같은 대납물을 받기도 했다.

백성들에게 가장 큰 부담을 주었던 세금은 지역의 특산물을 바치는 공납인 조調였다. 처음에는 지역 특산물을 임금에게 진상한다는 가벼운 목적으로 시작되었지만 점점 그 부담이 커져만 갔다. 지역의 특성은 고려하지 않고 그 취지 또한 왜곡되어 산골짜기에서 물고기를 바치고, 어촌에서 산나물을 바치는 식의 말도 안되는 문제가 생긴 것이다. 어쨌든 부과된 물품

---

[122] 조선시대 때 여러 가지 공물貢物을 쌀로 통일하여 바치게 한 납세 제도를 말한다. 방납防納의 폐해를 시정하기 위하여 경기 지역부터 처음 실시하였는데, 대동법 실시로 받은 쌀을 다른 특산물로 구입하기 위해 고용한 공인貢人은 산업자본가로 발전하여 수공업과 상업발달을 촉진시켰다.

은 바쳐야 했기에 먼 산지에서 사다가 내는 일까지 빈번하게 발생했다. 게다가 시도 때도 없이 부과되어 한겨울에 수박을 바치라는 식의 비상식적인 일도 많았다.

각 마을마다 인구가 다르고 생산능력이 다름에도 바쳐야 하는 토산물의 정도는 크게 다르지 않다는 점도 문제였다. 당연히 인구가 적은 마을에는 큰 부담이 되었다. 토지가 아닌 인구 기준으로 부과되어 부자나 가난한 사람이나 비슷하게 부담을 져야했기 때문에 가난한 백성들의 고통이 특히 더했다.

가뜩이나 백성들에게 고통을 주던 공납의 폐단을 더 절정에 치닫게 만든 것은 방납防納[123]이었다. 현지에서 구하기 어려운 물품을 대신 구해주는 일을 방납업자들이 했는데 그 대가인 수수료를 말도 안 되는 가격으로 받은 것이다.

"어디 보자. 자네가 바쳐야 할 꿀 한 말의 값이 목면 3필이군. 그럼 수수료 4필을 더해서 7필을 내게."

또한 탐관오리들은 백성들이 직접 공물을 납부하더라도 허용하지 않고 방납업자를 통해서 구매하도록 강제하는 방식을 썼다. 이때 방납업자들이 탐관오리들과 결탁하여 수수료를 함께 나눠먹었기 때문에 지나치게 높은 수수료를 받았고 결국 모든 고통은 힘없고 가난한 백성들이 고스란히 짊어져야 했다.

"자네가 직접 꿀을 구해왔다고? 그건 안 되지. 오직 방납업자들을 통해

---

[123] 하급 관리나 상인들이 백성을 대신해서 공물을 바치는 일을 했는데 백성에게서 너무 높은 대가를 요구하는 등의 문제가 생겼다. 폐단이 쌓이자 광해군 때에 대동법을 실시하여 문제를 해결하고자 하였다.

서 구한 꿀만 진상품으로 인정해 줄 수 있단 말일세."

이러한 문제를 해결하기 위해 나온 해법이 바로 대동법이었다. 그 방법
은 간단했다. 토지 기준으로 세금을 부과하되, 특산물 대신 쌀로 받자는
것이다. 일찍이 조광조나 이이 등 많은 개혁가들이 이 제도를 주장했으나
그 때마다 시행은 번번이 좌절되었다. 임진왜란 때 유성룡이 강력히 추진
하여 작미법作米法이라는 이름으로 잠깐 실시된 적이 있었다. 하지만 농지가
많은 양반 지주들은 많은 세금을 내야 했기 때문에 강한 저항을 받고 유
야무야되었다.

유성룡이 관직을 내려놓고 떠나야 했던 배경 중 하나도 바로 이것 때문
이었다. 광해군 대에 와서 영의정 이원익의 건의로 시범 실시되었고, 경기도
와 강원도에서만 시행되고 있던 상황이었다.

문제의 원인과 해결 방법도 자명했으나 정작 시행은 너무나 어려웠다.
힘 있는 양반 사대부층을 비롯해 많은 이해관계가 걸려 있었기 때문이다.
하지만 김육은 결국 대동법 확대 시행을 이루어내고야 만다. 김육이 그 어
려운 일을 마침내 해내게 되는 과정을 함께 살펴보자.

아웃사이더, 김육

김육은 기묘사화 때 조광조와 함께 화를 당한 김식金湜[124]의 고손高孫이
다. 몰락한 가문의 후예라는 의미다. 김육의 어머니 또한 조광조의 아우 조

---

124 김식1482~1520은 중종 때 조광조의 건의로 실시된 현량과에서 장원급제하였고, 사림의 두터운 신임을 받았다. 하
지만 기묘사화가 일어나자 유배를 당하고 다음 해에 자결하였다.

숭조趙崇祖[125]의 손녀로 기묘사화의 아픔이 서려 있는 가문에서 태어났다. 15세 때에는 아버지를 잃는 불운을 겪기도 하는 등 그의 가족은 가난했고 전국을 떠돌며 살아야 했다. 그야말로 양반 출신 흙수저라고 할 수 있었다.

어려운 환경에서도 학업에 매진한 김육은 26세 때 소과에 합격하면서 성균관에서 수학하게 된다. 이때 김육의 인생에 큰 전환점이 되는 여러 사건이 연달아 일어난다.

김육은 공자를 제사 지내는 문묘에 5명의 현인을 함께 배향하자는 운동인 오현종사五賢從祀에 적극 나선다. 그런데 남인의 정신적 지주인 이황과 이언적이 포함된 반면 집권당인 대북 실세 정인홍의 스승인 조식은 빠져 있었다. 이에 정인홍은 이황과 이언적도 빼야 한다고 주장했고 김육을 비롯한 성균관 유생들이 크게 반발하면서 논란이 일었다.

결국 김육이 앞장서서 청금록에서 정인홍의 이름을 삭제해 버리는 사건이 발생한다. 쉽게 말해, 그를 유생들의 호적에서 파버린 것이다. 이것은 정인홍의 자존심에 큰 상처를 주었다. 용감하게 집권당의 실세를 건드린 김육은 과거에 응시하지 못하는 정거停擧에 처해졌다가 나중에 철회되지만 집권당 대북의 미움을 받게 되었다. 미운 털이 박혔기 때문인지 몰라도 몇 차례 과거에 응시하지만 번번이 낙방하고 만다.

그러던 중 정권을 공고히 하려는 대북 지도자 이이첨이 역모 사건을 조작해 계략을 꾸민 계축옥사가 발생한다. 그리고 대북은 이 사건을 핑계로

---

125 조숭조1486~1559는 조광조의 동생으로, 조광조가 사형을 당한 후에도 40년간 관직 생활을 하였다. 청렴하고 일처리가 공정하여 많은 존경을 받았다고 한다.

광해군의 이복동생 영창대군을 사형에 처하고 그 어머니 인목대비도 폐비해야 한다고 강력히 주장하고 나선다.

계축옥사가 발생한 연원을 거슬러 올라가면 방계 혈통으로 왕위에 오른 선조의 콤플렉스가 자리 잡고 있다. 임진왜란이 발생하자 어쩔 수 없이 서자인 광해군을 세자로 임명은 했지만 선조는 끝까지 적자 혈통에 대한 미련을 버리지 못하고 있었다. 정비인 의인왕후懿仁王后 박씨朴氏가 세상을 떠난 후, 쉰 살의 선조는 19세의 인목왕후 김씨를 새 왕비로 맞아들인다. 그리고 마침내 그녀를 통해 그토록 바라던 적자 혈통의 아들을 낳게 되는데 그가 영창대군이다. 이때 집권당이었던 북인은 광해군을 지지하는 대북과 영창대군을 지지하는 소북으로 갈라져 있었다. 선조는 영창대군에게 왕위를 물려줄 것을 염두에 두고 소북의 영수 유영경과 은밀히 논의한다. 하지만 결국 최후의 승자는 광해군이 된다. 영창대군이 태어난 다음 해에 선조가 병석에 눕게 되고, 최종적으로 세자인 광해군에게 왕위를 물려준 후 세상을 떠난 것이다.

힘겹게 오른 왕위였던 만큼 광해군에게 있어 영창대군과 인목대비의 존재는 자신의 정통성을 위태롭게 하는 존재일 수밖에 없었다. 이러한 광해군의 의중을 대변하면서 정권을 더욱 공고히 하려는 대북 세력이 계축옥사를 일으키게 된 것이다. 결국 엄격한 성리학 사회인 조선에서 이복동생 영창대군이 죽임을 당하고, 의붓어머니 인목대비도 폐비를 당하게 된다. 이처럼 패륜적인 일들이 횡행하는 조정에 환멸을 느낀 김육은 결국 성균관을 나와 고향인 경기도 가평으로 내려오게 된다. 정치에 아예 관심을 끊어버리고 낙향한 것이다.

좋은 아이디어는 현장에서 나온다

고향에 내려온 그가 마주해야 했던 현실은 지독한 가난이었다. 김육은 거주할 집도 없어 굴을 파서 생활할 정도였고, 먹고살기 위해 농사를 지었으며, 산에서 나무를 구해 숯을 구워 한양에 가져다 팔아 겨우 입에 풀칠을 하였다. 그 무거운 지게를 짊어지고 가평에서 한양까지 왕복하는 고된 생활을 하며 낙향 후 2년이 지나서야 겨우 집 한 칸 마련했다고 하니 무거운 삶의 무게가 짐작될 정도다.

양반 사대부였음에도 살아남기 위해 일반 백성들의 밑바닥 삶부터 처절하게 경험했던 김육이 후일 대동법을 강하게 추진할 수 있었던 이유도 이때의 고단한 경험이 밑바탕 되었기 때문일 것이다. 가난한 백성들의 삶을 몸소 체험했기에 그들에게 가장 필요한 것이 무엇인지 제대로 이해할 수 있었던 것이다. 김육이 만든 대동법이라는 브랜드는 그의 철저한 현장 경험이 만든 산물이었다.

'백문百聞이 불여일견不如一見이요, 백견百見이 불여일행不如一行'이라고 했다. 백번 물어보는 것이 한번 보는 것보다 못하고 백번 보는 것이 한번 행하는 것보다 못하다는 말이다. 직장 내에서 성과를 내기 위해 직접적인 경험이 점점 더 중요해지고 있다. 아무리 이론적으로 잘 알더라도 그 이론에 생명력을 불어넣어 주는 것은 단단한 경험이다. 내가 맡고 있는 업무가 회사 전반적으로 어떤 유기적 관계로 맞물려 있는지 이해하려면 경험이 매우 중요하다.

회사가 현장 경험이 많은 직원들을 우대하는 것은 그들의 축적된 노하우에서 다양한 아이디어가 나오기 때문이다. A라는 일만 해본 직원은 A의 관점에서만 사안을 바라볼 수밖에 없다. 하지만 A, B, C 업무를 모두 경험해본 직원은 다양한 관점에서 문제를 파악하는 능력을 갖고 있다. 당연히 후자의 직원에게 더 많은 성과가 기대되고 그에 걸맞은 보상이 주어진다. 나의 몸값을 올리기 위해 더 많은 경험을 쌓고 내 것으로 만들기 위한 노력은 매우 중요하다.

물론 무조건 현장으로 나가 경험을 쌓는 것만이 답이라는 이야기는 아니다. 본사 사무실 책상에 앉아 끙끙거리며 아이디어를 내고 서류를 만들며 일하는 시간도 충분히 동일한 가치가 있다. 다만 현장이든 사무실이든 밑바닥부터 일하는 것을 두려워하지 말고 치열하게 여러 업무를 섭렵하는 것이 중요하다는 말이다.

여러 경험을 쌓는 것을 두려워해서는 안 된다. 업무가 자주 바뀐다면 오히려 그것을 행운으로 여기는 여유를 가져보자. 익숙한 일만 오랫동안 하는 것은 편하고 안정적이다. 하지만 그 기간만큼 나의 성장은 정체된다. 회사는 잘 아는 일만 능숙하게 해내는 숙련자가 되는 것을 넘어, 폭넓은 지식과 경험을 갖춘 전문가가 되기를 원한다.

김육이 책만 읽는 서생으로 살았다면 그가 할 수 있는 정책의 깊이는 딱 그만큼이었을 것이다. 나름 좋은 정책을 만들어보려고 노력하더라도 현실적인 문제에 부딪히면 그는 금세 단념했을지도 모른다. 하지만 그는 철저히 현장을 경험했고, 백성의 삶을 깊이 이해했다. 그런 경험이 그를 조세 문제에 대한 전문가로 단련시켜 주었고 또 절박함을 주었다. 김육의 밑바닥 경험이 없었다면 후일 그의 위대한 치적인 대동법은 결코 성공하기 어려웠을 것이다.

대동법을 주장하다

정인홍을 청금록에서 삭제한 사건으로 집권당 대북에게 완전히 찍힌 데다 계축옥사로 인해 김육 자신의 마음도 조정에서 완전히 떠났다. 그는 더이상 관리로 사는 것은 불가능해 보였고 그저 죽을 때까지 숯을 구워 팔며 살아야 할 것처럼 보였다. 하지만 반전이 일어난다. 인조반정으로 광해군과 대북이 축출되고 인조를 임금으로 옹립한 서인 정권이 들어선 것이다. 광해군과 대북에게 대들었던 그의 경력이 약점에서 강점으로 바뀌게되는 순간이다.

새롭게 수립된 서인 정권은 대북에게 맞섰던 그를 조정으로 불렀고 천거薦擧 제도를 활용하여 금부도사禁府都事[126]라는 벼슬을 내린다. 사림의 영웅인 김식의 후손인 데다 대북 정권에 의해 탄압받았던 경력까지 더하여 그의 앞길은 이제 환하기만 했다. 아직 벼슬이 주어지는 정식 과거에 급제하지 못했던 김육은 증광별시增廣別試[127]에서 장원을 차지함으로써 자신의 실력까지 증명해 보인다. 이제 그도 진정한 기득권 계층의 일부가 되었다. 마침내 얻게 된 권력을 적당히 누리며 편하게 살아도 될 법했다. 오히려 그동안 겪어야 했던 자신과 가족의 고생을 보상받으며 살아도 비난할 사람은

---

126 조선시대에 의금부에 속한 종5품 벼슬로서. 임금의 특명에 따라 중한 죄인을 신문訊問하는 일을 맡았다.
127 나라에 경사가 있을 때 임시로 시행된 과거 시험을 말한다.

없었다. 하지만 김육은 스스로 또다시 고난의 길을 선택한다. 대동법의 시행을 강력히 주장하면서부터다.

충청감사에 부임한 김육은 충청도 백성들의 삶을 직접 돌보며 대동법이 매우 필요한 정책임을 다시 한 번 절실히 느낀다. 그리고 대동법이 방납의 폐단을 제거하여 백성들의 부담도 감소시키고 나라의 재정에도 도움이 된다는 것을 확실히 알게 된다. 특히 이미 경기도와 강원도에서는 광해군 이래 대동법이 시행되고 있었고 그 효과는 이미 증명된 바였다. 이에 충청감사가 되고 석 달 뒤 충청도에 대동법을 확대 시행하자는 상소를 올린다. 사실 이 주장은 전임 감사였던 권반權盼[128]이 실시를 주장했으나 시행되지 못했던 것을 김육이 다시 주장하고 나선 것이다.

처음에는 비변사도 김육의 주장에 동조했고 인조도 승인한다고 하였으나 양반 부호들의 저항이 극심하게 일어난다. 토지에 과세를 하게 되면 땅이 많은 양반들의 부담은 늘어나지만 가난한 농민들의 부담은 줄어들기 때문이다. 양반 사대부들의 이익을 대변하던 많은 신하들은 끊임없이 대동법을 반대하였다. 인조도 그 정책의 시행에 그다지 큰 관심은 없었기에 자연스럽게 논의는 사그라지고 만다.

두 달 뒤 김육이 다시 상소를 올리자 이번에도 기득권의 이해를 반영한 신하들의 반대 논리가 쏟아진다. 정책의 효용성과 부작용에 대한 우려도 있었지만 그들의 반대는 핵심을 찌르는 것은 아니었다. 예컨대, 특산물 대신 쌀로 납부하게 되면 풍년 또는 흉년에 따라 부담의 경중이 달라진다는

---

128 권반1564~?은 조선 중기의 문신이다. 요직을 역임하면서 1626년인조 4년에 충청도 관찰사가 되었고 이원익이 경기도에 시행한 대동선혜大同宣惠 정책을 시행하려고 하였으나 옮기지는 못했다.

것이다.

김육은 그들의 주장 하나하나에 대안을 제시하며 반박한다. 흉년에는 쌀 가격이 올라가고 무명 가격은 떨어지기에 무명 값을 기준으로 세금을 매기고, 반대로 풍년에는 쌀 가격을 기준으로 하면 해결된다는 식이었다. 그러나 김육의 주장대로 하기에는 당장 혼란이 예상되니 일단은 원래대로 공납을 받고 좀 더 의견을 들은 후 천천히 진행하자는 반대 의견에 의해 또다시 대동법 확대 시행은 무산된다.

'끊임없이' 대동법을 주장하다

인조가 승하하고 뒤를 이은 효종이 김육을 우의정으로 임명했다. 그러자 김육은 대동법에 대한 상세한 설명문을 추가하여 대동법 시행을 확대하자는 상소를 다시금 올린다.

"전하, 조속히 대동법을 충청도부터 확대 시행하여 주십시오. 대동법은 백성들에게 도움이 될 뿐만 아니라 국가 재정에도 큰 이익이 되는 매우 좋은 정책입니다. 유일하게 이 법을 반대하는 부류는 오직 토지가 많은 부자들뿐입니다. 다수의 백성이 좋아하고, 소수의 부자가 싫어하는 정책이라면 마땅히 시행하는 것이 옳습니다."

효종은 북벌北伐 군주였다. 일찍이 병자호란의 치욕을 겪으며 청나라에 인질로 끌려가기도 했던 그는 청나라에 반드시 복수하겠다는 북벌론을 추진했다. 하지만 역시 군사를 양성하려면 튼튼한 재정이 필요했기에 김육은 효종의 뜻대로 북벌을 위해서라도 대동법을 시행해 국가 재정을 튼튼히 할 필요가 있음을 완곡하게 주장한 것이다. 김육은 즉위 초기는 개혁의 분위기를 살릴 수 있기에 그때야말로 대동법을 통과시킬 적기라 생각하고 강력히 주장한다.

당시 김육이 소속된 당파인 서인은 대동법을 둘러싸고 두 파로 갈라져 있었다. 대동법 실시를 주장하는 김육을 중심으로 한 한당漢黨과 반대하는 김집金集[129]을 중심으로 한 산당山黨이었다. 산당 세력은 대동법을 극렬히 반대하였고 효종은 중립을 지키며 신중하게 지켜보고 있었다. 자신이 주장하는 북벌론을 서인이 동조하고 있지 않은 상황에 대동법까지 억지로 추진하기에는 정치적 부담이 컸던 것이다. 특히 많은 추종자를 거느린 김집이 대동법을 반대한다며 관직에서 물러나 낙향해 버린 것도 효종을 곤란하게 했다.

김집이 낙향하고, 1년이라는 시간이 지났다. 김육은 여전히 대동법 실시를 주장하고 있었다. 지칠 만도 했지만 의지를 굽히지 않았다. 영의정이 된 김육은 또다시 효종에게 대동법 확대 시행을 주장한다. 그러자 이제는 담당부처인 호조판서 원두표元斗杓[130]가 반대하고 나섰다. 이에 김육은 작심하고 그를 비판한다.

"전하, 호조판서는 남한테 무조건 이기고 보려는 안 좋은 병이 있어서 자기 마음에 안 든다고 생각되면 일단 반대부터 하고 봅니다. 다른 훌륭한 인재들도 많은데 왜 굳이 이런 자에게 국가 재정을 계속 맡기십니까? 대동법만 해도 그렇습니다. 대동법 논의가 시작된 이후에 그는 저에게 찾아와

---

[129] 김집1574~1656은 유명한 성리학자인 김장생金長生의 아들이며, 후일 노론의 영수가 되는 송시열에게 학문을 전하여 기호학파畿湖學派 형성에 주요 역할을 하였다.

[130] 원두표1593~1664는 조선 인조 때의 문신이며 인조반정 때 세운 공으로 원평부원군이 되었다. 형조참판, 호조판서, 좌참찬 등을 지냈고 김육이 주장하는 대동법을 반대하고 나섰다.

서 논의조차 제대로 해본 적이 없습니다. 그러면서 대동법을 반대만 하고 봅니다. 이렇게 조직 기강이 무너졌는데 어떻게 제대로 일을 할 수 있겠습니까?"

상관인 김육이 약간의 인신공격까지 가하며 비판하자 원두표는 결국 사직하겠다는 상소를 올렸다. 효종이 허락하지 않아 관직은 유지하였지만 더이상 예전처럼 대놓고 대동법을 반대하기는 조심스러웠다. 그리고 마침내 충청 지역에서 대동법을 확대 시행하라는 효종의 윤허가 내려진다. 광해군이 경기도 지역에 처음 대동법을 시행한지 43년 뒤, 그리고 김육이 충청도 확대 시행을 주장하고 나선 지 13년 뒤의 일이었다.

하지만 김육의 '열일하기'는 멈추지 않았다. 이제는 호남 지역으로의 대동법 확대 실시라는 다음 목표를 잡는다. 호남감사를 통해 지역의 수령들을 대상으로 한 대동법 찬성 여부 여론조사를 실시했고 그 결과 찬성여론이 더 많다는 데이터를 얻었다. 그는 호남에도 대동법을 시행해야 한다고 주장했으며 심지어 죽음에 임박하여 마지막으로 올리는 상소인 유차遺箚에서도 대동법 확대 실시를 건의한다.

여전히 기득권의 반발은 거셌지만 이미 시간 문제일 뿐 역사의 대세는 정해져 있었다. 그리고 결국 김육이 세상을 떠난 뒤 전라도, 함경도, 경상도를 거쳐 마침내 1708년숙종 34년 황해도를 마지막으로 대동법은 전국에 확대 실시된다.

될 때까지 제안하라

어려워 보이는 기획안을 제안해야 하는 경우가 있다. 만약 내가 맡은 업무가 그렇다면 어떤 자세가 필요할까? 우선 본인 스스로가 확신을 가져야 한다. 기안하는 본인도 확신이 서지 않는 기획안을 상사가 믿고 승인할 수는 없다. 최대한 많은 사례를 연구하고 자신만의 정확한 논리를 통해 해당 기획안이 성공할 것이라는 자기 확신이 있을 때 비로소 다른 사람도 설득할 수 있다.

김육은 대동법에 대한 확신이 있었다. 자신의 직접적인 경험을 통해 대동법의 장점을 정확히 이해했을 뿐 아니라 이미 시행되고 있는 다른 지역의 선례를 통해 확신을 얻은 것이다.

또 반대하는 세력의 주장을 조목조목 반박하는 한편 적절한 대안도 함께 제시했다. 만약 그가 단순히 대동법만 시행되면 모든 문제가 다 해결된다는 막무가내 식의 주장을 펼쳤다면 설득력을 갖기 어려웠을 것이다. 하지만 김육은 대동법 시행으로 인해 예상되는 문제에 대해서도 대안과 논리를 갖고 있었다.

우리가 기획안을 쓸 때도 마찬가지다. 여러 관점에서 문제를 쪼개어 분석하는 넓은 시야가 필요하다. 예를 들어 영업 방법, 예산 투입 과정, 개발 리소스 측면, 법적인 문제 등 여러 요소를 함께 분석하고 예상되는 문제가 발견될 때 그 대응 논리를 함께 개발하는 것이다. 그것은 큰 그림을 그릴 줄 아는 능력에서 나온다. 그리고 그 능력은 더 많은 학습과 폭넓은 경험에서 나올 수밖에 없다.

무엇보다 한 번 묵살되었다고 해서 쉽사리 포기하지 않는 마음이 중요하다. 단순히 자신의 아이디어를 칭찬받기 위함이 아니라, 회사를 위해 반드시 필요하다는 확신이 있다면 계속해서 제안해 보는 굳은 심지가 필요하다. 물론 기획안이 반려된 이유를 꼼꼼히 살펴보고 보완할 부분은 보완하는 노력도 함께 필요하다.

김육은 대동법의 충청도 확대 시행이라는 기획안을 승인받을 때까지 무려 13년이 걸렸다. 그 정도로 의지가 중요하다는 말이다. 해보겠다는 오기 없이 끝난 실패는 그저 실패로 끝날 뿐이지만, 의지를 가지고 다시 도전하는 실패는 내 직장 생활의 소중한 경험이자 자산이다.

팀워크로 일하라

김육이 대동법 시행을 관철하기까지 혼자만의 힘으로 된 것은 아니었다. 수많은 신하들이 반대하고 나섰지만 그의 뜻에 동참해 주는 동료들도 있었다. 특히 김육이 우의정이었을 때 좌의정 조익趙翼[131]이 그의 주장에 동참해 목소리를 높여준 것은 천군만마千軍萬馬와 같은 힘이있다.

효종이 즉위한 해에 김육은 다시 대동법 시행을 주장한다. 하지만 이전과는 조금 다른 전략을 구사한다. 조익이 먼저 대동법을 확대 시행해야 한다고 말을 꺼내 논의를 불 지핀 다음 김육이 가세하는 전략을 쓴 것이다. 김집의 강력한 반대로 즉각적인 승인은 받을 수 없었지만 김육이 홀로 주장할 때보다 더 큰 무게감과 힘을 실을 수 있었다.

---

131 조익1579~1655은 조선 효종 때의 문신으로 예조판서, 좌의정을 지냈다.

김육은 세상을 떠나는 순간까지도 오로지 대동법 생각뿐이었다. 오랜 시간이 걸려 충청도에 가까스로 대동법을 확대 시행한 이후에는 곡창지대가 많은 호남을 목표로 정했으나 그것을 이루지 못하고 눈을 감는 것이 마음에 걸렸다. 그는 서필원徐必遠[132]을 전라감사로 추천하며 대동법을 확대 시행해야 한다는 업무를 맡겼고 효종에게도 그를 후원해 달라고 부탁하고 눈을 감았다.

"호남의 일에 대해서는 신이 이미 서필원을 추천하여 맡겼는데, 이는 신이 만일 갑자기 죽게 되면 하루아침에 돕는 자가 없어 일이 중도에서 폐지되고 말까 염려되어서입니다. 그가 사은謝恩하고 떠날 때 전하께서는 힘쓰도록 격려하여 보내시어 신이 뜻한 대로 마치도록 하소서."

_효종실록 효종 9년 9월 5일

김육은 혼자의 힘으로 모든 것을 다 할 수는 없다는 사실을 잘 알고 있었다. 결국 못다 이룬 그의 꿈은 유지를 받든 서필원에 의해 이루어질 수 있었고 마침내 호남에도 대동법이 시행되었다.

빨리 가려면 혼자 가고, 멀리 가려면 함께 가라고 했다. 당장의 성과를 위한다면 똑똑한 개인 한 명이 혼자 일하는 것이 더 효율적일지 모른다. 하지만 회사는 좀 더 크고 장기적인 성과를 지향한다. 그것을 위해서는 팀으로 함께 일하는 것이 훨씬 효율적인 방법이다. 만약 김육 혼자서만 계속 대

---

[132] 서필원(1614~1671)은 조선 효종 때의 문신이었으며, 대동법 찬성론자였다. 민생을 구휼하고 지방의 폐단을 개혁하기 위한 실질적인 사업을 많이 하였다. 왕에게 직언을 잘하기로 이름이 나서 그 시대 이상진李尙眞 등과 함께 오직五直이라 불렸다.

동법 시행을 주장했더라면 13년이나 걸린 그의 노력은 결국 빛을 보지 못했을 가능성이 크다. 그와 뜻을 함께 하는 동료들이 있었기에 크고 장기적인 성과를 마침내 거둘 수 있었다.

회사는 개개인의 역량도 눈여겨보지만 그보다는 팀워크를 더 중요시한다. 특히 상사들이 가장 꺼려하는 부류 중 하나가 개인플레이를 일삼는 직원이다. 아무리 그가 일을 잘한다 하더라도 계속 함께 일하고 싶어 하는 동료는 없을 것이다. 또, '내가 하지 않아도 옆의 동료가 알아서 하겠지'라는 안이한 생각을 하며 조직에 무임승차하려는 직원도 있다. 그런 행동 또한 팀워크를 깨고 조직의 사기를 저하시킨다. 동료들은 더 이상 그와 함께 일하고 싶어 하지 않고 상사도 팀 분위기를 해치는 그를 가만히 내버려 두지 않을 것이다.

함께 일할 때 기대할 수 있는 효과는 여러 가지다. 특히 소프트웨어 개발처럼 피드백이 중요한 일은 더욱 그렇다. 혼자 개발을 할 때는 즉각적이고 지속적인 피드백을 받기가 어렵고 결국 상품의 질은 자연스럽게 점점 떨어질 것이다. 하지만 팀원이 있다면 서로 이야기를 주고받으며 더 나은 방향을 함께 고민해 볼 수 있다. 서로에게 배울 수 있는 기회가 많다는 점은 팀워크가 주는 인센티브다.

팀으로 일하게 되면 나의 실수가 동료에게 부정적인 영향을 미칠 수 있기 때문에 업무 몰입도와 책임감이 함께 올라간다. 특히 내가 실망시키고 싶지 않은 동료와 함께 일하게 된다면 책임감은 배가 될 것이다. 힘든 난관에 부딪쳤을 때 포기하기보다는 팀의 이름으로 함께 극복하려는 의지가 충만해진다.

원래 인간은 자기중심적 존재다. 타인을 배려하면서 한마음으로 일한다는 것이 쉬운 일은 아니다. 더구나 팀워크는 회식 많이 한다고 해서 하루아침에 생기는 것도 아니다. 시간과 노력은 물론이고 팀원을 배려하고 이해하려는 의식적인 노력도 필요하다. 그렇게 함께 어려운 시간을 극복하는 경험이 누적되고 성취감을 느끼기 시작하면 직장 생활을 버틸 수 있는 에너지가 된다. 혼자서는 버거워 보이던 일도 함께라서 해낼 수 있게 되는 것이다. 팀워크는 평범한 개인을 결집시켜 거대한 성과를 이룰 수 있게 해주는 특별한 힘이 된다.

김육처럼 제안하라!

이름을 남긴 뛰어난 위인들은 자기만의 확실한 브랜드가 있었다. 맹사성은 '청백리'로, 유성룡은 '국난 극복 정승'으로, 20여 년간 정승을 지내며 많은 업적을 남긴 황희는 '황희 정승' 자체가 자신의 브랜드였다. 김육을 대표하는 브랜드는 바로 대동법이다. 그는 죽을 때까지 혼신의 힘을 다해 대동법을 주장했고 시행했다. 하루아침에 이루어진 것이 아니라 기득권 세력의 엄청난 반대를 뚫고 이뤄낸 성과였다. 기득권에 속했음에도 백성과 국가를 위해 '기득권을 포기하자'고 설득하던 진정한 노블레스 오블리주Noblesse Oblige의 실현자였다.

그가 대동법 성공을 확신하고 시행하자고 주장할 수 있었던 이유는 밑바닥부터 체험한 현장 경험이 있었기 때문이다. 숯을 구워 내다 팔며 생계를 이어갔던 고단한 삶의 체험이 있었기에 무엇이 백성에게 진정 필요한 정책인지 잘 알고 이해했다. 또한 현장의 목소리를 직접 들으려 노력하였고, 이미 경기도 지역에서 대동법이 성공적으로 시행되고 있다는 사실도 눈여겨보았다. 이렇게 백성의 삶을 이해하려는 태도와 좋은 정책을 받아들이려는 자세가 그를 움직이게 만들었다. 만약 그가 글만 읽을 줄 아는 서생이었다면 결코 이런 업적을 남기지 못했을 것이다.

하지만 좋은 주장이라고 해서 반드시 쉽게 받아들여지는 것은 아니다. 김육 또한 이해관계가 걸린 기득권의 강력한 저항에 부딪혔다. 그래도 **자신의 생각이 받아들여질 때까지 계속 제안했다.** 대동법이 충청도로 확대 시행하는 데만 무려 13년이 걸렸으며 죽는 순간까지도 호남 지역의 확대 시행을 주장했다.

몇 번 주장하다가 벽에 부딪혀 이내 단념했다면 뜻을 이루지 못했을 것이다. 하지만 그는 반대파의 의견에 대안을 제시하며 타당한 근거를 가지고 끝까지 밀어붙였다. 결국 그의 일념은 그가 세상을 떠난 이후에 대동법이 전국적으로 확대되는 데에 결정적인 기반을 남겼고, 백성들은 그가 남긴 유산의 혜택을 받을 수 있게 되었다.

이 험난한 과정을 극복하는 과정에서 동료들의 도움도 컸음을 간과할 수 없다. **팀워크를 통해 목표 앞으로 한 발자국씩 나아간 것이다.** 혼자서는 감당하기 어려운 일도 팀워크로 일하면 무한한 가능성을 가지게 된다. 또 해낼 수 있다는 의지와 능력이 증폭된다. 무엇보다 더 큰 성취감을 얻게 된다. 직장인에게 팀워크는 반드시 갖춰야 할 기본소양이자 자신의 가치를 상승시킬 수 있는 훌륭한 수단이다.

포기하면 편하다. 정신건강을 위해 단념하는 것도 때로는 나쁘지 않다.

하지만 포기해서 이루어지는 것은 아무것도 없다. 인생은 수많은 선택들이 끊임없이 이어지는 과정의 연속이다. 그 선택 가운데 최악은 아무것도 선택하지 않기로 선택하는 것이다.

무엇인가를 이루고자 한다면, 회사에서 인정받고자 한다면, 조금 더 큰 꿈을 꾸고 싶다면 주저해서는 안 된다. 실패를 두려워해서는 안 된다. 실패를 실패로 받아들이고 끝낼지, 아니면 성공으로 나아가는 하나의 과정으로 볼지는 결국 자신의 선택에 달렸다.

직장인 김육에게 배운다!

실천 TIP

1. 내가 하는 업무가 익숙하게 느껴진다면 다른 일을 경험하고 싶다고 상사에게 건의해 보자.
2. 내가 작성한 기획안, 보고서 등이 반려되었다면 그 이유를 꼼꼼히 분석해보자. 그리고 수정 보완하여 다시 한 번 도전하자.
3. 팀워크는 팀원을 이해하고 배려할 때 형성된다. 팀원의 배려 또는 이기적인 행동으로 인해 팀 분위기가 바뀌었던 경험이 있는지 생각해 보자.

강홍립

진정한 비운의 직장인

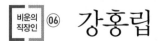

중국어를 잘했을 뿐인데…

직장 생활을 하다 보면 자신은 정말 운이 없다고 느껴질 때가 있다. 밀어주는 좋은 상사를 만나거나 뜻밖의 기회를 잡아 승진하는 동료를 바라보며 그렇지 못한 자신의 불운을 한탄할 수도 있고, 망할 게 뻔해 보이는 하고 싶지 않았던 프로젝트에 강제 배정되는 일도 겪을 수 있다. 조선시대에도 그런 인물이 있었다. 명나라와 후금청나라의 전쟁에 조선 원군 총사령관으로 출진한 강홍립姜弘立[133]의 이야기다.

임진왜란 이후 국제정세는 다시 급박하게 돌아가고 있었다. 조선과 명나라의 힘이 약해진 틈을 타 만주에서는 누르하치가 여진족을 통일하여 후금을 세우고 힘을 기른다. 조선의 거부로 실현되지는 않았지만 임진왜란에 원

---

[133] 강홍립1560~1627은 원래 문과에 급제한 문신이나 후금과 전쟁을 벌인 명나라에 파견된 원군의 총사령관으로 출진하였다. 군사를 이끌고 후금에 항복하여 억류당한다. 인조반정 후 조선이 친명배금親明排金 정책으로 돌아서자 후금이 정묘호란丁卯胡亂을 일으켜 조선을 침입하는데 이때 강화를 주선하였다. 조선에 돌아온 1년 뒤 병으로 사망하였다.

군을 보내주겠다고 스스로 먼저 제안할 정도로 자신감이 넘쳤다. 선조에 이어 임금으로 즉위한 광해군은 이러한 국제정세를 잘 이해하고 있었다. 이미 후금의 군사력은 부패한 명나라를 앞서고 있었던 것이다.

마침내 후금이 명나라 정벌을 위한 군사를 일으키자 명나라는 조선에 원군을 요청한다. 하지만 광해군은 원군을 보내고 싶은 생각이 없었다. 사실 임진왜란 때 명나라가 원군을 보낸 본심은 조선을 위함이 아니라 다음 전쟁터가 자기 땅이 되는 것을 막기 위해서였다. 또한 광해군은 임진왜란이 막 끝난 시점에 또다시 전쟁의 소용돌이에 휩싸이고 싶지 않았다. 고민 끝에 의주에 수천의 군사를 대기시키되 파견은 시키지 않겠다는 뜻을 보인다. 이에 조정은 난리가 난다. 이 일에 있어서만큼은 당파가 따로 없었다. 재조지은再造之恩, 즉 망한 나라를 다시 살려준 은혜에 보답해야 한다는 상소가 빗발쳤다. 한결같은 반대 목소리에 광해군도 어쩔 수 없었다. 한발 물러서서 원군을 보낼 테니 총사령관을 추천하라고 지시한다. 이때 추천된 인물이 바로 강홍립이었다.

강홍립은 순수 문관 출신이었다. 일찍이 김종서가 문관으로서 전쟁에 나가 여진족을 정벌하고, 유성룡이 총사령관으로 임진왜란 전장을 지휘했던 것처럼 예외적인 상황은 아니었다. 하지만 해외에 군사를 파견하는 것은 다른 문제였다. 마땅히 전투경험이 풍부한 무관이 선발되는 것이 옳았다. 그럼에도 강홍립이 총사령관으로 추천된 이유는 다름 아닌 중국어를 잘했기 때문에 명나라와 연합 작전을 잘 펼칠 것이라는 논리 때문이었다.

강홍립은 황당했을 것이다. 진심으로 파견 '당하고' 싶지 않았다. 당연한 반응이다. 그가 어머니의 병 때문에 갈 수 없다는 핑계를 대자, 광해군은 친히 어의를 시켜 약을 지어 보낸다. 파견 명령을 세 번이나 사양했지만 임금이 이렇게까지 하는데 계속 거절할 명분이 부족했다. 결국 강홍립은 자신의 의지와 상관없이 총사령관이 되어 압록강을 건넌다.

후금에 항복하다

명나라 군사와 합세한 강홍립은 이 전쟁에서 승리하기 쉽지 않겠다는 것을 금방 간파한다. 명나라 군사의 사기는 꺾여 있었고 지휘부는 분열된 상태였다. 명나라 총사령관 양호[134]와 도독都督[135] 유정劉綎[136]의 관계는 틀어졌고 심지어 무기도 제대로 갖추지 못했다. 명나라는 조선군만 믿고 있는 형편이었다.

하지만 조선군의 사정도 매우 좋지 못했다. 군량 보급이 제대로 이루어지지 않고 있었던 것이다. 조선 조정은 재조지은을 갚기 위해 마땅히 파병을 해야 한다고 입으로만 떠들었을 뿐 파병 이후 후원은 전혀 이루어지지 않고 있었다. 그 역할을 해야 할 평양감사 박엽朴燁[137]은 국경의 성을 수축하는 문제로 자기 앞가림하기에 여념이 없었다. 2월, 북방의 추위를 견디고 배고픔에 시달려야 했던 조선군의 사기는 싸워보기도 전에 이미 크게 꺾여

---

134 양호?~1629?는 정유재란 때 명나라 원군을 이끌고 참전하였다. 정유재란 때 울산에서 벌어진 도산성 전투에서 패배하고도 승리로 보고했다가 들통이 나서 파면되었으며, 1618년 후금이 명나라에 쳐들어오자 다시 기용되었지만 전투에 패배한 책임을 지고 사형당했다.

135 중국의 관직명으로 주州의 자사刺史가 그 지역 군사령관을 겸임하였다.

136 유정?~1619은 임진왜란 때 군사 5천 명을 이끌고 명나라 원군으로 참전하였다. 임진왜란이 끝난 뒤 귀국하였으며, 조명연합군이 후금과 벌인 부차富車 전투에서 전사했다.

137 박엽1570~1623은 조선 중기의 문신이다. 광해군 때 평안도 관찰사가 되어 6년 동안 규율을 확립하고 여진족의 동정을 잘 살펴 국방을 튼튼히 하였다. 1623년 인조반정 뒤 처가가 광해군과 인척이라는 이유로 처형되었다.

있었다.

　이런 상황에서 후금의 군사를 만나 전투를 벌였으나 승리가 가능할 리 없었다. 명나라 유격대와 명나라 본군, 조선군의 순으로 행진을 했는데 명나라 군사들은 전멸당하고 말았으며, 조선군 우영右營 또한 제대로 싸워보지도 못한 채 전멸당했다. 그나마 좌영左營을 이끌던 김응하金應河[138]가 맹렬히 맞서다 전사하였다.

　광해군은 강홍립을 파견하기 전 명나라 장수의 말을 무조건 따르지는 말고 상황에 따라 군사력 보존을 최우선으로 하라고 지시한 바 있었다. 강홍립이 이끈 중영中營은 일단 산으로 올라가 몸을 피하다가 무의미한 희생을 막고자 후금에 항복하게 된다. 그날부터 8년간의 억류 생활이 시작되었다.

　강홍립의 항복 소식에 군량 보급에는 늑장을 부리던 박엽이 재빨리 강홍립의 가족을 구금시킨다. 조정에서는 많은 신하들이 반역한 장수인 강홍립의 가족을 죽여야 한다고 주장하지만 광해군은 허용하지 않는다. 그 사이 강홍립은 광해군에게 후금과 화친을 맺어 화를 피해야 한다는 밀서를 보내고, 광해군은 그의 의견에 따라 명나라와 후금 사이에 등거리 외교를 펼치며 전쟁을 방지한다. 적어도 그가 인조반정으로 실각하기 전까지는 그랬다.

　인조가 반정으로 즉위한 후 친명정책으로 일관하자 결국 후금이 조선에

---

[138] 김응하(1580~1619)는 광해군 때 무신이다. 1618년(광해군 10년, 명나라가 후금을 칠 때 조선에 원병을 청해오자, 도원수 강홍립을 따라 압록강을 건너 후금정벌에 나섰다. 그러나 명나라 군사가 대패하자, 3,000명의 휘하군사로 수만 명의 후금군을 맞아 고군분투하다가 중과부적으로 패배하고 전사하였다.

침략한다. 바로 정묘호란丁卯胡亂[139]이다. 강홍립을 길잡이로 삼아 파죽지세로 남진하던 후금은 돌연 황해도 평산에서 군대를 멈춘다. 조선과 화친을 맺도록 강홍립이 강력히 주장했기 때문이다. 다행히 그의 주장대로 후금은 화친을 맺은 뒤 본국으로 돌아가고, 강홍립도 석방되어 8년 만에 고국으로 돌아온다. 하지만 이 불운한 신하는 병으로 그해에 목숨을 거두고 만다.

세상이 그대를 속일지라도

외국어를 잘한다는 것은 예나 지금이나 훌륭한 스펙이다. 신숙주는 중국어, 몽골어, 여진어, 일본어까지 구사한 데다 아랍인과도 말이 통했다고 한다. 뛰어난 어학 능력은 그를 최고의 외교관으로 인정받게 만들어주었다. 임진왜란 때 유성룡과 함께 큰 활약을 펼쳤던 이원익도 중국어 실력이 뛰어나 명나라와의 협상을 주도할 수 있었다.

그런데 강홍립은 능통한 중국어 실력이 오히려 그의 인생을 예상하지 못한 길로 이끌었다. 의지와 상관없이 후금과의 전쟁에 파견되고, 항복한 장수라는 오명을 뒤집어쓴 데다 8년간 억류생활을 거쳐 고국에 돌아오자마자 병으로 죽은 것이다. 이 모든 시작은 중국어를 잘해서였다.

직장 생활을 하다 보면 운이 참으로 중요하게 적용될 때가 있다. 그래서 운칠기삼運七技三이라고 종종 말하곤 한다. 인생사는 운이 7할이고 재주노력가 3할이라는 뜻인데 이 말이 유래된 중국 설화가 있다. 중국에 한 선비가 살

---

[139] 후금은 광해군의 중립외교로 조선과 별다른 외교적 마찰을 겪지 않았으나 인조반정 이후 조선의 친명배금 정책에 불안감이 생겼다. 명나라를 치기 전 후방을 안정시킬 필요가 있었던 후금은 '광해군의 원수를 갚는다'는 명분으로 1627년 조선을 침공하였으며 조선과 형제관계를 맺는 강화를 맺은 뒤 철군하였다.

았다. 자신보다 못한 사람들도 죄다 과거에 급제하는데 자신은 늙도록 급제도 못하고 패가망신한 것이 너무 억울했다. 그는 옥황상제에게 가서 그 이유를 따졌다. 옥황상제는 정의의 신과 운명의 신을 불러 술내기를 시킨다. 만약 정의의 신이 더 술을 마시면 선비가 옳은 것이고 운명의 신이 많이 마시면 선비가 체념해야 한다는 다짐을 받는다. 그 결과, 정의의 신은 세 잔을 마신 반면 운명의 신은 일곱 잔을 마셨다. 그리고 옥황상제를 이렇게 말한다.

"세상사는 정의대로만 행해지는 것이 아니라 불합리한 운명의 장난이 따르기도 한다. 세상은 7푼의 불합리가 지배하고 있기는 하지만 3푼의 이치도 행해지고 있음을 명심해야 한다."

운칠기삼은 노력보다 운이 더 중요하다는 말로 널리 쓰이고 있지만 사실 그 유래를 보면 30%의 노력이 중요하다는 의미를 가지고 있다.

세상은 원래 공평하지 않다. 세상 일이 다 내 뜻대로만 되지도 않는다. 내 뜻대로 다 이루어지는 세상이 사실 더 이상하다. 그렇다면 하루하루 피말리는 직장 생활을 할 필요가 있을까? 그냥 복권 몇 장 사서 당첨 날짜만 기다리는 게 더 낫다고 생각할 수도 있다. 하지만 운 70%는 우리가 어떻게 할 수 없는 영역이다. 그렇다면 우리는 노력 30%에 집중하는 것이 더 합리적인 선택이다.

강홍립은 자신에게 주어진 여건 속에서도 할 수 있는 최선을 다했다. 조정은 자신을 억지로 파견시켜 놓고도 제대로 된 군량 보급조차 해주지 않아 죽을 수밖에 없는 상황으로 몰아넣었다. 어쩔 수 없이 후금에 항복하자 가족을 죽여야 한다는 둥 온갖 비난을 쏟아내던 그들이었다. 8년의 억류

생활까지 더해진 분노로 후금 군사들을 앞세워 그들을 쓸어버릴 수도 있었다. 하지만 강홍립은 끝까지 자신의 역할을 다했다. 후금을 설득하여 화친을 맺도록 하고 살상이 이루어지지 않도록 막은 것이다.

"강홍립은 적에게 함몰당한 지 10년이 되도록 신하의 절개를 잃지 않았으며 지금은 또 화친하는 일을 강력히 주장하고 있으니, 종국宗國을 잊지 아니한 그의 마음을 이에 의거하여 알 수 있습니다."

_인조실록 인조 5년 2월 1일

지극히 불운에 시달린 강홍립도 불평보다는 자신이 할 수 있는 모든 노력을 다했고 그 노력을 인정받았다. 사실 불평한다고 달라지는 것은 아무것도 없다. 하지만 무슨 일이라도 끝까지 최선을 다하면 최소한 지금보다는 조금 더 나은 상황을 만들 수 있다. 강홍립은 자신의 노력으로 신하의 절개를 잃지 않았다는 명예를 되찾을 수 있었다. 세상이 그대를 속일지라도, 지금 내가 할 수 있는 일에 최선을 다하는 사람이 지혜롭다.

조선의 선배 직장인들에게 배우는
7가지 자세

1. 상사와 함께 성장하라

직장 생활을 시작함과 동시에 항상 내 곁에 있는 존재가 있다. 바로 상사다. 내가 아무리 승진에 승진을 거듭한들, 그룹 총수의 위치까지 가지 않는 이상 상사의 존재는 숙명과도 같다. 내가 무시하고 싶다고 해서 무시할 수 없는 현실적 지위를 가진 존재이기에, 적당한 선을 유지하며 그들과 올바른 관계를 갖고 처신하는 지혜를 발휘하는 것이 매우 중요하다.

우리가 살펴본 조선 인물들에게 있어 가장 중요했던 상사는 바로 '임금'이었다. 태조 이성계와 정도전, 태종 이방원과 하륜 그리고 세종과 황희는 직장인과 상사의 관계에 있어 좋은 사례를 보여주었다. 특히 정도전과 하륜은 자신의 상사였던 이성계와 이방원을 임금이라는 CEO의 자리까지 올려놓았다.

대권을 잡겠다는 생각을 해본 적도 없었던 이성계는 정도전을 만난 이

후 비로소 그 꿈을 꾸기 시작했다. 이성계가 실력자로 성장하면 성장할수록 정도전의 영향력도 차츰 커져갔다. 이방원 또한 하륜을 만난 이후 비로소 왕자의 난을 성공시키며, 자신의 입지를 확실히 굳힐 수 있었다. 하륜도 역시 이방원이 가진 지위 아래 자신의 역량을 마음껏 펼칠 수 있었다.

이처럼 상사와 부하직원은 함께 성장할 때 가장 이상적인 관계를 유지할 수 있다. 상사가 부하 직원을 부려 먹는 것에만 혈안이 되어 있거나, 부하 직원이 입으로는 충성을 외치면서 상사를 자기 출세의 도구로만 여긴다면 그 관계는 결국 파탄에 이를 수밖에 없다. 상사는 부하 직원의 실력을 이용하고, 부하 직원은 상사의 지위를 이용하며 함께 성장할 수 있어야 아름다운 결과를 만들어낼 수 있다.

홍국영은 정조가 왕위에 오르는 데 결정적인 역할을 했다. 정조도 홍국영을 크게 신임하여 비서실장과 경호실장으로 동시 임명하는 파격적인 대우를 해주었다. 끈끈하게 맺어진 두 사람이 신뢰를 바탕으로 조선의 발전이라는 같은 목표를 갖고 임금으로서 또 신하로서 동반 성장을 추구했다면 그들의 결말은 해피엔딩이었을 것이다. 하지만 정조의 신임을 오로지 자기 출세 도구로만 여긴 홍국영의 행태는 스스로를 파멸의 길로 이끌고 말았다.

조광조는 좀 더 극적인 결말을 보인 인물이다. 반정공신들에 둘러싸여 곤경에 처해있던 중종의 필요했던 바를 정확히 읽어낸 그는 단숨에 핵심 참모로 등극한다. 그가 출세의 야망을 딱히 드러낸 적은 없었지만, 그의 실력을 높이 샀던 중종의 의지로 특진을 거듭했다. 조광조는 조선을 이상적인 성리학 질서가 지배하는 국가로 리모델링하겠다는 원대한 목표를 품었다. 그것은 사심에서 나온 것이 아니었기에 그 의도는 충분히 순수했다. 다만 조광조 본인이 지나치게 자신의 상사인 중종을 앞서 나가기 시작한 점이 문제였다. 중종도 처음에는 똑똑하고 일 잘하는 조광조를 신임했지만 점점 심한 압박감마저 느끼는 지경에 이르자 한 순간에 그를 버리고 만다.

직장에서 함께 일을 한다는 것은 마치 2인3각 경기를 하는 것과 같다. 상사와 부하 직원은 서로가 자신의 기대에 다소 미치지 못한다 하더라도 약간의 인내심을 갖고 서로를 적당히 배려하며 함께 호흡할 때 더 멀리 뛰어갈 수 있다. 묶여있는 다리를 무시한 채, 내가 더 잘났다고 서로 먼저 앞서 가려고만 한다면 얼마 가지 못해 넘어지고 말 것이다.

유능한 상사를 만나 마음껏 실력을 발휘할 수 있는 상황이더라도 적당히 선을 지키는 지혜가 필요하다. 하륜은 태종을 왕으로 만든 최고의 공신이었음에도 자신이 신하라는 본분을 잊지 않았고 그 선을 넘지 않았다. 덕분에 세상을 떠나기 직전까지 재상을 지내며 평탄한 직장 생활을 누렸다. 반대로 홍국영은 정조의 절대적 신임에 취한 나머지, 왕권을 건드리며 선을 넘고 말았다.

부하 직원은 상사의 권위를 인정해 주어야 하며, 상사 또한 부하 직원의 자존감을 보호해 주어야 한다. 아무리 상사와 부하 직원이 서로를 이용하며 함께 성장해야 하는 관계라 하더라도 그 근본에는 최소한의 배려와 상호존중이 전제되어야 한다.

2. 직장동료를 내 편으로 만들어라

조선의 개국공신 정도전이 몰락하고 말았던 결정적 이유 중 하나는 지나치게 상사와의 관계에만 치중한 나머지 동료와의 관계에는 소홀했다는 점이다. 정도전은 이성계의 절대적 신임에 기대어 자신의 주위는 전혀 돌아보지 않았고 오로지 경쟁자 제거에만 온 힘을 쏟아부었다. 정도전의 스승과 동문들조차 서슬 퍼런 숙청을 피해가지 못했고, 숙청 명분이 부족했던 하륜 같은 이들에게는 끊임없이 견제를 가했다. 결국 정도전이 위기에 처했을 때 그를 위해 변호해 줄 동료는 남아 있지 않았다.

역사 속에서도 종종 찾아볼 수 있듯이 직장에서 가급적 많은 동료들을 내 편으로 만드는 일은 매우 중요하다. 맹사성이 조대림 사건으로 죽음 직전까지 내몰리는 일생일대의 위기에 처했을 때, 결정적으로 그의 목숨을 지켜준 것은 다름 아닌 동료들의 도움이었다. 반대로 자신의 상사를 공개적인 자리에서 망신 주는 등 주위의 인심을 잃었던 허균은 억울한 죽음에 내몰렸을 때 누구의 도움도 받지 못했다. 오히려 '천지사이의 한 괴물'이라는 주위의 모멸적인 평가를 들어야 했을 뿐이다.

사람의 앞일은 누구도 알 수 없다. 직장 생활 동안 혹시 있을지 모를 위기의 순간에 처했을 때 동료의 도움이 절실할 수도 있다. 그때 동료들이 맹사성에게 했던 것처럼 도움의 손길을 내밀지, 혹은 허균처럼 철저히 외면할 것인지는 평소 얼마나 그들을 나의 든든한 지원군으로 만들기 위한 노력을 해왔는지에 달려있다.

사실 인간적으로는 쉽지 않겠지만 평소 그리 탐탁하지 않게 여겼던 사람일지라도 좋은 관계를 가질 수 있어야 한다. 직장은 나 혼자 열심히 공부해서 시험만 잘 치면 되는 학교와 다르다. 동료와 함께 팀워크를 이루고 함께 성과를 창출해야 하는 곳이 직장이다. 따라서 나의 업무 목표를 위해서라면 누구의 도움이라도 받을 수 있어야 한다. 설혹 별로 좋지 않은 감정을 가진 동료라 해도 말이다.

하륜에게 이방원은 자신이 존경하는 선배 정몽주를 죽인 원수였다. 하지만 하륜은 자신의 목적을 이루기 위해 그런 이방원과도 손을 잡는 데 주저하지 않았다. 그 덕분에 이방원을 왕으로 만들어 자신의 뜻을 마음껏 펼칠 수 있게 되었을 뿐 아니라, 정몽주의 명예를 회복시키는 데도 일조할 수 있었다. 똑똑한 직장인은 그런 프레너미Frenemy 관계를 언제라도 기꺼이 만들 수 있어야 한다. 성인군자라서가 아니라, 조금이라도 더 일을 잘하고 성과를 내야 하는 직장인이기 때문이다.

역사적으로 성공한 사람들 곁에는 좋은 동료가 있었다. 황희에게는 맹사성이 있었고, 이항복에게는 이덕형이 있었다. 홀로 대동법 투쟁을 하는 것처럼 보였던 김육 뒤에는 조익처럼 뜻을 함께 해주는 동료들이 있었다. 신숙주와 한명회의 경우는 역설적으로 서로 가치관이 달랐기 때문에 동료의 관계를 유지할 수 있었다. 그들은 나란히 수양대군의 집권에 기여한 훈구공신으로서 권력을 향한 경쟁자가 될 수도 있었던 관계였다. 하지만 한명회와 달리 신숙주는 부귀영화에 탐닉하는 인물은 아니었다. 덕분에 그들은 경쟁자이기 이전에 동료로서 공존할 수 있었다. 조금 생각이 다르더라도 서로의 영역을 어느 정도 인정하면서 동료가 될 수 있는 것이다. 게다가 신숙주는 한명회를 경쟁자가 아닌 동료로 만든 덕을 톡톡히 보게 된다. 그가 세조 앞에서 큰 실수를 하여 위기에 처했을 때, 한명회의 재치로 생명을 구하는 일이 있었던 것이다.

동료의 존재는 내 직장 생활에 큰 위로가 된다. 안 그래도 힘든 직장 생활이다. 이 힘든 시간을 버틸 수 있게 해주는 힘은 가족보다도 더 많은 시간을 함께 보내는 직장 동료로부터 온다는 사실을 잊지 말자. 물론 이기적으로 자기 잇속만 챙기는 동료도 어디를 가나 꼭 있을 것이다. 하지만 그런 사람이 있다고 동료들 전체에 대한 애정 자체를 접어서는 안 된다. 이런 사람이 있으면 저런 사람도 있기 마련이다. 동료들에게 너무 많은 기대는 갖지 말되, 일단은 함부로 대하는 것보다 우호적으로 대하는 자세가 결국 나에게 득이 된다.

이 한 가지 사실은 잊지 말자. 좋은 동료를 얻기 원한다면 내가 먼저 좋은 동료가 되어야 한다.

3. 선후배 간의 관계에도 노력하라

직장 생활을 하면서 멘토가 될 만한 좋은 선배를 만난다면 큰 행운이라 할 것이다. 황희는 김종서에게 귀감이 될 만한 좋은 선배였다. 하지만 그는 단지 실력 좋고 인성 좋은 선배로만 남지 않았다. 김종서가 잘못할 때마다 야단치고, 가르쳤다. 단순히 그를 미워하거나 사사로운 감정이 있었기 때문이 아니다. 김종서가 장차 자신의 후계자로서 훌륭하게 성장할 것을 기대하는 애정을 가지고 이끌었던 것이다. 김종서도 처음에는 감정이 상했겠지만, 황희의 진심을 안 이후에는 진심으로 그를 존경하고 따랐다. 여진족을 토벌하고 육진을 개척하는 등 혁혁한 공을 세우며 잘나갔던 덕에 자칫 자만에 빠져 엇나갈 수도 있었던 김종서가 결국 정승의 위치까지 오를 수 있던 배경에는 선배 황희의 후배 사랑이 있었다 해도 과언이 아닐 것이다.

하지만 우리의 현실 직장 생활에서는 반대의 경우도 흔하다. 특히 정도전처럼 후배를 경쟁자로 인식해 업무도 잘 가르쳐주지 않으면서 사사건건 괴롭히기만 하는 선배를 만난다면 직장생활이 힘들어질 것이다. 이런 경우 어떻게 하는 것이 최선일까. 하륜의 처세가 하나의 힌트가 될 수 있다. 하륜도 처음에는 정도전에게 정면으로 맞서는 방법을 택했다. 특히 표전문 사건과 관련하여 원인제공자인 정도전이 직접 명나라로 가서 해결하라며 일갈하기도 했다. 하지만 정도전으로부터 되돌아오는 것은 더 강해진 견제와 괴롭힘뿐이었다. 무엇보다 정도전은 상사의 무한한 신뢰를 받고 있는 선배였다. 한계를 절감한 하륜은 다른 방법을 택한다. 자신의 때가 올 때까지 숨죽이고 지내기로 한 것이다. 다만 아무것도 하지 않고 가만히 있지만은 않았다. 그는 이방원의 집권 계획을 세우고 거사를 대비하여 이숙번을 자신의 편으로 포섭했다. 그리고 마침내 찰나의 기회가 왔을 때 최후의 승자가 된 인물은 그렇게 시간을 낭비하지 않고 묵묵히 실력을 쌓았던 하륜이었다.

하륜처럼 선배의 그늘에서 벗어나 내 실력을 발휘할 수 있게 될 날은 언젠가 분명히 찾아온다. 당장 할 수 있는 일은 많지 않더라도 조용히 실력을 쌓으며 나의 때를 기다리는 인내심과 지혜가 필요하다.

반대로 나와 잘 맞는 후배를 만나는 것도 직장 생활의 운이라 할 수 있다. 조광조는 뛰어난 실력을 가진 인물이었지만 친화력까지 좋은 것은 아니었던 것 같다. 조광조는 선배인 남곤을 존중하기는커녕 소인이라며 무시했고, 남곤은 그런 후배를 너그러이 품어줄 만큼 마음이 여유롭지 못했다. 결국 두 사람의 관계는 파멸로 끝을 맺는다. 남곤은 조광조의 숙청에 앞장서게 되고, 그 자신 또한 간신배라는 역사적 오명을 남겨야 했다.

후배를 대할 때 가장 명심해야 할 점은 그 또한 나의 업무 파트너일 뿐이라는 사실이다. 후배는 내 부하 직원이 아니다. 내가 진정 선배로서 권위를 가지길 원한다면 단지 몇 년 일찍 회사에 들어왔다는 단순한 이유 때문이 아니라, 회사에 일찍 들어온 만큼 아는 것이 더 많기 때문이어야 한다. 연차가 아닌 실력과 지식으로 후배를 앞서야 선배로서의 진정한 권위가 생기는 것이다.

좋은 선후배 관계는 멘토와 멘티가 되는 것이라고 할 수 있다. 선배는 자신의 다양한 경험에서 나오는 조언을 후배에게 아낌없이 나누어줄 수 있어야 한다. 직접적인 조언까지는 아니더라도 모범이 될 만한 언행 자체가 후배에게는 본이 될 수 있다. 이준경이 시련에 봉착할 때마다 그의 마음을 잡아준 사람은 그의 멘토 조광조와 이연경이었다. 특히 조광조는 이준경이 19세 때 찾아가 한 번 만났을 뿐이었지만, 그는 조광조의 가르침을 평생의 이정표로 삼았다.

직장에 내가 배울 만한 좋은 점을 가진 선배를 찾아보자. 그를 멘토 삼아 직장 생활을 한다면 앞으로 해나가야 할 회사 생활에 있어서 큰 힘이 될 것이다.

4. 기본 실력에 충실하라

주식회사 조선의 최고임원까지 올라간 인물들은 모두 자신만의 차별화된 강점이 있었다. 처세의 신 하륜, 소통왕 황희, 화술의 달인 이항복처럼 그에 대해 잘 설명해 주는 뛰어난 특징이 있었다. 하지만 그 모든 강점이 제대로 발휘되도록 뒷받침해주는 것은 역시 기본적인 업무 실력이었다.

직장 생활을 잘하기 위해서는 실력과 평판, 원만한 대인관계, 이 세 가지가 필수적이다. 하지만 누구나 처음부터 일을 잘하는 사람은 없다. 대학 다닐 때 항상 학점을 A$^+$ 받던 모범생이라고 직장에서의 고과도 A$^+$를 받으리라는 보장은 없다. 공부가 훈련이라면 직장일은 실전이다. 훈련도 열심히 해야겠지만 실전에 돌입하면 당연히 더 많은 노력과 연습이 필요하다.

자기관리를 잘 했던 위인들은 자기계발을 통한 실력 향상에 소홀하지 않았다. 유교정치와 수양을 표방하는 조선에서 성리학 공부는 최고의 자기계발이었다. 그런 점에서 자신의 실력을 조선 최고의 전문가 수준까지 끌어올렸던 이황은 자기 업무와 자기계발에 모두 성공한 모범적인 사례다. 또한 사내정치의 달인으로 유명한 신숙주도 지독한 독서광이었다. 그가 관리로서 좋은 실력을 갖추고 있지 않았다면 수양대군도 그를 그리 눈여겨보지는 않았을 것이다.

실력이 뛰어난 사람은 무조건 시키는 일만 잘하는 사람이 아니다. 물론 그렇게만 해도 보통은 가겠지만 최고의 인재라고 하기 어렵다. 역시 최고의 실력을 보여주는 방법은 좋은 아이디어다. 더 많은 성과를 내기 위해 회사가 필요로 하는 아이디어를 제시할 줄 아는 능력 말이다.

임진왜란을 극복한 정승 유성룡이 뛰어난 평가를 받는 것은 단순히 전쟁 대비를 잘 해냈고 인재를 보는 눈이 있었기 때문만은 아니다. 적절한 타이밍에 적절한 아이디어를 제시할 줄 아는 능력이 있었기 때문이다. 식량 확보가 시급한 시점에 많은 군량을 모을 수 있는 아이디어를 제시했고, 더 강한 군사를 양성하는 훈련도감을 설치한 것도 그의 아이디어에서 나온 것이었다. 또한 전쟁을 수행할 수 있도록 국가 재정을 튼튼히 하는 정책인 작미법, 즉 대동법도 제안했다. 그러한 정책들이 성공하고 국난 극복에 큰 기여를 했기에 그의 명성도 높아진 것이다. 직장인들의 뛰어난 성과는 유성룡처럼 자신만의 창의적인 아이디어로 표현될 때 특히 빛이 난다.

경기도 주위 일부 지역에서만 겨우 시행되고 있던 대동법을 재발견하고 확대 시행할 것을 끝까지 주장하여 마침내 관철시킨 김육의 사례를 보자. 그의 대동법 확대 시행이라는 아이디어는 다름 아닌 백성들의 삶과 고난을 직접 겪었던 자신의 경험에서 나왔다. 머리로만 아는 것은 탁상공론이 될 위험이 크다. 하지만 직접적인 경험이 받쳐주는 아이디어는 그 내공이 매우 깊고 탄탄하다. 무엇보다 자신이 제안한 아이디어에 대한 확신을 가져다준다.

직장인은 최대한 많은 경험을 쌓고자 노력해야 한다. 아울러 본인의 업무가 자주 바뀌는 상황을 마주하더라도 그것을 두려워해서는 안 된다. 당장 적응에 힘들 수는 있겠지만 긍정적으로 받아들여야 한다. 익숙한 일만 잘하는 사람은 단지 숙련가일 뿐이다. 숙련가를 뛰어넘어 많은 경험을 가진 전문가가 되어야 한다.

스스로의 실력이 부족함을 느낀다고 좌절할 필요는 없다. 직장인 최고의 무기인 팀워크를 이용하면 된다. 팀워크는 반칙도 아닐뿐더러 오히려 회사가 더 권장하는 것이며, 심지어 직장인의 기본적인 소양으로까지 인식된다. 혼자만 일을 잘하는 사람은 아무리 실력이 있어도 그 한계가 명확하다. 뛰어난 위인들은 모두 좋은 동료들이 있었고 그들과 함께 일을 했다. 세종의 많은 업적은 그 혼자만의 능력이 아니라 황희, 맹사성, 장영실 등 '팀 세종'이 함께 만들어낸 성과였다. 김육도 마찬가지다. 그와 뜻을 함께하는 동료들과 대동법을 강하게 추진했기에 성공할 수 있었다. 정말 실력 있는 직장인은 개인의 실력보다 팀워크의 힘을 더 믿는다.

5. 평판 관리를 통해 나만의 브랜드를 만들어라

직장에서 평판 관리는 아무리 강조해도 부족함이 없다. 좋은 평판은 곧 자기 자신만의 브랜드를 만들어낸다. 평판 관리에 성공한 대표적인 인물이 맹사성이었다. '청백리 맹사성'이라는 브랜드는 그의 명성과 가치를 크게 올려주었다. 그가 세종의 눈에 들어 정승이 될 수 있었던 깃에는 그 브랜드의 힘이 매우 컸다. 평판이 좋은 사람은 그만큼 성공의 가능성이 높아지며, 그 주위에도 좋은 사람이 몰려들기 마련이다.

평판 관리는 구체적으로 어떻게 해야 할까. 우선 자기 자신에 대해 스스로 객관적인 평가를 할 수 있어야 한다. 맹사성은 조선의 관리로서 자신의 출발선이 불리할 수밖에 없음을 정확히 알고 있었다. 고려 왕조에 충성한 가문 출신인 데다 할아버지 맹유는 조선 왕조를 반대하며 두문동에 은거해 버렸다. 심지어 자신의 부인은 태조 이성계에 의해 역적으로 처단된 최영 장군의 손녀딸이었다. 그런 자신에 대한 주위의 평가가 후할 리 없다는 것을 잘 알고 있었다. 이러한 자신의 약점을 극복하기 위해 선택한 처세술은 다름 아닌 겸손과 예의였다. 손님을 대할 때 지위가 낮은 사람이라도 반드시 의관을 갖추고 대문 밖까지 나와 맞아들였으며, 그가 상석에 앉도록 했다. 자신의 선배이자 은인인 성석린의 집을 지날 때는 항상 타던 말에서 내려와 걸어서 지나갔다. 철저히 겸손한 자세를 통해 좋은 평판을 쌓고 단단한 인적 네트워크를 구축해 나갔으며, 이것은 결국 후일 그가 위기에 처했을 때 그를 지켜주는 방패가 되어주었다.

좋은 평판을 유지하기 위해 가장 기본적으로 갖춰야 할 것은 사람에 대한 예의와 존중이다. 상사나 동료, 부하직원에 대한 작은 배려와 매너가 그의 평판을 만드는 것이다. 좋은 평판을 통해 자신만의 브랜드를 만들어보라. 맹사성이 청백리라는 브랜드를 후세에 남긴 것처럼 자신의 브랜드를 만드는 것이다. 끈기 왕, 미소천사, 해결사 등 자신이 보여준 평소의 좋은 인상이 우호적인 평판으로 이어지고, 브랜드가 되는 것이다.

반대로 허균처럼 평판 관리에 실패한 사람도 있다. 그는 천재적인 재능, 당대 최고의 가문, 상사의 총애 등 출세할 수밖에 없는 조건을 두루 갖춘 인물이었다. 그럼에도 불구하고 그는 몰락했다. 자신의 평판을 최악으로 떨어트리고 좋은 브랜드를 만들기는커녕 악명을 떨쳤기 때문이다. 나쁜 평판은 직장에서 그의 입지를 좁아지게 만들었고 결국 이이첨이라는 나쁜 동료와 손을 잡도록 만들었다. 그 결과는 토사구팽이었고, 그는 억울한 죽음을 맞이할 수밖에 없었다.

평판 관리를 잘하지 못하는 사람은 불필요한 가십에 휘말리게 된다. 직장에는 항상 가십이 떠돈다. 사람들은 뒷담화하는 것을 좋아하고 종종 누군가를 그 제물로 올리기도 한다. 부적절한 처신으로 인하여 그 가십의 제물이 되는 순간, 나의 평판은 심각한 악영향을 받게 된다.

직장 생활을 잘하는 비결 중 하나는 꼬투리 잡힐 만한 일을 하지 않는 것이다. 자기관리에 철저했던 맹사성이나 이준경은 정승이라는 최고임원까지 올랐고 후세에도 존경을 받았다. 사람들의 쓸데없는 입방아에 오르내리지 않았다. 하지만 허균은 평생 사람들의 입방아에 오르내리다, 급기야 괴물이라는 말까지 들으며 불명예를 안고 세상을 떠났다. 그것은 그가 가졌던 실력과는 전혀 무관한 것이었다. 맹사성과 이준경 그리고 허균 모두 처음 조선에 입사했을 때는 누구보다 능력이 뛰어나고 장래가 유망한 인재였다. 하지만 평판 관리의 성공과 실패가 완전히 그들의 삶을 정반대로 이끌었다. 직장인 평판 관리의 중요함은 아무리 강조해도 부족함이 없다.

6. 말을 잘하는 것은 직장인의 무기다

역사에서는 언변이 뛰어났던 많은 위인들을 볼 수 있다. 황희는 '네 말도 옳고, 네 말도 옳다'는 관용의 화법으로 존경을 받았고, 고려의 외교관 서희는 말 한마디로 강동6주라는 넓은 땅을 얻어냈다. 이항복도 마찬가지다. 그는 재치 있는 달변으로 종종 주위 사람들을 웃게 만들었다. 누군가의 잘못을 지적해야 할 때는 직설적으로 상대방을 공격하지 않으면서도 의표를 찌르는 말하기를 잘 구사했다. 괴석 수집이라는 본인의 취미를 위해 백성을 괴롭히던 홍여순에게 자기 집 앞의 남산도 괴석이니 가져가라는 위트 있는 말로 그 스스로 잘못을 깨닫게 만들었던 것이 그 사례다.

말 한마디로 천 냥 빚을 갚는다는 옛 조상들의 말씀은 하나도 틀린 것이 없다. 특히 직장에서 말 한마디의 위력은 쉽게 실감할 수 있다. "힘내라!"는 상사의 말 한마디 때문에 회사 다닐 맛이 나기도 하고, 상사의 폭언 한마디 때문에 퇴사하고 싶어지기도 한다. 업무와 관련해서도 말은 정말 중요한 수단이다. 상사의 지시는 주로 말로 전달되며, 또 말을 통해 보고가 이루어질 때가 많다. 자신의 성과를 잘 포장할 수 있는 수단도 바로 '말'이다. 그래서 일을 잘하는 사람보다 말을 잘하는 사람이 더 잘나가는 모습도 종종 보인다. 그렇다고 그런 사람들을 실력도 없이 말만 잘한다고 폄하하기는 어렵다. 직장에서는 그것도 엄연히 실력의 한 범주이기 때문이다.

상대의 기분을 좋게 만들고 더 나아가 조직의 분위기까지 부드럽게 만드는 것으로는 유머 만한 것이 없다. 거기에 자신에 대한 호감도까지 올려주는 힘이 있다. 과거를 보러 가던 선비와 공당문답을 주고받던 맹사성의 소탈함은 그의 인간적인 매력까지 더 돋보이게 한다.

황희는 평소에 속을 썩이던 아들이 또다시 술에 잔뜩 취해 들어오자 절을 넙죽하고서는 "아들은 마땅히 아비의 말을 듣는데, 너는 이토록 말을 안 듣는 걸 보니, 내 아들이 아니라 손님인 것 같아 절을 했다"라는 뼈 있는 농담을 던졌다. 아들을 함부로 다그치기 보다는 자신의 잘못을 스스로 깨닫도록, 부드럽지만 날카롭게 던진 그 한마디 말에서 황희의 품격마저 엿보인다.

유머하면 역시 이항복을 빼놓을 수 없다. 임진왜란 초기 피난을 가는 암울한 상황 속에서도 유머 한마디로 선조 임금을 웃게 만들었다. 그 유머는 상사를 즐겁게 하고 침체된 조직에 활기를 불어넣는 것이었다. 유머는 자신의 인간미를 잘 보여줄 수 있는 수단이며, 결국 자신의 평판에도 긍정적인 효과를 준다. 꾸준히 재미있는 말하기를 연습하자. 그것이 아직은 어렵다면, 다른 동료의 유머에 적극적으로 호응해 주자. 결국 중요한 것은 함께 즐겁게 웃으며 일하는 분위기가 아니겠는가.

반대로 말 한마디 잘못해서 몰락한 사람들도 있다. 남이가 대표적인 인물이다. 불필요한 언행으로 종종 사람들의 비난 대상이 되었다. 듣기에 따라 얼마든지 오해의 소지가 될 수 있는 말을 아무런 주의도 없이 내뱉었다가 결국 그 말 한마디가 역모의 증거가 되어 그를 형장의 이슬로 사라지게 만들었다. 회사처럼 큰 조직에서는 자신의 생각 없는 말 한마디가 어떻게 잘못 와전되고 왜곡되어 스스로를 옭아매는 족쇄로 돌아올지 아무도 알 수 없다. 말을 하지 않는 것은 불가능하지만 불필요한 말을 남발하는 것은 주의해야 한다. 또한 누군가를, 특히 자신의 상사를 뒷담화하는 것은 매우 조심해야 한다. 낮말은 새가 듣고 밤말은 쥐가 듣는다는 속담이 괜히 생긴 것이 아니다.

7. 조금 느리게 가더라도 괜찮다

누구나 빨리 성공하고 싶어 한다. 빠른 승진과 빠른 출세는 모든 직장인들의 로망이다. 하지만 인생의 3대 불행 가운데 하나가 초년출세라고 했다. 남보다 빨리 앞서간다고 그 결과도 반드시 좋으리라는 법은 없다. 직장 밖을 나서서 인생의 새로운 도전을 하지 않는 이상 직장 생활은 몇 년하고 끝날 백 미터 달리기가 아니다. 우리의 인생 전반을 두고 달려야 하는 마라톤 경기다. 경기 초중반에 일 등을 하지 못한다고 해서, 결승점에서도 일 등이 아닐 것이라는 법은 어디에도 없다.

처음부터 너무 잘나갔던 인물들이 있다. 불꽃남자 조광조가 대표적이다. 그는 중종의 눈에 들더니 파격적인 출세를 거듭했고 불과 37세의 나이에 지금의 검찰총장 격인 대사헌이 되었다. 그는 자신만만했고 자신이 꿈꾸던 개혁을 거세게 밀어붙였다. 완급조절이란 단어는 그의 사전에 없었다. 하지만 중종의 마음이 그에게서 완전히 돌아섰을 때 그는 빨랐던 출세보다 더 빠른 속도로 추락을 경험하게 된다.

남들보다 빨리 간다고 자만할 필요 없다. 반대로 남들보다 느리게 간다고 조급해할 필요도 없다. 천천히 가든 느리게 가든 직장인인 이상, 누구에게나 그 끝에는 퇴직이 기다리고 있다. 오히려 너무 빨리 승진한 탓에 더 빨리 명예퇴직의 대상이 될 수도 있다. 빨리 가는 것을 자랑할 것이 아니라, 이왕이면 즐겁고 오래 지속가능한 직장 생활을 하는 것에서 보람을 얻어야 한다.

자신의 때가 빨리 오지 않는다고 좌절할 필요도 없다. 조선 후기를 살았던 박문규라는 인물은 무려 83세에 과거를 급제했다. 30세에 과거 급제한 윤경이라는 인물은 60년의 직장생활 뒤 90세가 되어서야 공조판서, 즉 장관이 되었다. 그 나이에 과거 급제하거나 높은 자리에 올라가는 것이 무슨 의미가 있겠냐고 생각할 수도 있겠다. 하지만 의미 부여는 본인이 하는 것이다. 자신만의 목표를 설정하고 그것을 향해 꾸준히 나아가 마침내 이뤄낸다면 그는 누가 뭐라해도 성공한 인생이다. 꿈을 이루는 현실이 빨리 오든 늦게 오든 여부에 상관없이 그것을 위해 열심히 노력하여 마침내 이뤄낸 모든 사람들은 마땅히 존중 받을 자격이 있다.

젊어서 고생은 사서도 한다는 고루한 말은 하지 말자. 고생을 피할 수 있으면 피해라. 다만 어쩔 수 없이 겪고 있는 고생이라면 그것을 애써 부정할 필요는 없다. 남들은 하지 않는 고생을 나만 겪는다고 불평하지도 말자. 지금 현재를 성실하게 살아가는 과정이 중요할 뿐이다.

강홍립은 지독하게 불운한 인물이었다. 단지 중국어를 잘한다는 이유로 망할 것이 뻔한 프로젝트의 책임자로 차출되었다. 그리고 실패한 뒤 찾아오는 모든 비난을 뒤집어썼다. 얼마나 화가 나고 억울했을까? 직장 생활을 하면서 저 정도까지 갈 수 있을까 생각될 정도로 정말 최악의 상황이다. 그런데도 그가 택한 방법은 낙담하고 좌절하는 것이 아니었다. 억류되어 있는 동안에도 꾸준히 밀서를 보내 후금의 정보를 광해군에게 보내는 정보원 역할을 자임했다. 후금이 정묘호란을 일으켜 조선에 침입했을 때는 무력충돌이 발생하지 않도록 중간에서 화친을 맺는 데 모든 힘을 기울였다. 그는 자신의 위치에서 할 수 있는 모든 최선을 다했다. 그것만으로도 그는 충분히 존중 받을 자격이 있다.

운이 따라준 인물도 있다. 바로 하륜이다. 정도전의 견제에 가려 평생 빛을 볼 수 없을 것만 같은 시간의 연속이었다. 하지만 마침내 기다리던 때가 왔다. 태조 이성계가 병석에 눕고 권력의 공백이 생겼을 때, 충청도 관찰사로 지방에 내려가기 전 얻은 단 하루의 기회를 놓치지 않았다. 그는 자신의 시간을 마냥 허비하지 않았고, 자신이 처한 상황에서 할 수 있는 일들을 미리 하나씩 준비해 왔었다. 그랬기에 마침내 기회가 왔을 때 잡을 수 있었다.

하륜처럼 언젠가 좋은 기회를 잡을 수도 있고, 강홍립처럼 지독하게 운이 나쁠 수도 있다. 세상은 원래 불공평하다. 하지만 중요한 것은 하나다. 행운의 여신이 나에게 손짓을 하든 하지 않든, 지금 내가 있는 이 자리에서 할 수 있는 최선을 다하는 것이다. 공부에 왕도가 없듯, 직장 생활에도 왕도는 없다. 그렇게 힘들었던 오늘 하루도 다시 이겨낸 나 자신을 대견스럽게 여기고 토닥여 주는 것. 그것이야말로 직장인에게 있어 최고의 처세술이 아닐까?

참고문헌

김갑동,『라이벌 한국사』, 애플북스, 2007년

김재영,『조선의 인물 뒤집어 읽기』, 삼인, 1998년

김종성,『역사 추리 조선사』, 인문서원, 2018년

김형광,『인물로 보는 조선사』, 시아, 2012년

박기현,『조선의 킹메이커』, 역사의아침, 2008년

박기현,『조선참모실록』, 역사의아침, 2010년

박상진,『에피스드로 본 한국사』, 생각하는백성, 2002년

박성희,『황희처럼 듣고 서희처럼 말하라』, 이너북스, 2007년

신병주,『참모로 산다는 것』, 매일경제신문사, 2019년

신연우·신영란,『제왕들의 책사 조선시대편』, 생각하는백성, 2001년

윤용철,『조선인물청문회』, 말글빛냄, 2013년

윤형돈,『조선 리더쉽 경영』, 와이즈베리, 2018년

이덕일,『왕과 나』, 역사의아침, 2013년

이영관,『조선의 리더십을 탐하라』, 이콘, 2012년

이준구·강호성,『조선의 정승』, 스타북스, 2006년

조민기,『조선 임금 잔혹사』, 책비, 2015년

조민기,『조선의 2인자들』, 책비, 2016년

조열태,『정도전과 조선건국사』, 이북이십사, 2014년

표학렬,『교과서에 나오지 않는 에피소드 한국사 조선편』, 앨피, 2013년

김경수, "황희의 생애와 현실인식", 『한국사학사학보 36』, 한국사학사학회, 2017년

김낙효, "황희 설화의 전승양상과 역사적 의미", 『비교민속학 19』, 비교민속학회, 2000년

김 범, "조광조 : 성공적 소통과 급격한 단절의 명암", 『역사비평』, 역사문제연구소, 2009년

김용헌, "16세기 조선의 정치권력의 지형과 퇴계 이황의 철학", 『한국학논집』, 계명대학교
　　　한국학연구원, 2014년

김일환, "고불古佛 맹사성孟思誠의 재상정치활동宰相政治活動 연구", 『포은학연구』, 포은학회, 2017년

김현옥, "성삼문成三問과 신숙주申叔舟의 책문策文에 나타난 현실인식 비교", 『한문학론집』,
　　　근역한문학회, 2011년

류정월, "이항복 소화笑話의 양상과 특수성", 『문학치료연구』, 한국문학치료학회, 2016년

문성대, "이항복의 골계적 기질과 웃음의 이면裏面 -문학작품과 우스개 이야기를 중심으로-",
　　　『우리어문연구』, 2010년

박정규, "이순신과 유성룡의 관계 재조명", 『이순신연구논총』, 순천향대학교 이순신연구소,
　　　2009년

박준규, "조광조의 정치활동과 사회개혁에 관한연구", 『학위논문석사』, 경기대학교 일반대학원,
　　　2009년

박진아, "방촌 황희의 소통방식 연구", 『학위논문석사』, 청주교육대학교 교육대학원, 2014년

박현모, "고전에서 희망읽기-유성룡의 "징비록"", 『출판저널』, 대한출판문화협회, 2007년

신병주, "정인홍의 지역적 기반과 정치생활 - 선조 시대를 중심으로", 『역사와 경계 81』,
　　　부산경남사학회, 2011년

오항녕, "정인홍 : 의리와 독단의 거리", 『인물과 사상 235』, 인물과사상사, 2017년

우인수, "조선 선조대 남북 분당과 내암 정인홍", 『역사와 경계 81』, 부산경남사학회, 2011년

유주희, "하륜의 생애와 정치활동", 『사학연구(55.56)』, 한국사학회, 1998년

이정주, "태조~태종 연간 맹사성孟思誠의 정치적 좌절과 극복", 『조선시대사학보 50』,
　　　조선시대사학회, 2009년

이종묵, "남곤의 삶과 문학", 『한국한시작가연구』, 한국한시학회, 1999년

이한조, "정암 조광조의 개혁사상에 관한 고찰", 『학위논문석사』, 연세대학교 교육대학원, 2003년

정만조, "서애 유성룡의 정치활동과 임란 극복", 『한국학논총』, 국민대학교 한국학연구소, 2008년

정억기, "이항복의 정치 외교 활동 연구", 『학위논문박사』, 홍익대학교 대학원, 2007년

정재훈, "동고 이준경의 정치적 역할과 정치사상", 『한국사상과 문화』, 한국사상문화학회, 2010년

조성을, "퇴계退溪 이황李滉", 『내일을 여는 역사 51』, 내일을 여는 역사, 2013년

최상용, "정치가 정도전鄭道傳 연구", 『아세아연구 46(1)』, 고려대학교 아세아문제연구소, 2003년

조선의 위인들이 들려주는 직장 생존기

조선 직장인 열전

초판 1쇄 발행 2019년 11월 20일
초판 5쇄 발행 2023년 4월 27일

지은이 신동욱

펴낸이 김영철
펴낸곳 국민출판사
등록 제6–0515호
주소 서울특별시 마포구 동교로12길 41–13(서교동)
전화 02)322–2434
팩스 02)322–2083

편집 고은정, 박주신, 변규미
표지 디자인 이수연
내지 디자인 블루
경영지원 한정숙
종이 신승 지류 유통 | **인쇄** 예림 | **코팅** 수도 라미네이팅 | **제본** 은정 제책사

©신동욱, 2019
ISBN 978–89–8165–635–5(03910)